先秦諸子篇

新視野
中華經典文庫

導讀

經典之門

中華書局

中國夢當有文化作為

饒宗頤序

二十一世紀是我們國家踏上「文藝復興」的新時代，中華文明再次展露了興盛的端倪。我們既要放開心胸，也要反求諸己，才能在文化上有一番「大作為」，不斷靠近古人所言「天人爭挽留」的理想境界。

二〇〇一年，我在北京大學的一次演講上預期，二十一世紀是我們國家踏上「文藝復興」的新時代。而今，進入新世紀第二個十年，我對此更加充滿信心。

現在都在說「中國夢」，作為一個文化研究者，我的夢想就是中華文化的復興。文化復興是民族復興的題中之義，甚至在相當意義上說，民族的復興即是文化的復興。「天行健，君子以自強不息。」我們的文明，是世界上惟一沒有中斷過的古老文明。儘管在近代以後中國飽經滄桑，但歷史輾轉至今，中華文明再次展露了興盛的端倪。

推動文化的復興，我輩的使命是什麼？我以為，二十一世紀是重新整理古籍和有選擇地重拾傳統道德與文化的時代，當此之時，應當重新塑造我們的「新經學」。我們的哲學史，由子學時代進入經學時代，經學幾乎貫徹了漢以後的整部歷史。但五四運動以來，把經學納入史學，只作史料看待，未免可惜，也將經學的現實意義降到了最低。現在許多簡帛記錄紛紛出土，過去自宋迄清的學人千方百計求索夢想不到的東西，而今正如蘇軾所說「大千在掌握」。我們應該如何善加運用，重新制訂新時代的「經學」，並以之為一把鑰匙，開啟和光大傳統文化的寶藏？長期研究中，我深深感到，經書凝結着我們民族文化之精華，是國民思維模式、知識涵蘊的基礎，是先哲道德關懷與睿智的核心精義、不廢江河的論著。重新認識經書的價值，在當前有着重要的現實意義。甚至說，這應是中華文化復興的重要立足點。

「經」的重要性自不待言。因為它講的是常道，樹立起真理標準，去衡量行事的正確與否，取古典的精華，用篤實的科學理解，使人的生活與自然相協調，使人與人之間的關係臻於和諧的境界。經的內容，不講空頭支票式的人類學，而是實際受用有長遠教育意義的人智學。

「經」對現代社會依然很有積極作用。漢人比《五經》為五常，《漢書・藝文志》更把《樂》列在前茅，樂以致和，所謂「保合太和」，「致中和，天地位焉，萬物育焉」，「和」體現了中國文化的最高理想。五常是很平常的道理，是講人與人之間互相親愛、互相敬重、團結羣眾、促進文明的總原則。在科技發達、社會巨變的時代，如何不使人淪為物質的俘虜，如何走出價值觀的迷陣，求索古人的智慧，應能收獲不少有益啟示。

西方的文藝復興運動，正是發軔於對古典的重新發掘與認識，通過對古代文明的研究，為人類知識帶來極大的啟迪，從而刷新人們對整個世界的認知。中國近半世紀以來地下出土文物的總和，比較西方文藝復興以來考古所得的成績，可相匹敵。令人感覺到有另外一個地下的中國——一個在文化上鮮活而又厚重的古國。對此，我們不是要照單全收，而應推陳出新，與現代接軌，把前人保留在歷史記憶中的生命點滴和寶貴經歷的膏腴，給予新的詮釋。這正是文化的生命力所在。

二十世紀六十年代，我的好友法國人戴密微先生多次說，他很後悔花了太多精力於佛學，他發覺中國文學資產的豐富，世界上罕有可與倫比。現在是科技引領的時代，但人文科學更是重任在肩。老友季羡林先生，生前倡導他的天人合一觀。以我的淺陋，很想為季老的學說增加一小小腳注。我認為「天人合一」不妨說成「天人互益」。一切的事業，要從益人而不損人的原則出發，並以此為歸宿。當今時代，「人」的學問比「物」的學問更關鍵，也更費思量。

作為一個中國人，自大與自貶都是不必要的。文化的復興，沒有「自覺」「自尊」「自信」這三個基點立不住，沒有「求是」「求真」「求正」這三大歷程上不去。我們既要放開心胸，也要反求諸己，才能在文化上有一番「大作為」，不斷靠近古人所言「天人爭挽留」的理想境界。

鄭煒明博士整理

載《人民日報》二〇一三年七月五日五版

中華經典古，今人惠澤新

陳耀南序

現在，幾乎人人都有一部智能手機，日新月異、奇妙無比了，還讀什麼「經典」——尤其是中國的經典？

是的，近代中國的學術文化，比起西方先進，表現了若干方面的落後；不過，有史以來，中國也曾有不少超前——而且，無可否認，有些還具備普世價值，可說萬古常新。誰說中國人不能「窮、變、通、久」，「貞下起元」，再開新路？

中國是如此廣土眾民，歷史持續而悠久，影響深遠而重大——所謂「文化」「文明」「開物成務」「與神物以前民用」……所謂「志道、據德、依仁、遊藝」，「知命守義」，「忠恕」……所謂「有無相生」「正反相成」「致虛守靜」「見素抱樸」等等出於華夏哲人，以至初興於天竺而發揚光大於中土高士的「五蘊皆空」「慈悲喜捨」，滅除因生死人我差別而致的大苦大痛，種種現代更覺迫切珍貴的智慧理念，就是出於或者持久普及於中國經典。對這一切，我們怎可視而不見、習而不察、有而不珍？今日今時，鳳凰火浴，重新振起，騰飛世界，造福人類，豈不是有心人之所同盼、有目人之所共睹？

更何況，即使「普世市場」之類意義暫且不談，「中文」「中國」，對我們來說，畢竟是水之有源、木之有本，誰可以——怎可以——真的斬斷？

所以，中華文化經典，不可不愛護、學習，不可不繼承、推廣！

所謂「經典」，就是經歷了無數考驗，仍是大家心悅誠服、可資指導言行的文字記載。泛觀博覽、精細研究這些記載，我們可以了解人性人情、洞明世務（特別是中華文化精神），於是知所選擇繼承、發揚光大；並且，目染耳濡，用語行文，我們提升了吸收與表達能力，增加了智慧與樂趣——這些，我們可以從三方面再加闡發：

首先，「天地之大德曰生」——「德」者，性能、作用——作為萬物之靈的人類，更能理性自覺地、不懈追求幸福地生存與進步。為此，物質與精神各方面的生活質素就得以繼續提升，表現為器材技藝、經濟政治、法律道德、哲學宗教等等，由外在而內心的種種文化現象與成績，而紀錄於人類特有的文字，集結、精選，就成為「經典」，此其一。

其次，在文化的累積與發展中，人們研究、發現、掌握多變現象背後不變（起碼是相對穩定）的道理規律，於是執簡馭繁，這就是中國古人所謂「易簡而天下之理得」——諸如：友愛親情之可珍、鬥爭仇恨之可懼、良辰好景之可幸與可喜、天道命運之可信或可疑。諸如此類，是否「太陽之下無新事」？是否不管如何，都「前事不忘，後事之師」？此其二。

第三：「時有古今，地有南北，字有更革，音有轉移，亦勢所必至。」明朝學者陳第的專業心得也好，希伯來古代智慧「巴別塔」典故的喻示也好，人類語文的演化與分歧，是人所共知的事實。不過，人又有神奇的學習與溝通能力，透過翻譯和解說，古與今，中與外，隔膜就得以消除，文化就得以交流、承繼。特別是我們的漢字中文，「金入洪爐不厭頻」，經過百多年來嚴苛的懷疑、輕蔑、考驗、批評，它難得的精簡與穩定特質，與口頭漢語適切配合的優點，理應更受珍視。透過視野的擴大與適當的更新，認真而合時的譯解，文、史、哲、教種種範疇的華夏經典，垂世行遠，光大發揚，就在於今日！

中華書局（香港）有限公司「新視野中華經典文庫」，數載有成，業績彪炳，現在把「文庫」中五十種書的導讀合編為一集，以利參考、觀覽，就如從上古到近世《七略・六藝志》《隋書・經籍志》《四庫提要》的貢獻與功能，實在是嘉惠士林、功在社會。筆者有附驥之榮，謹致蕪辭，誠為之賀！

陳耀南於悉尼

二〇一六年五月三十日

現代人為什麼要讀經典

李焯芬序

英國牛津大學有位歷史學家，名叫湯因比（Arnold Toynbee，一八八九—一九七五）。他著作等身，代表作是十二卷的《歷史的研究》（*A Study of History*）；書中深入分析了人類文明的歷史進程。學界一般認為他是二十世紀最偉大的歷史學家。上世紀七十年代，湯因比在他晚年的一些著作和訪談中，不時談到他對二十一世紀人類社會的一些預測和憂慮。他在分析文明史的基礎上，預見到二十一世紀的人類社會科技不斷進步，物質生活非常豐富；但人會變得越來越以自我為中心，越來越自私，物質慾望不斷膨脹。這將對地球的自然資源造成越來越大的壓力；而人與人之間、族羣與族羣之間的衝突亦越來越尖銳。從人類文明可持續發展的角度看，湯因比認為二十一世紀的人類社會需要重新審視並踐行中國傳統文化的價值觀，特別是儒家思想與大乘佛教。

四十年後的今天，我們重溫湯因比的這些預言，不無感觸。過去的教育，既重視知識的傳播，亦同時重視人的教育，特別是品德的熏陶。今天的教育，基本上以知識教育為主導。知識的不斷膨脹，造成了越來越多的新科目，以及永遠也教不完的新課程。展望將來，網絡教育（e-learning; mobile learning）的比例會越來越重。同學們忙於低頭看他們的手機或 i-pad，從中汲取他們所需要的各種知識或訊息。君不見：一家人外出吃頓飯，各人在飯桌上往往忙於看自己的手機，閒話家常式的分享明顯減少了。不少教育界的同工對如何在網絡時代推行德育

（或人的教育）感到困惑。這不啻是湯因比所預見的現代人越來越以自我為中心、人與人之間關係越來越疏離的現象。湯因比的命題是現代人如何在物質文明與精神文明之間取得更合理的平衡。從現代教育的角度看，則是如何在知識教育與人的教育之間取得更合理的平衡。

湯因比認為人類社會要持續發展，就必須處理好這些失衡的現象。而儒家思想和大乘佛教正可以幫助二十一世紀的人類社會在物質文明與精神文明之間取得更均衡、更和諧的發展；從而讓現代人生活得更有智慧、更稱意、更自在。我們回顧中古時代的歐洲，文藝復興讓當時的歐洲人生活得更有智慧，思想更開放和活躍，因而成就了後來的工業革命、科技不斷進步和強大的歐洲。正如饒宗頤教授所指出的，促進歐洲文藝復興的正是歐洲人對重新研讀古希臘、羅馬經典的興趣和熱潮。歐洲人從經典中得到了無窮智慧以及發展的動力。

就在這個有趣的歷史時刻，基於出版人的文化使命感和社會承擔，中華書局（香港）有限公司出版了一套五十本的「新視野中華經典文庫」；並把每本的導讀抽出、結集成為這套名為《經典之門：新視野中華經典文庫導讀》的集子，作為閱讀經典的入門書。書中的每一篇經典導讀，均是針對現代人對經典智慧的需求而寫成的，因此既具現代視野，亦契合現代人的需要。

湯因比預見了中華經典智慧對社會的價值。從個人的角度看，中華經典智慧亦能幫助現代人更好地面對社會的種種壓力，妥善處理好各種矛盾，從而讓大家生活得更稱意、更自在。我們今天的社會，競爭比以前更激烈，生活和工作壓力比以前更大。單以香港為例，六七十年代的香港只有二三千大學生。今天香港大學學生逾十萬。不但畢業後找工作比從前難，連升職亦比從前難。我們的許多大學畢業生，很少有下午五點鐘下班的；經常是傍晚七點或更晚才能下班。有人回家以後還要用手機或電腦繼續工作。中華經典中有不少人生智慧，可以幫助我們更坦然地應付這些生活和工作中的壓力和挑戰，更善巧地處理好人際關係，幫助我們走上事業成功的坦途，同時獲得別人的尊敬、衷誠合作和支持。換句話說，研習中華經典，可以補現代知識教育的不足，讓我們除了現代專業知識之外，還具有人生智慧，懂得待人接物，事業上更成功，生活得更幸福快樂。

中華經典智慧，無論是對人類社會的未來，抑或是對個人的成功和幸福，都具有巨大的價值和意義。

香港大學饒宗頤學術館館長　李焯芬

二〇一六年六月

目錄

道家

法家

墨家

縱橫家

注：分類的排序參考《隋書・經籍志》，其中，儒家《四書》的次序參考了朱熹的心得：「先讀《大學》，以定其規模；次讀《論語》，以立其根本；次讀《孟子》，以觀其發越；次讀《中庸》，以求古人之微妙處。」

儒家

《大學》導讀

古代的大學之道

香港中文大學哲學系博士、
香港中文大學哲學系助理教授
劉桂標

一、什麼是大學？

在現代，一講起大學，有些人便會想起教育產業中的名牌，如英美的劍橋、牛津、哈佛、耶魯等，或中港的北大、清華、港大、中大等；有些人則會想起宏偉的教學大樓，甚至形形色色的國際排名等等。但這些真是大學最重要的東西嗎？

昔日清華大學校長梅貽琦在其就職演講中說得好：「大學者，非謂有大樓之謂也，有大師之謂也。」真正的大學，是培養德學兼備的大師，這個道理，我們中國人其實很早就已經了解。宋代大儒朱子（朱熹）在解釋先秦儒家典籍《大學》時，清楚地表明：「大學者，大人之學也。」（朱子《四書集注．大學章句》）

在我國古代，大學即太學，也就是現在所謂的高等教育，而其主要的教授內容，就是大人之學，這是相對小學來說的。據朱子所說，古代的小學有如現在的中、小學，是基礎教育，主要教授的內容是「灑掃、應對、進退之節，禮樂、射御、書數之文」；至於大學，教的則是「窮理、正心、修己、治人之道」。小學教的東西，是較為經驗性的，主要是一般的禮節、待人之道及較容易了解的學科和術科，一般兒童和青少年都容易掌握；而大學教的東西，則是較為理論性的，是讀書、做人的道理，以及將道理推廣到家、國、天下的層面，須稍為年長及心智成熟者才能掌握。由此可知，**古代的大學——大人之學，就是成就完善人格、道德君子的學問。**

二、物、事、知本、知所先後

古代的大人之學，用學術專門用語來說，主要是工夫論。但這裏工夫論中的工夫並非外國人稱為 Chinese Kung Fu 的「功夫」（武術），而是指道德實踐的程序和方法（成德工夫）。在道德反省方面，中國人甚至比西方人更全面。西方人如蘇格拉底、柏拉圖等大哲，主張「德即是知」（virtue is knowledge），以為道德主要是理論問題，把握道德理論便是有道德的了。然而，中國人特別是孔子、孟子等大哲，提倡知行並重，認為真正的道德不單是理論問題，也是實踐問題；因此，中國哲人很早已有工夫論——有關道德實踐的歷程和方法的討論。

此工夫雖不同彼功夫，但卻有相似的地方。譬如說，成德工夫有其循序漸進的實現歷程，就像武術那樣，一招一式，須由淺入深，按部就班地學習。

更貼切的比喻是建築工程。建築需要材料，如砂、石、水泥、鋼筋等，成德工夫也需要材料，在《大學》，就是工夫的對象，即物、知、意、心、身、家、國、天下等（統稱為「物」）。在蓋房子時，相應於不同的材料有不同的技術，而實踐道德時，相應於不同的對象也有不同的工夫的技術，即格、致、誠、正、修、齊、治、平等（統稱為「事」）。

蓋房子很講求地基穩固，因為地基不穩，則整間房子搖搖欲墜；而實現德性也需要把握基礎——知道以至善的道德心為根本（稱為「知本」），否則成德工夫不踏實，宋明儒者稱為「玩弄光景（影）」。另外，建築樓宇講究施工程序，須由下而上，層層遞進；道德實踐也講究為學次第，須由內而外、由親及疏，步步為營。《大學》稱這種了解為「知所先後」。

三、三綱領、八條目

為了使人了解道德工夫的要點，《大學》提出了三大原則及八大步驟——三綱領、八條目（簡稱「三綱、八目」）。其層次關係請見圖一。

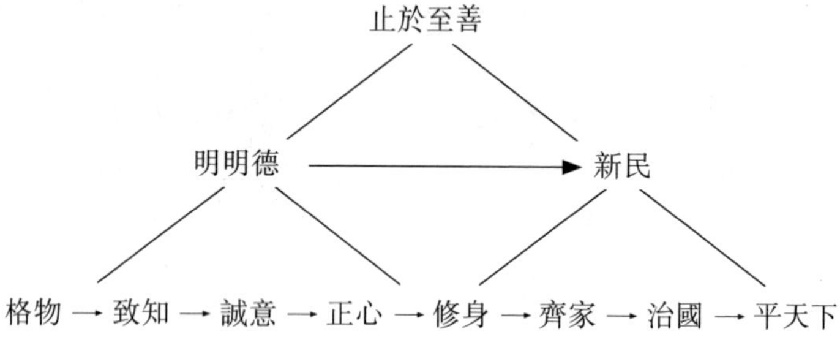

圖一　三綱八目的層次關係

所謂三綱領，指「明明德」、「親民」（一說當為「新民」）及「止於至善」，依次為發揚本來光明的道德心，親近（或革新）人民以推廣道德心至社會層面，以及以實現至善的道德心為一切道德實踐的目的。此三大原則並非並列的原則，而是有兩個不同的層次。最高的原則是止於至善，指道德實踐須以道德心為基礎；而明明德與親民則是次層原則，明明德指個人層面的道德實踐，而親民則指社會層面的道德實踐，兩個原則都隸屬於止於至善的綱領，因為無論是個人或社會的道德實踐，都應以道德心為基礎。

所謂八條目，指「格物」「致知」「誠意」「正心」「修身」「齊家」「治國」「平天下」八個歷程。它們體現了道德實踐由內而外，以及由親及疏的大方向。道德實踐須由內而外，因為道德基礎是發自內在的道德心；須由親及疏，因為道德實踐由自己親人開始，再擴充到我們不認識的人，合乎人之常情和常理，使我們更容易將德性實踐出來。

八條目中的格物和致知兩項個人實踐工夫的意義較具爭議性，我們可以宋明儒學中的程朱學派及陸王學派的看法來說明。程朱學派的代表人物朱子以為，格物、致知指「即物窮理」，意即：我們要作道德實踐，需要多看儒家經典，並與人多作討論，這樣，才能把握道德價值的意義及道德實踐的道理。而陸王學派的代表王陽明（王守仁）則認為，格物指正行為，致知指致良知，意即：道德實踐的基礎在於每個人都具備的良知（道德心），因此，作道德實踐，最重要的是要把握良知的存在，並且將它在現實層面中表現出來。

朱、王的觀點表面上有所不同，甚至有矛盾對立；然而，實質卻是相輔相成、互相補足的。用《中庸》的話來說，朱子重「道問學」，王陽明重「尊德性」。他們的主要意思可綜合為：我們作道德實踐，一方面必須向外學習，這樣才不致閉門造車，自以為是；一方面又要向內反思，這樣才可將學習的東西理解和消化，以及符合我們的道德心的反省。用現代大儒錢穆、唐君毅諸先生所撰的香港新亞書院的學規的用語來綜合二人所說，就是：「求學與做人，貴能齊頭並進，更貴能融通合一。」

誠意、正心、修身，這三項個人工夫較易了解。誠意是指人要為人真誠，不要自欺欺人。正心講的是要調節情緒，不要讓喜怒哀樂等情緒影響正確的道德判斷和實踐。而修身是由個人實踐到社會實踐的關鍵，是要抱持公道的精神待人，不會因一己的好惡而偏私。

齊家、治國、平天下是《大學》講的三項社會實踐工夫，它們是由個人的道德實踐推廣到社會的道德實踐去。表面上，它們涉及三種不同的工夫——「齊」（整頓之義）、「治」（治理之義）及「平」（平定之義），但依原文來看，這裏的分別只是數量上有所不同，天下是最大的單位，國次之，家則是最小的，但其基本原則都可說是實行將心比心、推己及人的恕道。

總而言之，《大學》講大學之道，雖遠在先秦時代，但它的道理卻有永恆而普遍的價值，值得現代人好好學習。它的教訓可以用以下的話概括：「萬丈高樓從地起，為學做人同一理。」筆者願以此與各讀者互勵互勉。

四、餘論

《大學》一書，原是《禮記》中的一篇，唐代以前沒有引起很大的關注。至唐代，韓愈等人引用《大學》原文，始為人所注目。到宋代，二程特別是程伊川（程頤）很重視《大學》，甚至將它從《禮記》中抽出單獨成篇。其後，二程的追隨者朱子更把它與《論語》《孟子》及《中庸》合編為《四書》，並寫成《四書集注》（又名《四書章句集注》），《大學》由此成為日後儒者必讀的經典。

《大學》的作者，舊傳為曾子（曾參，孔子弟子），但不可信；一般學者以為成書約在秦漢之際，非一人一時之作，是儒家學者繼承及發揮孔子、孟子等儒者思想而成書。

原書本無分章節，但朱子依據其內容思想並加以編輯修訂，區分為經一章、傳十章，他以為前者由曾子所著，後者為其後學所著，經文是全書宗旨，傳文則是對經文的解釋。另外，朱子將全書宗旨定為以講述三綱領、八條目為主，但因原書對格物、致知二條目語焉不詳，朱子便認定原文有遺失，因此寫成〈格物致知補傳〉以令全書義理更完整。朱子的說法純粹出於個人的推斷，不一定符合歷史事實，但其整理原文的工作卻令全書系統性更強，可讀性更高，後來甚至成為最流行的版本。

歷代儒者對《大學》一書多予正面的評價。唐代韓愈引用其關於修齊治平的言論，指出其發揮儒家重視現實倫理的長處。宋代朱子除將《大學》與《論語》《孟子》《中庸》編成《四書》並作注外，更將《大學》視為「初學者入德之門」，在學習次序上有優先位置，並給予高度評價。明代王陽明也高度重視《大學》，甚至依據格物、致知等說法，建立起自己的致良知的哲學系統。近代孫中山讚賞《大學》以由個人道德修養為基礎而建立的社會政治哲學，認為這是「應該要保存」的中國的「獨有寶貝」。

《論語》導讀

人文化成的宗師言行

前香港大學中文系教授，現居澳洲
陳耀南

巨著寶典，影響時代；而哲思與偉人，也都是時代的產品。所以，論世然後知人，知其人、知其書，然後知其短長得失。《論語》的研習，也是如此。

一、釋「論」「語」

論語，兩個「言」旁的字，一本記錄言語、反映時代的儒學聖經，活現了孔子「言教」與「身教」，代表中國人貢獻給世界文化的倫理寶典。

讀了《論語》所記錄的孔子與及門高足言行，有志之士，便知道如徐復觀先生在《學術與政治之間》（甲集）所謂：「程文之外，另有學問；科第之外，另有人生；朝廷之外，另有立腳之地」（頁一四七）。有史以來，沒有人能成功否認：孔子是東亞文明的典範，中華文化之光；讓人見到這光的書，便是《論語》。

直言曰「論」，答難曰「語」——這是《周禮・春官・大司樂》賈逵《疏》引《說文》的講法。「論」是直接陳述，「語」是答覆詢問。《論語》邢昺《疏》，以「經綸世務」釋「論」，又等於「圓轉無窮」的「輪」。依此，有人主張據《說文》二徐本惟載「盧昆」切而讀平聲。不過，段玉裁說古無平去之別，趙翼《陔餘叢考》卷四說：「語者聖人之遺言，論者諸儒之討論也」，常時讀了去聲，也未為不通了。其實，研習《論語》，主要是在通義理、學為人，所以，語音與字義既都通轉，在此也不必多費筆墨了。

總之，這本把孔子自說和答人的話，連同附帶資料，編纂流傳的記錄，就稱為《論語》。

二、《論語》的時代

《論語》的時代，是周代文制動搖而價值重估的時代，是孔子出而百家隨之並興的時代。

《論語》表現孔子。孔子自覺的社會使命，是復禮興仁、撥亂返正，以處理「王綱解紐」的時代問題。繼起的那批思想家也有同樣的使命感，如後來《文心雕龍》所描述，他們「身與時舛，志共道申」，於是開展了諸子百家時代，形成了以後二千多年的中華文化。

中華文化有史可據的第一個燦爛時期，就是春秋戰國那幾百年，政治上列邦競存，思想上百家爭鳴的世代。《漢書．藝文志．諸子略》承劉歆《七略》而論「諸子出於王官」，今人雖不盡從，其實也並非憑空設想。由於人性與時代條件，以管理知識為專利，以學術資料為禁臠，自然是當時世襲掌權者——即所謂「貴人」「君子」「世族」——的必然做法。到爭奪戰亂而使貴族地位不保，特權崩壞，《莊子・天下篇》所謂「舊法世傳之史」的壟斷局面無可維持，學術就流入民間，才俊就紛紛興起了。淪落而有才有德的貴族，傳授學術以營生和栽培後繼者；不甘貧寒愚昧的平民，奮鬥學習以攀升社會階梯，為了榮身、為了華國、為了救世，他們紛紛努力，薪火相傳，於是推進了文化。由於社羣處境與個人才性的不同，自然有諸子百家的分別。到秦漢一變自古以來列邦並存而為帝國一統，政治上或強勢之合、而文化隨而定於一尊；或弱勢之分，而思想得以異葩耀采。二千多年來，由「先秦諸子」而「兩漢經學」「魏晉玄學」「隋唐佛學」「宋明理學」「乾嘉樸學」，而現代的中西交流，相蕩相激。這樣，溯始探源，自然不能離開作為首要重鎮的孔子與《論語》。

諸子百家興於春秋，盛於戰國，合起來便是周朝的下半場——東周。自平王東遷（前七七〇）到六國盡滅（前二二一）這幾百年間，夏、商、西周二千多年來的貴族世襲封建政治逐漸動搖衰廢，代之以秦、漢以迄明、清又二千多年的君主世襲專制、郡縣中央集權，然後進入民主共和的現代。生於春秋後期的孔子（前五五一—前四七九），所目睹耳聞的大動亂、大轉型，就是「王綱解紐」。

所謂「王綱」，就是王朝的綱紀：西周建政，行封建、立宗法、社會藉以維持、人心因而安頓的禮樂文化。所謂「解紐」，就是這種種的紐帶組織，崩壞鬆弛，於是社會動亂不息，人心普遍難安——怎麼辦？

作為開啟諸子時代的第一人，孔子主張：正名辨分，安定秩序，恢復與振揚西周建政的禮樂文化。

政治禮文的設計者、示範者，是孔子夢寐敬佩的姬旦——周公。周公旦是文王之子、武王之弟、成王之叔、孔子所屬魯國的始祖。他伐商、東征，制禮作樂，建立和穩定西周王朝，不過，最值得想慕欽崇，還在於克制政治人物必然強烈的權力慾望，而遵守自己所參與訂定於是也應當制約於其中的那套秩序規矩。

勝利則驕狂，專權則縱濫，人情大都如此。不過，人性也有高貴難得之處，就是：理智清明以自警自制，宅心仁惠以愛眾安民。孔子之敬慕周公在此，《論語》之垂教後世也在此。周公所言所行，見於《尚書》中最可信的《周書》各篇。不論對周國臣民、友邦之君，抑或殷商遺族，周公都反覆叮嚀，諄諄告誡，總不外申說小周之能代大殷，都是天命與天意之歸於有德；如果承命者也失德，照樣會重蹈殷亡之鑒。所以有國者必須勤政愛民、修身立德。這種省勉訓誡，代表一種新的時代共識，就是：要保持憂患意識，要知道「天命靡常、有德居之」，別讓勝利衝昏了頭腦。於是，在周公領導之下，他們就努力以表現人本人文的禮樂制度，代替前朝所特別看重的——甚至可以說「偏重」的——幾乎無日不做的宗教獻祭。殷商敬祀，周人尚文，時代精神是不同的。

殷商即使在盤庚遷都之後，遊牧漁獵仍然是重要生產方式，西方的周，國雖未大，土地農耕已較先進。滅商之後，就以「普天之下莫非王土」的理念，進一步以具體嚴密的政治策略封土建國，來安養同姓親族，酬庸異姓而立大功的臣屬，和為數較少的前代帝王之後，以及原先存在而不得不封的盟友部族。同姓異姓各國間雜而居，以利通婚與制約。爵位軍力都有規定。僅次於王的公爵尊而極少，以下侯伯子男四等以侯為尚，所以稱為「諸侯」。周王稱為天子，有事則諸侯勤王，喪德敗政，則天王號召各國共討。國君之下，卿、大夫立家，各有采邑，提供財賦與武力。貴族最基層的士，則承上級之命以臨民為治，若有失職，可遭廢黜。廣大的庶民，就耕織製作以至簡單商業以事貴族，命亦繫之。此之謂「封建」。

農耕安土定居，宗族鄉里家庭組織亦遠較遊牧穩固。各國之間以至君臣上下，皆異姓為婚以繁衍後代。君長繼承，亦不再兼行「兄終弟及」而一律「父死子繼」——而且儘量是嫡長子，以安天命而減紛爭。嫡庶長幼，因此必須嚴格分別。嫡長子是「百世不遷」的「大宗」，其餘則是「小宗」，五世親盡而遷，另開支派，自為大宗，以後再開若干小宗，這樣一路廣遠地繁衍下去。此後三千多年，自天子以至庶民，都是如此。此之謂「宗法」。

「宗法」與「封建」兩種制度交織，用親情、血緣、親疏、利害為基礎，制定輩份、等級種種關係，就構成西周建政推行的禮文。一切從個人生命最先的依靠——父母兄弟——開始。《論語》首篇次章記有所謂「孝悌」是「仁之本」，次篇孔子引《尚書》記「孝友」即所以「為政」。這樣，由家而國而天下，以天子為永遠的、最高的地主、最大的族長，領導王朝萬邦，人人各安其位，一切井然有序，加上農業生產發展，於是有周初的「成康之治」和稍後的和平安定之世。所以，孔子雖是殷人之後，也稱讚說：「周監於二代，郁郁乎文哉，吾從周！」（《論語．八佾》）——就是說：周以夏商二代為鑒戒，修正、改善、建立了種種文化禮制，於是一切都上軌道，一切都美好！

可能不美的是世事與人性。世事常變，而人性不改。人性有「見賢思齊、見不賢而內自省」（《論語．里仁》）——道德自覺的一面，更有「見富貴而爭先、見掠奪而恐後」——動物的一面。以「宗法」而論：親情有厚薄，關係有親疏，為長上者資以服眾的才德勢位有高下；以「封建」而論：土地有肥瘠、疆域有大小、人民有眾寡，基礎本來就已難平。天時不定、地利不均、人力的慾望與智愚勤惰不齊，列國以至卿大夫（其實可說是所有人）之間隨着生產的發達，貧富強弱的差距必然越來越大。大到禮法制約不來，既定的秩序便不能維持，大侵小、強淩弱、眾暴寡、智欺愚，種種亂象就越來越多了！《禮記．禮運》篇視為比亂世好得多的「小康」之治，也是「各親其親，各子其子，大人世及以為禮，城郭溝池以為固，禮義以為紀」，本來也是出於自然而保障於法律、視之為當然的「私」；那個時代，又遠遠未想到由長期血的教訓而培育成功的「民主憲政」這個迄今為止最好的想法和辦法，又怎能防範、制裁、消弭由另一部分人性而來的、更強烈、更原始的貪求與爭奪呢？

周康王之後，昭王經略南方不返，可能是被當地人沉舟而謀殺之於江上吧。穆王遠遊四方，留下不少神話，跟着厲王無道，監謗以壓制輿情，結果發生民變而被逐。周召二公共和行政之後，宣王號稱中興，周室威德仍然未足服人，繼任者幽王又無道，廢申后而寵褒姒，烽火戲諸侯，結果被申侯與犬戎聯攻，諸侯不至，於是死於驪山之下，鎬京殘破，平王東遷洛邑，開始了東周。

這時，列國因兼併而疆域日大、數目漸減，周則直轄王畿相形見絀、威勢更墮。其始，鄭國勤王有功，莊公初成小霸，即竟與桓王戰而射之中肩，已視同諸侯。到楚興於南，甚至北上而問鼎輕重，有志取代。齊桓公應時而起，用管仲之策，官山府海，以漁鹽農礦充裕國力，以尊王攘夷令諸侯，首為盟主以開霸政。死後內亂，國勢稍衰，宋襄公欲繼之而敗。跟着，晉以北方之強，文公北併羣狄，東阻秦穆，南敗強楚，霸業為春秋之最。其後楚亦敗晉而稱霸，兩強纏鬥，互有勝負，眾國依違其間，鄭的處境尤難，賴有名相子產賢能，內政外交，揚聲國際。宋向戌以戰頻民苦，倡「弭兵」之議，而干戈終不能息。這就是孔子青少年時的世局。到稍後吳越爭雄，就已入春秋末期了。

《春秋》本當時列國編年史之通稱，孔子據魯史所記編為教本，於是亦成所記上起魯隱公元年（前七二二）、下迄哀公十四年（前四八一），凡二百四十二年的時代之稱。司馬遷《史記．自序》承《淮南子》、董仲舒等說在此期間，諸侯各國「弒君三十六，亡國五十二」，「奔走不得保其社稷者不可勝數」。時世之動盪、百姓之痛苦可知。周初封國四百餘，服國八百餘（《呂氏春秋．觀世》），到春秋晚期，大小諸侯減到一百以下。後來再到戰國，只剩七雄，事態的必然發展，明顯地趨向統一，孟子就清楚肯定地如此說（《孟子．梁惠王上》）。不過，他想不到最後竟然統一於最殘暴善戰的秦，更無論在他之前百多年、想保持秩序不再壞下去的孔子了！

為時代、為人類而焦心苦慮的人，也不只孔子。衞大夫石碏勸諫莊公：「君義臣行、父慈子孝、兄愛弟敬」，是所謂「六順」；「賤妨貴、少陵長、遠間親、新間舊、小加大、淫破義」，是所謂「六逆」；如果「去順而放逆，招禍必速」（《左傳．隱公二年》）——結果是：「弗聽」——不信邪！忠言逆耳、明知故犯的人，為數又豈少呢！

逆而不順，從個人到國家都必然戰爭。戰爭靠臣下出力賣命，自然論功行賞。到賞不勝賞、尾大不掉，功高權重勢大者控制了財富與人民，臣下就必然由「震主」而「代主」了。春秋與戰國之間，震動當時的天下大事：三家分晉、田氏篡齊，實在是理有固然、事有必至。在此之前，孔子所深深慨歎：

> 天下有道，則禮樂征伐自天子出；天下無道，則禮樂征伐自諸侯出。陪臣執國命，三世希不失矣！（《論語・季氏》）

可說是歷史的總結，也是歷史的預警。

以當時的魯國而論，政權實操於「三桓」，亦稱「三家」（不是後來分晉的那三家）。魯桓公除嫡長子繼為君主外，又有仲慶父、叔牙、季友三子，下開「仲孫」（又稱「孟孫」）、「叔孫」、「季孫」三家，自宣公九年（前六〇〇）起，輪流為執政之卿，其中季孫一族（簡稱「季氏」）為時最久，勢力最大。但三桓實權，又漸下移於家臣之手。層層上逼，逼得號稱一國之君的魯侯形同傀儡，寢食不安，時時恐慌被害，也刻刻伺機回擊，於是情況日劣，兩敗俱傷，其他各國情況亦似。只有秦用商鞅變法，中央集權（「強公室」），削減私家武力（「杜私門」），卒之盡滅六國，廢封建而行郡縣，這更是孔子所夢想不及了。到這時，經過一傳以至若干傳弟子的補充增訂，作為孔子言行記錄的《論語》，也已編成了。

《論語》是首創的民間私修之書，正如孔子是最超卓的私人辦學之始。如前所說，夏商西周以來學術，本屬王官專守、貴族所習；到封建崩壞，一批又一批貴族流落民間，他們之中的有學有志者，出其所能以自養，甚至培訓後起，於是學術就漸漸流入民間了。沒有人可以查考誰是如此作為的第一人，不過，最先開風氣、最有超卓成就、最廣受敬愛、久被尊崇的，肯定是孔子。

三、孔子生平與及門弟子

「孔子」是二千多年來世人對他起碼的尊稱。

自稱其名：「丘」，人稱其字：「仲尼」。

有人私底下、甚至公然稱他「孔老二」，表現了輕薄與不服氣——甚至嫉妒、狂妄、不知地厚天高。

孔子，一位失敗的周文維修者；一位成功的全人、全民教育創始者；一位永受尊崇的人性發現者。

孔子是人，所以不可愚昧地、別有用心地神化。

孔子是三代禮樂的承傳者，中華文化的集成與教導者，所以，應當平心研孔，不該無知地醜孔、狂妄地詆孔。

孔子是人類良知的發揚者、偉大的教育家，所以，應當尊孔。

先交代這位先師、聖人的家世。

要講世系、遺傳，理應兼顧父母兩系——就如基督教《聖經》的耶穌家譜。不過，中國舊日傳統，實際只有父系。有史以來，婦女的教育權、參政權，都微不足道。說起來實在羞愧。直到現代才有改變。連《論語》中也有兩句孔子稀有地、被人指責的話：

> 唯女子與小人為難養也。（〈陽貨〉）
>
> 有婦人焉，九人而已。（〈泰伯〉）

並非不可以辯解。這裏的「小人」，是論位非論德；「女子」與之並列，也只因為「難以應付」；武王母后太姒不與其他九位功臣並列，因為參問政治是「婦女不宜」——這真是時代的錯、社會的錯——也因此，沒有人可以獲得滿分：包括孔子。

無奈地，講孔子家世，仍然只能從他父、祖說起。

孔子先世，就是他所熟悉而痛心的、一部典型的貴族興亡史，男人主導的相爭相斫史。

孔子先代是殷商貴族，「子」姓。紂王無道，庶兄微（國）子（爵）啟（名）出走。武王滅商，初封紂王子武庚以承祀。武庚勾結管、蔡以反周公，既被誅平，周乃改封微子啟於殷之故都以奉先王祭祀，這就是貴為公爵的宋。

宋開國四傳到湣公，長子弗父（字）阿（名）讓國於弟而降為卿。再傳數世，至孔父（字）嘉（名），依禮制：五世別開新公族，改「子」姓而以「孔」為氏。據傳因妻美，孔父嘉為太宰華父督所妬殺，殤公亦遇害，其子木金父逃魯，孔氏從此再降為士，也從此便是魯人了。

魯是周朝開國元勳周公旦之子伯禽封地，典籍文物保存得最佳。到傳統學術隨貴族政治之崩壞而漸次下移，就替孔子思想學問的形成，提供了良好的淵源與憑藉。孔子父親，被稱為叔梁（字）紇（名），曾做陬（又作「鄹」「郰」，今曲阜東南）大夫。

叔梁紇年過六十連生九女，娶妾得子孟皮又生而殘足，於是求婚顏氏，長次二女皆拒，獨幼者徵在允嫁，歷史稱為「野合」——前人或解為未合禮儀、或釋以年齡差距太大，總之沒有確定的說法。

孔子生於昌平鄉陬邑，在今曲阜泗水兩縣之間。名丘，據說是因頭頂中平而四周如阜，又或說父母禱於曲阜東南之尼山而得，故名「丘」，字「仲尼」。不久父亡，墓在何處母親諱之，跟着更遷回曲阜城中闕里，加起來只是廿歲多點的孤貧母子，便從此相依為命了。這幾年間的實錄太少，後人隨「尊孔」或「詆孔」以至「誣孔」的動機而各騁想像，隨意解說，唯一只表現了講者自己的見識與人格，對事情真相以至孔子的貢獻與評價，毫無影響。對此而作太多研究，也並無意義。

沒有人能離開父母以至祖先的影響。父母對孔子的遺傳，是高大健壯的軀體和堅毅的意志；殷宋以來父系祖先的影響，是禮法的嫺熟與持守。孔子自幼喜歡習禮，早年入太廟而每事問（《論語．八佾》），其後就以此為出發點，因研「禮」而知「義」（禮法背後的義理），循義理而探「仁」（義理根本在仁心）。人之所以為人，就在道德價值自覺（「仁」），因之而有行為合宜的途徑（「義」），實現為具體的典章制度以至生活儀節（「禮」）。細則基於原則，原則出自內心，這便是《論語》全書所透顯的、以孔子為宗師的整個儒學的最基本架構——這便是儒學，這便是《論語》，這便是孔子——「天不生仲尼，萬古如長夜」，有人不服氣這個文學性的讚歎，只證明他自己不欣賞誇飾修辭藝術，更不明白中華文化！

孔子一生事跡，自古以來研習多、傳揚廣、爭論少、查考易，這裏分為四階段列成表解，簡要地交代，繫以可能有關的篇章——例如〈為政第二〉篇第四章，就是 2.4，如此類推。

（一）成長與教學

公元前	周王	魯侯	年歲	孔子生平	《論語》篇章
五五一	靈二十一	襄二十二	一	夏曆八月廿七，生於魯國陬（鄹）邑。名丘，字仲尼。	
五四九	二十三	二十四	三	父死，母攜之移居曲阜。	
五四二	景一	三十一	十	幼好習禮，是時鄭子產執政。	
五三七	八	昭五	十五	有志於大人之學	2.4
五三三	十二	九	十九	娶妻亓（音其）官氏	
五三二	十三	十	二十	生子鯉，字伯魚。任委吏，管田賦，次年任乘田，管苑囿。	
五二八	十七	十四	二十四	母卒（或十七歲時）	

（續上表）

公元前	周王	魯侯	年歲	孔子生平	《論語》篇章
五一八	敬二	二十四	三十四	貴族孟僖子深憾前此（昭七年九月，《史記》誤以此為其卒年，時孔子年十七，南宮敬叔未生。）伴君至楚而不能相禮，此時將卒，遺囑謂孔子聖人之後，歷代恭禮，明德達人，故二子何忌（孟懿子）、南宮敬叔（閱，或說，同悅）必師事之，學禮以定其位。時孔子以知禮著名，已設教壇而講學。	2.5 2.6
五一七	三	二十五	三十五	魯侯攻季氏，因三桓聯抗而敗奔齊。孔子亦避亂而往，過泰山側，見婦人哭墓甚哀，因問之而有「苛政猛於虎」的著名慨歎。	
五一六	四	二十六	三十六	在齊聞韶樂，答景公問政，阻於晏嬰而不克見用。	3.25 12.11 18.3
五一五	五	二十七	三十七	返魯繼續教學	17.1
五〇二	十八	定八	五十	季氏家臣公山弗擾（不狃）據費，召孔子，孔子以為可抗陽虎，欲往，子路勸阻，孔子亦卒不往。（按：此事可疑）	2.4

（二）從政與挫折

公元前	周王	魯侯	年歲	孔子生平	《論語》篇章
五〇一	十九	九	五十一	陽虎已因作亂敗奔晉，孔子出任中都（今汶上縣西）宰。	
五〇〇	二十	十	五十二	升小司空、大司寇，為魯侯相禮以會齊於夾谷，文事武備兼全，敗齊劫持之圖，且得還所侵之田，譽揚國際。	13.15
四九八	二十二	十二	五十四	欲墮三都（拆毀割據憑藉之城堡）以抑三家之橫，功敗垂成，又因齊人餽女樂，執政受誘不朝，孔子遂離魯，有弟子隨子。	18.4

（三）周遊列國

公元前	周王	魯侯	年歲	孔子生平	《論語》篇章
四九七	二十三	十三	五十五	在衞，為魯兄弟之邦，富庶。靈公在位，逐謀叛之公叔戌。孔子避嫌離去。	3.13 13.7 13.9
四九六	二十四	十四	五十六	往陳，匡人誤以為所惡之陽虎，攻之，脱困回衞，靈公郊迎之，應邀依禮見君夫人南子。	9.5
四九四	二十六	哀一	五十八	在衞。吳王夫差敗越王句踐，孔子仍居所善大夫蘧伯玉家。	

（續上表）

公元前	周王	魯侯	年歲	孔子生平	《論語》篇章
四九三	二十七	二	五十九	晉中行氏家臣佛肸（音拔迄）為中牟宰，邀孔子，子路反對（按：此事可疑），其後欲渡河往晉，聞趙簡子殺賢大夫竇鳴犢，乃止河邊而返衞。往曹、宋，司馬桓魋拔其在下習禮之大樹以逐之。又往鄭，皆受冷待。至陳，居數年。	17.7 15.1 5.22 7.23
四八九	三十一	六	六十三	吳伐陳，楚來救，大亂，孔子離去。途中南方隱士屢以熱心用世為譏。絕糧於陳蔡之間數日，至楚之負函，常見駐官葉公。	14.38 14.39 15.2 18.5-7 7.19 11.2
四八八	三十二	七	六十四	返衞。出公與父蒯聵（即靈公世子）爭位，晉介入，多年不決。	7.15 13.3

（四）歸魯與終老

公元前	周王	魯侯	年歲	孔子生平	《論語》篇章
四八四	敬三十六	哀十一	六十八	弟子冉有抗齊侵有功，薦孔子，季氏（康子）遂迎之歸國，尊為國老，而實不能用。孔子自此潛心教學與整理文獻，是傳統學術（「六藝」）之集成整理者、規範者和局面開創者，後世遂將刪詩書、訂禮樂、修春秋、序易傳，後世儒者紹繼之功盡以歸之。先是孔子歸魯前一年，妻丌官氏卒。	2.19 2.20 6.8 9.15 12.17-19 14.36 16.1 19.22-24
四八三	三十七	十二	六十九	子鯉急病而卒。	11.8
四八二	三十八	十三	七十	吳王會晉、魯於黃池，越乘虛攻入吳都。	2.4 6.3 11.7-11
四八一	三十九	十四	七十一	魯人西狩獲麟，孔子感傷而絕筆春秋。顏回死，甚哀之。齊田成子陳恒殺君，孔子勸哀公及三桓討之，以正君臣之義，不從。	14.21
四八〇	四十	一十五	七十二	衛蒯聵逐其子出公而自立為莊公，子路死於亂中，孔子甚哀。	11.13
四七九	四一	一六	七三	夏曆二月，周曆四月十一日，孔子病卒。其後不少弟子結廬守墓三年，以表追思，子貢更六年而後去。	

（五）孔子與魯國地圖

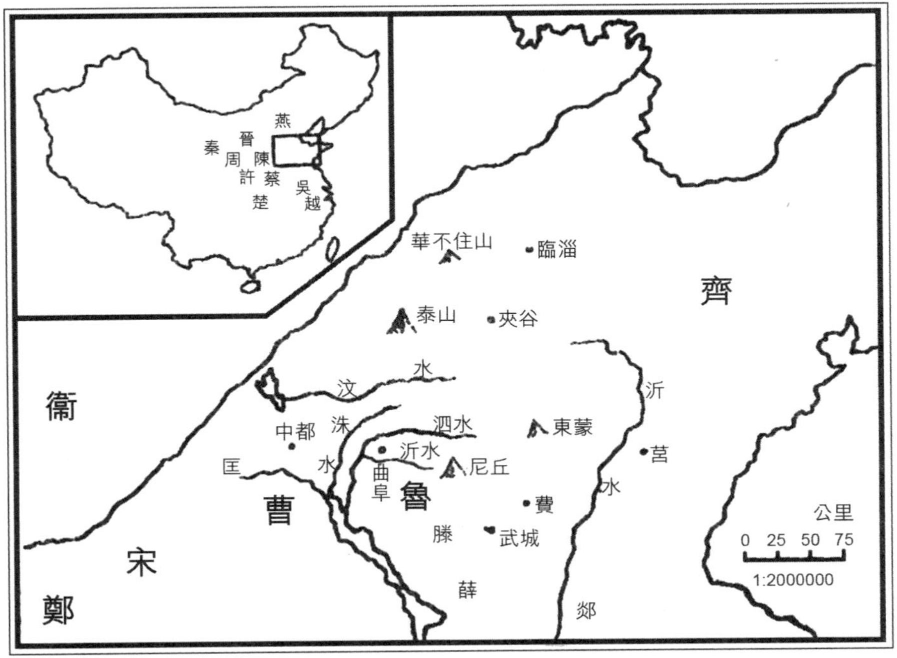
燕
晉
秦
周
陳
許
蔡
吳
楚
越
衞
宋
鄭
曹
匡
中都
洙
水
汶
水
華不住山
臨淄
泰山
夾谷
齊
泗水
沂水
曲阜
魯
尼丘
東蒙
沂
水
莒
費
滕
武城
薛
郯
公里
0 25 50 75
1:2000000

（六）及門弟子

孔子教學早、年壽高，化育宏廣，聲譽遠播。以當時傳播條件，已有「弟子三千，賢人七十」的盛況。《史記．仲尼弟子傳》考其顯有年名及受業見聞於書傳者居半，無年及不見書傳者亦四十二人。孔子以「文、行、忠、信」（7.25）為教，弟子就各自才性志向發展。其最卓異者，後世因有所謂「四科十哲」（11.3）：

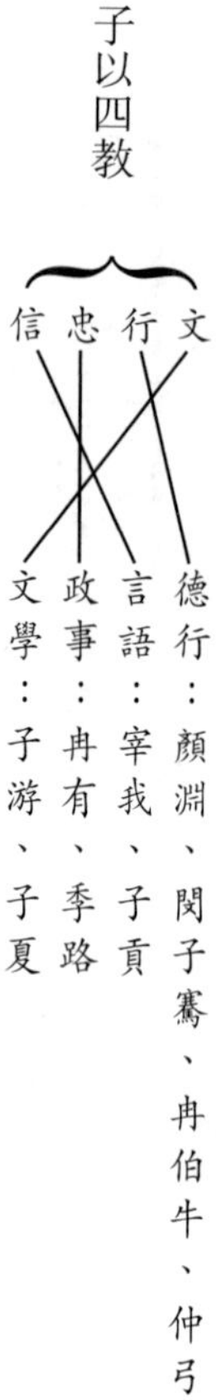

這也只是大概的類比，並非如此判然四途。忠、信實在都是「德行」之一；而大賢子張、曾子，都不在所謂「十哲」之內。就《論語》所見，著名弟子略如下表：

《論語》所載孔門著名弟子表（年歲序）

姓名	四科十哲	別字	自來	少於孔子年歲	學而第一	為政第二	八佾第三	里仁第四	公冶長第五	雍也第六	述而第七	泰伯第八	子罕第九	鄉黨第十	先進第十一	顏淵第十二	子路第十三	憲問第十四	衛靈公第十五	季氏第十六	陽貨第十七	微子第十八	子張第十九	堯曰第二十	備考
顏無繇		路	魯	六											●										回父
仲由	（忠）政事	子路	魯	九					●	●	●		●		●	●				●					
漆雕啟		子開	魯	十一					●																
閔損	（行）德行	子騫	魯	十五						●					●										
冉雍	（行）德行	仲弓	魯	二十九						●					●										耕子？
冉求	（忠）政事	子有	魯	二十九					●	●					●					●					
顏回	（行）德行	子淵	魯	三十		●				●	●	●	●		●										
宓不齊		子賤	魯	三十					●																
高柴		子羔	?	三十											●										
端木賜	（信）言語	子貢	衛	三十一					●		●				●			●	●				●		
宰予	（信）言語	子我	魯	?					●						●						●				
公冶長		子長	齊	?					●																
南宮适		子容	魯	?					●						●			●							
曾點		子皙	魯	?											●										參父
司馬耕		子牛	宋	?		●										●	●								
冉耕	（行）德行	伯牛	魯	?						●					●										
有若			魯	三十三	●											●									門人？

（續上表）

四科十哲	姓名	別字	來自	少於孔子年歲	學而第一	為政第二	八佾第三	里仁第四	公冶長第五	雍也第六	述而第七	泰伯第八	子罕第九	鄉黨第十	先進第十一	顏淵第十二	子路第十三	憲問第十四	衛靈公第十五	季氏第十六	陽貨第十七	微子第十八	子張第十九	堯曰第二十	備考
	原憲	子思	魯	三十六						●								●							
	樊須	子遲	?	三十六												●	●								
	澹臺滅明	子羽	魯	三十九						●															
	公西赤	子華	魯	四十二					●						●										
（文）文學	卜商	子夏	衛	四十四	●					●					●	●	●						●		
（文）文學	言偃	子游	吳	四十五				●		●					●						●		●		
	曾參	子輿	魯	四十六	●			●				●			●										
	顓孫師	子張	陳	四十八											●				●				●	●	

孔子既逝，門人結廬守墓三年，如父喪哀思，子貢甚至六年方歸。他們跟着就各本所學，或散遊諸侯，達者為王佐卿相；次者結交賢俊，教育人才；未遇者隱在民間，待時養備。最著名者，除子路在衛而殉職於孔子卒前外，子張居陳。澹臺滅明居楚。子貢善辭令外交，貨殖甚富，終老於齊。子夏居西河，教學年壽均久，化澤甚眾，仕於明君魏文侯之賢人田子方、段干木，以至戰略名家吳起、墨翟之徒禽滑釐等，都出其門下。

到了生存競爭更慘酷的戰國時期，儒學自然被視為迂闊，不過有志於仁義根本者仍然誦習不絕，特別是齊魯之間，繼承曾子、子思一系的孟子，以善學孔子為任，聲譽最隆，宣揚最切。

後來，生於趙而卒於楚的荀子反對孟子而另倡性惡、隆禮，特尊仲弓，法家的韓非、李斯，都出門下。不過他仍然宗奉孔子，年壽既長，教化亦廣，其影響經秦而入漢，羣經傳授，淵源都可溯源於荀子。

暴秦焚書禁學，備受迫害的儒生，就在陳涉起事時，帶着祭孔的禮器往歸，表示：擁戴他為文化與人心的正統所歸。孔子八世孫孔鮒就任他的博士，並且同死。劉邦破項羽，唯有曲阜因曾被羽封為魯公，所以弦歌不輟而堅守，到確知羽死，才與眾歸降。

漢興，干戈未息，用叔孫通制朝儀，參與的儒生漸漸擡頭，不過跟着的文景之世，重黃老虛靜無為，與世休息，所以儒者未見大用。跟着是漢武親政，尊崇儒術，風氣於是大改——這時《論語》也就漸有定本了。

（七）孔門人物稱謂

《論語》所見孔門人物名字稱呼，也就是當時和以後二千多年來中國社會文化的禮儀規矩，即是：

一、「子」或「夫子」是直接呼喚對方時的尊稱。（清汪中《述學》卷六說「子」本是小國之君，相當於大國之卿，於是作為尊稱云云。）在《論語》中，除了少數例外，一般就是稱孔子。

二、自稱或稱卑晚輩用本名——所以孔子自稱「丘」，稱弟子為「回」（姓顏）、「由」（姓仲）、「賜」（姓端木）。

三、稱平或長輩用別字——《論語》記述者提及孔子門人，例如上述三位，稱「顏淵」、「子路」、「子貢」。名與字意義相發，深「淵」之水「回」旋，「由」是田出之「路」，「賜」與「貢」都關資財，諸如此類。後世如諸葛「亮」字「孔明」，秦觀（少游）與陸游（務觀）名字對易，現代如張學良字「漢卿」（張良開漢功臣）等等，佳例不勝枚舉。

四、姓名直書，是純然第三者或後人提及時的一般語氣。《論語》並非一時一人所記，由於輩份、關係、情感等等因素，有時又碰到姓氏雷同或名字近似，須加分別，於是便有變例。譬如：顏淵、樊遲、公冶長、閔子騫……是「姓字直書」。又有「名字直書」，甚至連姓。譬如：宰我又稱宰予，冉有又稱冉求，陳子禽又稱陳亢。《論語》首篇次章就出現的有若，《論語》全書僅曾子和他稱為「子」。後來《孟子》和《史記．仲尼弟子傳》更提到他「似聖人」，孔子既卒，門人一度以「事孔子」之禮事之，唯有曾子不從，他也因不勝任、不堪當而退下。——究竟是姓「有」名「若」、抑或字「有」名「若」，甚至曾否受業於孔子，都可以考究。

四、《論語》的成書與流播

（一）《論語》的篇章組織

誰編《論語》？什麼時候？確實已無從考定，更不必臆度；總之是孔子某些得意門生的一傳再傳弟子。他們懷念師教，經過多次收集、討論，把公認可信可傳的寶貴事跡與教訓記錄下來，化各人心中的個別回憶為天下後世的寶典，這已經是孔子卒後好多年的事了。

《論語》的話題，主要是「天」（天道與命運）、「人」（人性與人生）、「政」（政經與倫理）、「教」（教育與學習）四類。特別是「仁」（人類特有的道德價值觀念核心）、「禮」（人際交往規範準則）理念的闡揚，「君子」（由「有位治民者」而「有德服眾者」）、「小人」（由「平凡卑微者」而「道德低下者」）的分別等等，着意最多。

形式上，有孔子話語的單獨記錄（包括自述和評說古今人物），孔子與門人或者時賢的問答，入門弟子對先師的懷念、評述，以及彼此間的討論。

今本《論語》一萬二千七百多字，分章近五百，輯為二十篇，各依首章首句「子曰」以下二三字作篇目。（此後其他先秦子書也大都如此。）

篇目	章數		大概篇旨
學而第一	十六章		教學以育人
為政第二	二十四章		育人以從政
八佾第三	二十六章		從政則復禮
里仁第四	二十六章		復禮在興仁
公冶長第五	二十七章	※	
雍也第六	二十八章	※	興仁在施教
述而第七	三十七章	※	
泰伯第八	二十一章		有德無位之前聖典範
子罕第九	三十章	※	今聖孔子為宗師
鄉黨第十	一章（十七節）	※※	宗師之儀容舉止
先進第十一	二十六章	※	
顏淵第十二	二十四章		
子路第十三	三十章		

（續上表）

篇目	章數		大概篇旨
憲問第十四	四十七章	※	
衛靈公第十五	四十一章	※	
季氏第十六	十六章	※	
陽貨第十七	二十六章		
微子第十八	十一章		
子張第十九	二十五章		全屬孔門高弟言行
堯曰第二十	三章		

值得特別注意者幾點：

（1）篇內章數，此依元明清七百年士人科舉必讀的朱熹《集注》，後來各家稍有出入（如※各篇），有些是重出的各章不計，有些是章中首或末句屬上屬下意見不同。第十篇〈鄉黨〉（※※）朱熹只作一章，他人或分若干章，所以章數並不一致。

（2）第十篇〈鄉黨〉不記言而只述起居瑣事，似《論語》初編至此擬告總結，其後續有新輯，所以又有以下各篇，故文字風格與前九篇稍有不同，末五篇詞語尤異。篇末又每有文義不類或無關孔門的雜散文字，似屬後人利用竹簡剩處空白補記，而再後又羼入正文者，在於上古，此屬常有。（詳見崔述《洙泗考信錄》、梁啟超《要籍解題及其讀法》、錢穆《論語要略》等書。）

（3）〈公冶長第五〉多評論弟子與其他人物；〈先進第十一〉多評論門人；〈子張第十九〉皆子貢、子張、子夏、子游、曾子等最著名孔門高弟的語錄；〈堯曰第二十〉章數特少而首章特長，言堯舜禹湯聖王承傳之事，顯似最後附錄。

除此之外，各篇內容大同小異，皆言為學為教為政為人之道，後世學者屢屢嘗試綜合大意而再次分類分篇，往往細碎而層次難明，更不可取代原典。

（4）現代編者或仿基督教《聖經》西人之法，篇章分別繫以數碼（例如〈學而第一〉首章是1.1，〈堯曰第二十〉末章是20.3），簡便清晰，樂用者漸多。此法亦宜推廣於其他典籍。

（5）清代大學者趙翼（甌北）名著《陔餘叢考》卷四：「戰國及漢初人書，所載孔子遺言軼事甚多，論語所記，本亦同此記載之類。齊魯諸儒討論而定，始謂之《論語》……於雜記聖人言行，真偽錯雜中，取其純粹以成此書，固見其有識，然安必無一二濫收者？固未可以其載在論語，而遂一一信以為實事也。」（詳見本〈導讀〉下節）錢穆《論語要略》援引此語以叮嚀讀者，值得記取。

（6）《論語》是現存有關孔子言行最可靠的記載，最值得旁參的是《左傳》之中性質相同的資料，再次就是《史記》。除此之外，從戰國到漢初，許多同道後學（如

《禮記》中各篇，特別是《大學》《中庸》）、異路以至敵對學派（例如莊子、墨子、韓非子）種種或引申發揮、或假託擬設、或造作嘲諷、或栽贓誣陷，主要是借以申抒各自的思想與情感，極少數是不可不信，有些是不宜輕信、不必盡信，甚至不值一哂。總之最好以《論語》作為稽考——當然，對《論語》本身，尊重的同時，也要冷靜、理智——「知之為知之，不知為不知，是知（智）也。」（〈為政〉2.17）

（二）《論語》的流播

《論語》傳流，自然從孔子的故鄉開始。漢初，有《魯論》二十篇；《齊論》與〈問王〉〈知道〉，共二十二篇，各篇中章句，時亦稍多於《魯論》。兩種本子，都用當代流行的隸書（「今文」）。又有據說是出自孔子舊宅、因魯共（恭）王欲擴建而壞之於是發現的，用秦統一前東方六國文字（「古文」）的《古論》二十一篇。沒有〈問王〉〈知道〉而多一〈子張〉或〈從政〉，篇章次第亦異。漢成帝在位時（公元前三二——前七），安昌侯張禹以帝師的尊貴勢位，據《魯論》而匯合《齊》《古》二本，號《張侯論》，於是天下從之。後漢晚期靈帝熹平（一七二——一七八）所刻石經，即用此本，而他本漸廢。漢末鄭玄即就此為注，可惜已佚，今所能見只有敦煌殘卷。另外，魏何晏有《論語集解》，梁皇侃有《疏》，後來也漸微而佚，今所見者清乾隆時自日本流回。又有趙宋邢昺《義疏》，即《十三經注疏》所採之本。

最普及而有政教權威的是南宋朱熹《集注》本。這位理學大儒，四十八歲時，萃盡精力，集前人心得，撰《論語集注》十卷，與《孟子集注》《大學章句》《中庸章句》合稱《四書集注》。元仁宗時，詔復科舉，出題考試即以此為準。明清沿之，七百年來成為士人必讀、官民共遵，視作禮教規範。到學風甚至政風改變，自然也受到質疑、修正、甚至批判了。

宋明理學重哲思而輕訓詁，疏失之處，賴清人縝密的考據補之正之。晚清劉寶楠、恭冕父子先後勉力逾三十年，成《論語正義》，融匯漢宋，旁採子史，集清儒之大成，補《集注》之不足，至今仍推為典範之作，不過那時國家民族以至文化危機，又甚於孔子之時了！

晚清政昏世亂，列強交侵，為了救亡圖存，學風又改。五四新文化運動以來，儒學以至孔子都備受抨擊，至二十世紀六七十年代間乃達巔峰。出於種種動機而醜詆污蔑孔子與《論語》者不少，也就是世道人心的印記。相形之下，中國艱苦抗戰期間，困守北平的程樹德（一八七八—一九四四），以貧窮病癱之身，處敵偽暴虐之區，口述而賴親戚筆錄，奮鬥九年，成《論語集釋》一百四十萬言，引書六百八十餘種，翔實精備，嘉惠士林，實可謂「時窮節乃現」，不只是《論語》以至中華文化的大功臣，更真正活現了孔門之教！

《論語集釋》一九六五年初版於臺北，一九九〇年初版於北京，其後「孔子學院」遍設世界，雖然重在教習語文，未涉哲理，至少不再在文化上長城自毀。學風既隨政風趨於溫和而稍復正常，重刊或新著有關孔子《論語》之作，也紛紛出現。以大陸地區而論，得力於傳統訓詁而出之以簡要者，如楊伯峻《譯注》；博採西人近現代哲理而間出己見者如，李澤厚之《今讀》、李作乾（金綱）之《鼓吹》；以至許多其他有關書刊篇章，都對學術與人心有所裨益。此外更有女士之作，因現代傳媒而及於西方。如果孔子有知，也會喜歡時代不同，對女性要刮目相看了！至於臺灣、香港以至海外地區，幾十年來，孔子與《論語》平穩地受到近乎冷漠的認識與尊重，其間尊孔知儒的少數學人始終不懈地努力教研，以承先啟後。當然，主要的希望與前途，還是看整體的華人自己了！

現代華人面對的是整個世界，特別是歐風美雨的衝擊。西洋文化匯合自「希伯來一神信仰」與「希臘愛智羅馬法律精神」，精分析、崇功利、尚商戰、貴科研，與中國傳統大異其趣。西人一向對《論語》以至整體東方學術，興趣和了解都很貧弱膚淺。晚明耶穌會士來華，思想初有交流。十七八世紀，啟蒙學者伏爾泰（Voltaire，一六九四—一七七八）等崇理性而疏宗教，於是推介儒學，不免熱情有餘而了解不足，興趣並不持久。大哲康德（I. Kant，一七二四—一八〇四）、黑格爾（G. Hegel，一七七〇—一八三一）等更對儒學不知其長而只輕其短。晚清嘉慶、道光間，新教馬禮遜（R. Morrison，一七八二—一八三四）東來，精力瘁於譯經傳道，未遑了解儒學真相。並且中國衰敗病弱已顯，跟着一敗再敗，挾工業革命所得的軍事、經濟優勢，幾乎就要淪中國為非洲之續，以供其宰割瓜分，連絕大多數傳教士在內的西人，都充滿種族偏見與文化優越感，談不上對中華文化有什麼了解和尊重了！

其間只有馬禮遜後繼者理雅各（J. Legge）用助手而譯《四書》《五經》，膺牛津大學首任漢學教授，但終極目標仍在傳教。至於非基督教國家，意識形態既異，其評估儒學《論語》、孔子等等，又自不同。二十世紀中葉以來，世界與中國政治局勢一改再改，美國首當其衝而資源最足，培養人材、廣搜典籍，研究《論語》以至整體漢學的成績，較之歐陸，又漸有積薪之勢了。

總之，中國人對世界文化，固然最好不可無知；對本土傳統學術思想的得失優劣，更應先有自知之明，然後他山之石，可以為助。否則隨人輕重，彼云亦云，甚至是非顛倒，那就可歎可悲，而不只是可哂可笑了。

五、《論語》的文本問題

孔子學不厭、教不倦，德望崇隆、化澤廣遠，當時評論與身後追思者無數，言行記錄自然在去世後一段長時期再輯三輯。那時既沒有一個人可以有理想的統籌編整的條件，作為「語錄」體之祖的這本《論語》，雖然比之其他古籍，已經絕大部分是可珍、可信，不過，所記內容的詳略先後甚至真假問題，還是不能沒有。

最明顯的是「上論」（前十篇）思想較純粹，文法較清簡；「下論」（後十篇）內容較駁雜、文例較駁雜。最後五篇情況，尤其特別。分述如下：

（一）前九篇非孔子和門弟子之言不錄。〈鄉黨第十〉純記孔子行事，似作總結。後來再有收錄，於是續編。後十篇各篇之末，往往有無關孔門之事，雜記古人之言，似《禮記》（特別是〈檀弓〉）而與前十篇不類。

（二）篇目方面：前九篇即首章首句而除去「子曰」「子謂」等字；後十篇即以發端二三字為目，而且都是人名。（參見前頁〇三三—〇三四）

（三）篇幅方面：前十篇每章大都二三十字，時或更短；後十篇則一般較長，最長者〈顓臾〉章（16.1）二百七十四字，〈侍坐〉章（11.26）四百一十五字！

（四）語氣方面：前十篇簡樸直接，後十篇波瀾曲折較多。孔子答問，也往往先極簡略，再問方作詳解。

（五）稱謂方面：前十篇只言「某人問某——德行」，稱「子曰」，面對孔子單稱「子」，背面作第三人稱「夫子」；後十篇則每有「某人問於孔子」的句法，稱「孔子曰」，面對時稱「夫子」。

（六）詞語方面：前十篇孔子答君問稱「孔子對曰」，答卿問稱「子曰」，禮序分明；後十篇皆稱「孔子對曰」，似是後來卿位益高的時代痕跡。前十篇只言「君卿大夫問」；後十篇連門人亦有「問於孔子」，參差不一。

（七）最後五篇問題更多，依次再分數項觀察：

①〈季氏第十六〉文多俳偶。首先〈顓臾〉（16.1）章，孔子之言既繁且曲，情事亦多可疑。子路曾主墮三都，不應曲從季氏之擅權擴張，此其一。其為季氏宰，不與冉有同時，此其二。《左傳》並無顓臾為魯臣、為東蒙主、見伐於季氏等等記載，此其三。末章〈邦君之妻〉（16.14）顯是後人注釋，不似正文。

②〈陽貨第十七〉純駁互見，〈武城〉（17.4）章於孔子前稱「夫子」，似戰國時言語。〈公山弗擾〉（17.5）章，季氏家臣叛魯而竟召時為司寇的孔子。〈佛肸〉（17.7）章，晉范氏家臣叛而召周遊列國、向主正名崇禮守分的孔子。都違情理，亦背史實。

③〈微子第十八〉、〈楚狂〉三章（18.5，18.6，18.7）有道家隱士譏嘲儒者意，雖孔子結語仍歸用世，但亦更見後起之跡，不一定是孔子、子路當時的實際記述。末四章（18.8—12）更雜記古今軼事，或無涉孔門。

④〈子張第十九〉皆弟子之言，而稱孔子為「仲尼」，與他篇異。

⑤〈堯曰第二十〉最特別，只有三章；首章特長，述前代聖王相授與為治要訣，或附會以孔子繼之，其實似是斷簡無所屬，而附於書末者。

推考其原因，大抵如下：

①孔子沒有留下無可懷疑的自傳或系統性論述，要考究他的思想情況，自然大費功夫。

②當初記者未必親聞，又以撰寫條件所限，力求簡略，往往只記其言而不記其所以言，極少交代時空環境與後果前因。

③當時著述與傳播條件，遠不能和今日相比，《論語》不出一時一人之手，又沒有條件極超卓者的統籌，各則記錄，既非依時序，又無法清晰謹嚴地分類，時間一過，後人即使想作較有系統的整理，亦難免勞而寡功，甚至無從着手。

④清晰準確的標點符號，現代才有。原文模棱欠解之處，後人無法裁決，聚訟不休。

⑤社羣感情、地域偏見，賢者不免。即如前六八五年相齊的管仲，齊人或尊之愛之，魯人或貶之辱之，即孔子亦可能因個別時空環境不同，而有相異評價，形諸記述，在《論語》中就似乎前後並不一致。

⑥上古簡重帛貴，刀刻漆書不便，篇末空白往往綴記若干附錄文字，非必有意作偽，後來輾轉傳抄，就混入正文，久而難辨。上古典籍類此者甚多。

⑦戰國至漢初，百家並起，先行而熱心用世的孔子自然成為標靶人物，道家嘲之戲之，法墨詆之排之，甚至污衊誣揑，割裂曲解其言以為己用，無所不為。

⑧漢初《齊》《魯》《古》三論並行，倘皆流傳，後人便可考較是非，明其得失，遇張禹巧佞之人而官高宦達，合為一本，時人靡然從之，於是他本皆亡，難以取證。

⑨秦漢一統以迄明清，長期君主專制，加以儒學早成利祿之途，讀書應試，粗心、不用心、欺心、瞞心者多，細心懷疑、獨立思考者少，或謂「曾經聖人手，議論安敢到」，於是以訛傳訛，欺人自欺。及宋人尚理好思，清人考證細密，前述《論語》可疑之處，袁枚、趙翼等已有發現，崔述《洙泗考信錄》尤多創獲，近人梁啟超、錢穆等承其緒，今人讀書，於是大得啟發。

《論語》近五百章，編成於二千多年前，比之相近年代、分量相近之其他中外典籍，詞句歧義已算不多了。

六、《論語》所見孔子儒學及其得失

這個課題，古今談論的早已汗牛充棟，只就幾大套清代的《經解》再撮錄出來，也可以另成一套大叢書。五四以前二千年，崇揚歌頌的佔了絕大絕大多數，這也不在話下了。

不過，即使像本篇這樣，作為簡介性質的一本書（指中華書局（香港）有限公司出版的「新視野中華經典文庫」之《論語》）的導讀，如果羅列許多道德項目，許多與各大宗教大同小異的倫理條款，而彼此之間本末層次不明、邏輯關係不清，也難免零碎散漫，徒亂人意。其實，《論語．述而篇》（7.6）有幾句話極重要：

志於道，據於德，依於仁，游於藝。

簡要地解釋：

目的：志於道——探求天地不變之道，人之所以為人之道。以人道表彰天道。以天道監督、訓示、培養人道。

依據：據於德——這是就整體來說：以人得於天賦的生命本性為依據。人是理性的、羣居的、社會的動物，這就是人所以別於其他生物的德。

依據：依於仁——這是就核心來說：人的生命有個價值中心觀念，就是倫理道德自覺。

方法：游於藝，「涵泳」於各種智能技藝匯成的文化海洋，有左右逢「源」、如魚得「水」的樂趣，所以貴在一個「游」字。

換句話說，《論語》與孔子之學的——

總旨：是尊天愛人；

基礎：是本心原性；

始端：是孝親敬長；

方法：是勤學尚思；

功能：是興仁復禮；

典範：是君子、聖、王。

以此為綱領，歸納全書的有關言論，大抵可窺全貌了。

春秋之世，貴族政治動搖而尚未崩潰，人心紛亂，社會不安。孔子主張重振周初文化禮制精神，以維持綱紀，恢復秩序。其實，貴族與非貴族，即傳統所謂「君子」「小人」，本質就是少數的、特權的，與絕大多數的、非特權的；而權勢地位之產生，又源於血緣和武力。隨着社會與民族發展，其間的矛盾怨毒，自然漸多。不過，人的品性、才能，天生就不等不同；而人情的親疏厚薄，又是無可如何的現實。孔子於是順應時勢，把《詩》《書》以來「君子」「小人」的意義，由「勢位」漸變而為「才德」，此所以《論語》之中「君子」「小人」之別，也時以德分、時以位別，要看上下文理和語意情境而別，顯現了時代轉型之跡。此所以後來孟子尊崇稱譽之為「聖之時者也」。

當然，「親親」與「尊賢」這兩大用人原則，後來《禮記．中庸》所謂「九經」的頭兩項，到最後必然矛盾而難以兩全，直到現代民主憲政取代終身君主專制獨裁，然後鬆解。早在二千多年前的孔子，也就無可如何了！

比起前代文獻，《論語》中特多「仁」「禮」兩字。「仁」既有時與「人」同音通假，又有「核心」之義，就孔子看來，人之所以為人的核心價值，就在「見賢思齊」而作「君子」，「見不賢而內自省」（〈里仁〉）於是恥作「小人」的那個道德價值自覺心，此所謂「仁」。人類社會的教育與政治，就在「把人當人」「勉人為仁」「以仁樹人」「使人心安」的文化內容。在此之前，「禮」原本是「不下庶人」、平民只能仰望而無可參預的貴族生活方式。孔子從小即以知禮著名，「入太廟每事問」（3.15）——問的不只是「然」，而且是「所以然」；不只是「何如」，而且是「何以」。探索研問禮的儀文秩序何以如此？自然就找出背後的義理，再問義理何據何來？自然就發現所根所源的道德價值自覺，即所謂「仁心」。簡言之：因仁而有義，因義而有禮。所以，「君子義以為質」（15.18），「克己復禮為仁」（12.1），所以，仁為萬德之本！

春秋以前，甲骨、金文之中，都罕有「仁」字，到《論語》所見：論仁者五十八章，「仁」字出現凡一百次。孔子勉勵門徒，要做「君子之儒」，勿為「小人之儒」（6.13）。儒也就由贊襄禮儀的一種謀生職業，提升而為讀書教學、致君澤民的終生事業了。

從《論語》所見，孔子的理論貢獻，可以分成三個層次——人文精神的發揚、尚德傳統的建立、心性主宰的顯現。換轉程序來說也可以，就是：根據良心、建立道德；憑着道德、表現人文。這便是儒學的精蘊。

首先，是「人文精神的發揚」。

上古人類，都震怖於自然變化，想像於萬物精靈，俯伏於神鬼賞罰。希伯來信仰，純化之為獨一真神，猶太、基督、伊斯蘭三大宗教於以建立。中國古代，殷人尚鬼而好祭祀，到西周代興，鑒前朝之弊，重修德、興禮樂，人文精神躍起。在《詩》《書》文獻中已見端倪。到孔子仍然敬鬼神、信天命，但更強調人的知命守義，博文約禮，以盡其在我。山林隱逸之士譏諷或者惋惜孔子「知其不可而為之」（14.38），其實真正顯示他所說的「鳥獸不可與同羣」（18.6），因此要珍重人之所以為人的生命尊嚴和努力。

其次，是「尚德傳統的建立」。人文精神，可以表現於高舉智慧，可以着重在律法典章，中國自古傳統則是崇尚倫理道德。孔子之所以承周文而垂教後世，就在這裏。儒學把一切勇力、財富、知識、藝術成就，都統轄在道德之下，以規範人心，維繫社會，其作用幾乎等同宗教。至於因此而對道德以外的文化表現——諸如科學精神，藝術精神等等的發展，有若干制約，這也是歷史的現實了。

最終而最高，是「心性主宰的顯現」。獨神宗教信仰上帝為萬有之本。唯物主義者以物質為第一性，認為真理只在科學。《論語》所見孔子之教，尊天敬神，而又虛之遠之，一切為學、成德、立教、化民的努力，都歸本於人類自覺良知——即所謂「仁心」。由此而開展義理，構組禮制，達至最高的仁的境界。因此，「仁」是成終，也是創始，一切發動於本身的意念。所以，《論語》有幾句話最為關鍵：

苟志於仁矣，無惡也。（〈里仁〉4.4）

仁遠乎哉？我欲仁，斯仁至矣。（〈述而〉7.30）

為仁由己，而由人乎哉？（〈顏淵〉12.1）

內省不咎，夫何憂何懼？（〈顏淵〉12.4）

人本，而不是神本；主要靠自力，而並非他力，這就大異於獨神信仰，而與原始佛教相似。不過佛教講一切山河大地、萬事萬法，都不外人心幻化，因緣生滅，並非真實，所以必須勘破迷執。這個理論推展至極，必然以「無善無惡」為心之本體。這又與儒學的「道不遠人」（《中庸》）大異其趣了。至於不論儒家的「開物成務」也好，佛教的「捨離解脫」也好，作為價值與力量根源的「心」，是否「自有永有」？能不能「自本自根」？這就是最高層次的、耐人思考的哲理核心問題所在了。

連智慧高、學問廣、成就大、敬愛孔子又真誠熱切的子貢，也說「夫子之言性與天道，不可得而聞也」（5.13）。孔子的主要興趣，還是「學不厭、教不倦」（7.2）地探究、維持與改良倫理現實。他一生努力最久、貢獻最大，也就在於教育。「學」也就是《論語》首章首句的第一個字。幼學之先，就在孝悌，既長而學，優則仕（19.13），以致君澤民，為元首者，更以「內聖外王」為最高境界，這便是二千多年來以孔子為聖人，以《論語》為寶典者的共識了。

逃避不了的問題是：

孔子為什麼終無所遇？

漢武帝開始以君王之尊而獨崇儒術，兩漢皇帝以「孝」為謚，此後直至民初，執政者大都尊孔——他們的真正用心何在？

二千多年來，士人都讀《論語》，百姓也都祀孔子、尊儒學，不過，孔子與《論語》的崇高理想到底實現了多少？主要困難在哪裏？

從秦漢一統直到明清，君王專制的病害為什麼越演越烈？權力的腐敗，人性的貪婪、自私，儒家為什麼無有效的對策？亂臣賊子，治之以聖君賢父；但是，君父而終身絕對權力，又竟然（在大一統之國、至高無上的皇帝尤其「易然」甚至「必然」）「父不父」「君不君」，又有何對策？靠陰陽五行所假借的嚇之以宗教迷信嗎？像黃老之術所教導的，誘之以自然虛靜、垂拱無為嗎？這些，兩漢行之四百年，如果有效，就不會有「外戚」「宦官」「黨錮」等等大禍了。天下興亡，生民休戚繫於一身一念，而又庸弱或者昏暴之君，根本「賢臣」「小人」不辨，甚至更以近賢為苦、親佞為樂，那麼，即使公忠睿智如諸葛孔明，除了力疾從公，還撰〈出師表〉，垂涕泣而道君臣語亦父子語，「鞠躬盡瘁，死而後已」之外，又能做什麼？還僥倖他碰到的是不能不倚賴他、信靠他的阿斗，而並非秦二世、隋煬帝，或者自毀長城、到死不悟的崇禎！

南北朝隋唐，外來的佛學變成最大的宗教信仰，以「一念悟迷」來消融苦樂，以「輪迴報應」來解釋人生，問題是虛誕難憑，無補現實！儒者要抗「佛老二氏」而有宋明理學，結果也滑入「談心論性」、抽象玄祕的哲學探究。清儒要矯其弊，提倡「樸」實之學，又怯於政治高壓，不敢接觸社會「實」務，更囿於傳統，不知窮究自然「實」物之理，於是只能自困於語言文字和古史的考據之中來求實證，同樣是象牙塔中的埋首沙堆！

晚清以來，列強交侵，國家民族、社會文化，都面臨「數千年未有」的危難！為了救亡圖存，不得不痛苦檢討，才發覺自己既不「民主」，也缺「科學」！

於是人們質疑：

孔子說仁者「愛人」，後來孟子更說「民貴」君輕，理論上被愛被貴的人民，為什麼二千多年來都不被擢升、被培養，被承認可以（而且應該）作「主」？即使現代「民主」「共和」早成共識，為什麼實際發展，還是遲遲牛步？

歷史上，儒學對人類良知的發揚、個人私德的培訓，功高效廣，炳耀千秋；可是，對掌權者的「君德」，對社羣整體的「公德」，督導、維持的成績又如何？

現代政治劇變，儒學飽受輕視、打擊，再加上經濟上和某些外來思想上的因素，人民道德大滑坡，中國早已愧稱「禮義之邦」。對此，是否復興儒學即可有效改善？

實現孔子之道的過往困難既然仍在，當今情況如此，又如何「復興」？

傳統文化過往偏重「尚德」，於是「尚智」之效不彰，有實用科技成就而基礎的、抽象的科學精神仍然虧缺。一百五十多年來，西潮激盪，於是事事落後的情狀明顯，對此，仍然只知「無事袖手談心性」者，是否就可以更新儒學？如何「開出」科學、「轉出」民主？

人類既有兩性，談「心」說「人」，自應男女兼及。不過，以上云云，傳統云云，都絕大部分似乎單為有史以來就掌權作主的男性而說，婦女的教育權、參政權，直到現代才提升到平等。不必「訴諸他惡」地辯說：「人家西方也是近世的事」，如果不是人家的打擊與傳教，我們還不會「見賢思齊」而奮起直追，我們還繼續以「陰陽」「尊卑」的理論來欺人自欺，來掩飾不公不義！

……

以上種種思想的、文化的基本問題，我們當然不應對「是人，不是神」的孔子求全責備，當然不能讓二千多年來早已「曲突徙薪」「補苴罅漏」以艱苦經營、撐持那「人文化成」大局而弄得焦頭爛額的儒家良士獨任其咎，不能對同樣責無旁貸的、以逍遙觀賞為高、以捨離解脫為能的其他重要思想放過不講——講公道話：如果沒有孔子的棲棲皇皇（遑遑），教誨開示，如果沒有《論語》的記錄言行，傳流百世，沒有歷代讀聖賢書者的薪盡火傳、成仁取義，一切更不堪設想！

不過，要反省、要深思的是：單就儒家來說，是否對人性過於樂觀，所以方法欠周密、觀察不通透？

早在漢初，雜家而近於老莊的《淮南子》批評儒者：「不本其所以欲，而禁其所欲」，「是猶決江河之源而障之以手也！」（〈精神訓〉）實在是生動、深刻而精到！

當然，道家也只是冷靜而高逸地惋惜、譏嘲，自己並不提出，也拿不出什麼辦法。二千多年來的歷史早已說明這點。現代我們懷念而尊敬孔子、珍惜而研讀《論語》的人，要怎樣思想？嘗試一些什麼辦法？

《孟子》導讀

遺編一讀想風標

臺灣大學人文社會高等研究院院長
黃俊傑

一

孟子（約前三七一——前二八九）是中國文化史上一個不屈的靈魂，孟子的思想世界是兩千年來東亞知識分子「永恆的鄉愁」，《孟子》這部經典共三萬四千六百八十五字，是孟子與他的學生及同時代人心靈對話的真實記錄。

在廿一世紀全球化趨勢迅猛發展的新時代裏，孟子的智慧穿越兩千年的歷史長河，仍然強而有力地召喚着現代讀者進入他的精神世界，與他進行親切的對話，並懷抱現代的問題向孟子叩問廿一世紀的新啟示。

二

孟子說：「頌其詩，讀其書，不知其人可乎？」身處廿一世紀的我們要進入孟子的思想世界，最好的切入點就是本於孟子所說「知人論世」之旨，先了解孟子這個人和他的時代。

孟子是孔子（前五五一——前四七九）之後偉大的儒家聖哲，他深受孔子的啟發，並以孔子的私淑弟子自居，他宣稱「乃所願，則學孔子」，他希望學習的是孔子作為

「聖之時者也」的典範。

孟子生於風狂雨驟、歷史扉頁急速翻動的戰國時代（前四〇三—前二二一），他所面對的是飲鴆止渴、追逐權力的國君，目光如豆、助紂為虐的臣子，不顧人命、殺人盈城的武將，以及見利忘義的商人，下層人民則在戰國風雲變幻之中苦於虐政，輾轉呻吟。孟子身處歷史變局之中，深感「上下交征利而國危矣」，他心繫哀苦無告的老百姓，他以「不得已」的心情，奔走呼號，鼓吹各國國君起而踐行「王道」，為人民救難拔苦，登斯民於衽席之上，他致力於創造一個「定於一」的「王道」政治新局面。

孟子面對時代變局展現他強韌不屈的生命特質，他以「當今之世，舍我其誰也」的承擔與氣魄，批判梁襄王「望之不似人君」，斥責那些南征北討的將領應該被處以極刑：「善戰者服上刑」，他也駁斥「楊朱為我，是無君也」，認為墨子鼓吹「兼愛」，是「無父也」。從《孟子》這部將近三萬五千字的經典的字裏行間，我們讀出了孟子所懷抱的不能自已的心靈，也看到了古典中國一個知識分子的人格與風格！

三

在孟子的政治思想世界中，最居核心地位的就是「王道」政治思想。在孟子的論述裏，所謂「王道」與「霸道」相反，施行「王道」的統治者以德服人，以民為本，而「霸道」的統治者則是以力服人，心中沒有人民。在孟子的時代，各國國君猶如賭棧哈的賭徒，汲汲於鞏固權力、擴張領土，至於人民的苦痛則絕不繫於心。孟子痛感戰國時代「霸道」政治之殺人無數，起而遊說各國國君施行「王道」政治，成為「大有為之君」，一統天下。

「王道」政治如何實現呢？孟子為他的時代及後世的國君指出了一條平坦而易行的道路：以「不忍人之心」行「不忍人之政」。孟子堅信：每個人生下來就具有惻隱、羞惡、辭讓、是非四種「心」，他稱之為四種「善端」。孟子說，**包括國君在內每一個人只要善自保存並加以「擴充」（用孟子的話）每個人與生俱來的「善端」或「良知」，就可以興發「不忍人之心」，看到他人的受苦受難，國君只要將這種「不忍人之心」加以「推恩」，加以「擴充」，就可以落實「不忍人之政」，也就是孟子理想中的「仁政」。**

四

孟子與東亞各國的儒家知識分子一樣，不僅致力於解釋世界，更有心於改變世界。從上文所說孟子所謂的「不忍人之政」乃以「不忍人之心」為基礎，我們就可以看到孟子思想世界之內外交輝的特質。孟子主張外在的政治秩序只不過是內在的道德秩序的延伸與「擴充」，因為心物合一、內外一如。現代學者當然可以質疑孟子忽略了政治領域的獨立自主性，也可以質疑孟子的政治哲學不免落入「化約論」的困境，但是，孟子「王道」政治論實以他的「性善」論為基礎。孟子堅信：世界的轉化與改變，只有從自己的轉化與改變開始。因此，孟子與東亞各國儒家學者都非常重視教育，並畢生致力於教育事業。事實上，孟子的教育思想正是他的思想世界中最為重要而精彩的組成部分。

儒家思想傳統中最重要的核心價值理念就是「人之可完美性」。孔子雖然只簡單地提到「性相近，習相遠」，但是，孔子對人性中「自我」的光明面充滿肯定，孔子說：「我欲仁，斯仁至矣」，他肯定人的自由意志與德性自主。孟子更進一步論述人之性善的理論依據，他說：「仁義禮智根於心」，肯定人之道德意識乃由內省而非外爍，每個人只要充分發展生而具有的「良知」「良能」，就可以成為頂天立地的「大丈夫」。

正因為對於「人之可完美性」的充分肯定，所以孟子主張教育其實就是一種「心靈的喚醒」的過程。孟子主張每個人都有內在的善苗，只要時時加以滋潤，使其茁壯成長，就可以成為成德之君子，因此，所謂「教育」並不是一種由外而內的灌輸，反而是一種內向反省的喚醒的事業。正如孟子所說：「學問之道無他，求其放心而已矣」，教育的目的正是在於找回業已放失的「良知」或「良心」。通過「心」的喚醒與淬煉，孟子主張的教育所要完成的目標，其實就是從每一個人內心深處啟動一種「無聲的革命」。

在廿一世紀全球化與知識經濟快速發展的新時代裏，各級教育之標準化、數量化、商品化趨勢日甚一日，建制化的學校教育訓練所着重是學生畢業後的「可僱用性」（employability），學生也逐漸成為某種具有市場價值的商品，而學校教育也終不能免於淪為某種程度「異化勞動」。在這樣的教育新形勢之中，孟子注重學生內在生命的成長的教育哲學，就好像空谷足音，特別值得珍惜並從其中開發它的現代新啟示。

五

大約一千年前，北宋時代的政治改革家王安石（一〇二一—一〇八六）非常心儀孟子的人格與思想，他醉心於孟子的「大有為」政府的理想，他誦讀《孟子》時曾賦詩云：「沉魄浮魂不可招，遺編一讀想風標」。是的，孟子的人格、風格與思想，二千多年來穿越時空，召喚着東亞各國的知識分子，起而對《孟子》這部經典作出新的詮釋，以因應他們自己的時代所提出來的挑戰與問題。孟子的民本政治理想在近代中國面臨歷史變局的時刻發揮關鍵的作用，康有為等人引用來作為接引西方民主政治的本土思想資源。孟子的「王道」政治理念，在一九二四年十一月二十八日也曾被孫中山引用來告誡明治維新成功後走在歷史十字路口的日本人：揚棄近代西方帝國主義國家的「霸權」文化，而回歸孟子所代表的東方「王道」文化的正軌。

孟子其人雖已遠逝，但是《孟子》這部經典卻為廿一世紀乃至未來的知識分子，開啟一個表面上很遙遠而實際上很親近、表面上很陌生但實際很熟悉的思想世界。讓我們以崇敬而謙卑的心，從《孟子》這部經典中汲取廿一世紀所需的新智慧！

《中庸》導讀

《中庸》的現代意義

香港新亞研究所哲學組博士、
香港人文哲學會會長
方世豪

一、《中庸》及其作者

《中庸》本是《禮記》的其中一篇。《禮記》應是《禮經》的輔助資料，即現在看到的《儀禮》的輔助資料，內容大部分和《儀禮》互相配合。而其中有極少數篇章是和《儀禮》不緊密配合的，《中庸》就屬於這一類。

由漢至唐，《中庸》都是《禮記》的其中一篇，自宋以後，地位便大大提升。因為程朱理學以弘揚儒學自任，特別看重《大學》《中庸》兩篇。朱熹把這兩篇由《禮記》中抽出來，和《論語》《孟子》看齊，認為這是儒學道統所在。朱熹撰《大學章句》《中庸章句》《論語集注》《孟子集注》，合稱《四書》，令《大學》《中庸》離開《禮記》而獨立出來。朱熹死後，朝廷把《四書》立為官學，從此獨立成為一經典，這可算是《中庸》地位的一大變。

《禮記》不是一人一時的作品，有記載的多數是孔學後人所作。《中庸》就是其中一篇，孔穎達《禮記正義》引鄭玄《三禮目錄》云：「孔子之孫子思伋作之，以昭明聖祖之德。」《隋書．音樂志》引沈約〈奏答〉云：「〈中庸〉〈表記〉〈坊記〉〈緇衣〉皆取《子思子》。」即是沈約認為《中庸》是子思所作。

漢代鄭玄也以為《中庸》是子思的作品，朱熹繼承這個說法，但後來有很多學者懷疑這個說法，至今仍未有定論。現在先放下考據問題，**由《中庸》的內容來看，《中庸》應是孔門後學，或孟子後學所作，這是沒有問題的**。孔門後學經歷過墨子、莊子、荀子之學的思想，所以會對應諸子所提出的問題，也會使用諸子的某些名詞，或改變某些名詞的意義來引申儒學的意思，繼承孔孟儒學的傳統。故此，朱熹認為《中庸》是孔門儒學的一貫傳統，這是沒有錯的。《中庸》被後來的儒者視為傳授孔門心法的作品，所以《中庸》成書應在孔孟之後，而內容也應是《論語》《孟子》的歸結。孟子之後，經過莊子、荀子的學說質疑，到《中庸》所說的內容，就能夠釋除莊子、荀子對於孟子主張性善的一些質疑。**《中庸》可說是重新說明孟子性善意思的作品。《中庸》用一個真實的「誠」，作為人成己成物的德性，而且通過「誠」，可以貫通到人的自然生命和天地萬物的生命。**這個說法應可解除莊子和荀子的疑難，所以《中庸》成書應在莊子和荀子之後。

二、由兩件小事說起

在討論《中庸》理論前，先說說故事。曾經看過這樣兩件關於中國知識分子的小事[1]，話說在上世紀八十年代時，美國著名華人學者林先生來到上海講學，當時天氣很酷熱，國內一名青年學者希望聆聽林先生的演講，於是用了一個小時騎自行車前往參加。因為騎了一小時自行車，加上天氣很炎熱，所以青年學者到達時已十分疲倦。他一到課室的門口，便點燃了一枝煙，大概想休息一下。林先生看見這名參加者點了煙，即時當眾指責他：「這裏是公共場合，你怎麼可以抽煙？房間不大，你不是污染了空氣，干預了別人的自由嗎？」這個學者立即反駁：「林先生，這裏不是美國，我不是開汽車，而是騎自行車過來的。騎自行車一小時的疲倦，你能夠體會嗎？」

這件事發生於八十年代，在差不多十年後，這名學者在文章中回憶起這件事時，只是淡淡地說了一句：「當時年輕氣盛。」除此以外，就沒有多一些深刻反省的話。「這裏不是美國」和「騎自行車一小時的疲倦，你能夠體會嗎？」司徒華先生說聽到這兩句話，刺痛到幾乎抖顫起來。這兩句話的問題在哪裏呢？難道只是在美國才不應

1 見司徒華著《捨命陪君子》。

該在房間不大的公共場合抽煙？在中國便可以？只是在美國才不應該污染空氣，影響別人嗎？為什麼這名知識分子要用中美環境差異來為自己辯護呢？騎自行車一小時，感覺很疲倦，只是個人的事，難道就因為自己疲倦，而譏嘲美國常常開汽車的人不體諒騎自行車的疲倦嗎？要別人對個人在房間不大的公共場合抽煙視而不見，置諸不理嗎？更何況，別人又怎會知道你騎了一小時自行車呢？難道疲倦便可以有特權嗎？

第二件事是由這名學者轉述的。話說在八十年代初，北京一位學界名人第一次訪問美國，然後又回到中國。他為另一名老學者抱不平，說：「某公，林毓生、余英時、杜維明在海外學界的地位，原本是你和我的位置啊！」林、余、杜都是美國著名的華人學者，這句話反映了什麼問題呢？可能是中國人閉關百多年，知識也封閉了百年，於是覺得海外的學術文化成就和國內差距很大。但可惜這名現代中國知識分子想到的，不是急起直追，迎頭趕上，而是個人的地位、個人的位置。「地位」和「位置」的字眼確是令人刺痛！

關於抽煙一事，為何青年學者會這樣反駁？我以為由這些話可以看到他對美國的羨慕和妒忌，那種羨慕和卑屈溢於言表。他的不滿，來自於他覺得中國不及美國，覺得中國落後，自己窮，感到妒忌和卑屈，所以變成崇洋，為錢、為地位而崇洋。在他心裏面，理想已失落了，便不再說道理；對於抽煙合不合理的問題，完全不在他的考慮範圍。由此可見，他已成為一個自私、沒有胸襟、沒有氣概、沒有反省能力的知識分子。中國文化的發展豈不是很可哀嗎？

關於學界地位一事，為什麼北京學者會有這樣的感歎？因為這位學者心中所想的，都離不開個人的名位。他關心的不是學術文化，不是老百姓，不是中國人的生命，而是個人的名位。他只覺得美國好，他甚至較新文化運動時的一些知識分子更崇洋。這就是中國文化近百年來的失敗，其實就是文化思想教育的失敗。

作為一個中國現代知識分子，在中西文化衝擊的大時代中，本應立志發奮，做一個頂天立地的中國人，承擔起承傳中國文化的使命。但為何現代中國知識分子沒有呢？原因是：現代教育沒有教人立志發心，培養人的深情大願。中國人以前總是教人成聖、成賢，做君子，為天地立心，為生民立命，為往聖繼絕學，為萬世開太平。可是現在都不講這些了，講也給人笑話。中國人面對西方，如只是覺得羨慕和卑屈，又如何承擔起中國文化的未來呢？

《中庸》說的便是中國人教人立志發心，教人做君子、做聖人的教育。《中庸》說「盡性立誠」，就是要去除人心中夾雜的羨慕和卑屈，然後做一個堂堂正正的君子，成就自己，成就別人，成就世界。《中庸》對今天的中國人是別具意義的。

三、《中庸》之學大要

（一）誠是一切德行的根據

現在看看《中庸》如何說成為君子的理論。**《中庸》所說之道是率性之道，也即是誠之道。要成為君子，便要踐行誠之道。**「誠」的概念，以前孟子也用過，《中庸》句子中的「誠」，大部分和孟子說的「誠」的意思相同。不過，孟子沒有用「誠」來統括人一切德行的說法，而《中庸》則說一切德行都以誠為本，包括：三達德：智、仁、勇；五達道：君臣、父子、夫婦、兄弟、朋友；治理天下的九經：修身、尊賢、親親、敬大臣、體羣臣、子庶民、來百工、柔遠人、懷諸侯；為學：博學、審問、慎思、明辨、篤行。一切天人之道都要以誠為本，以誠為本才能夠貫徹始終。所以《中庸》說：「誠者，物之終始，不誠無物。」為什麼《中庸》的作者能夠想到，而且說得出「誠」的重要，而專門用「誠」來作為立說中心呢？因為《中庸》的作者知道，在加強各種道德修養時，人心中往往不免有各種考慮和私慾夾雜其間，有很多不是實踐德行時應該有的內容夾雜其間，所以令人的德行不能繼續下去。即使原本有道德行為，最終也變成沒有。所以《中庸》的作者才要說明「誠」的重要。

《中庸》認為誠和不誠的分別，就是君子之所以為君子，是一切德行生死存亡的關鍵，所以《中庸》的作者不能不用「誠」來説明。用「誠」來説明，不是孔子的説法。孔子是聖賢，聖賢的教導是開始形態，而《中庸》用誠來教導是歸結形態。孔子的教導，是舉仁孝來説明；孟子的教導，是就人當下表現的不忍之心、羞惡之心予以指點，令人知道自己心中的仁義是用之不盡的。孔子和孟子都着重正面昭示人生道理。孟子提到誠，叫人「思誠」，説不誠不能動人；但這樣説誠，只是勉勵人實踐道德，並非針對人心中有所夾雜而言，所以仍然是正面的説法。到荀子説人性惡，便不只是正面説人性。荀子知道「人心之危，道心之微」，於是提出人心要努力做戒懼工夫，因為人心原來是可以不合乎理、不合乎道的。他知道人要持守仁義是很不容易的，所以也特別着重「誠」的工夫。到《中庸》時，便進一步説「不誠無物」，令人警惕的意思就更加深刻了。《中庸》認為君子不能不時時刻刻對誠存有敬畏之心，所謂「君子戒慎乎其所不睹，恐懼乎其所不聞」，這是孔孟所沒有説的。另一方面，《中庸》的誠，不只是道德修養工夫，更有成就存在事物的本體意義。所謂「不誠無物」的説法，也是孔孟所沒有的，所以《中庸》是特別針對人心中有所夾雜而提出誠的教化，這種説法是教化歸結形態而不是開始形態。

「誠」之所以能夠是君子一切德行之本，是因為作為一個君子，一切德行如恕、孝、忠、勇等，無論有什麼不同，都一定要純粹而沒有私慾夾雜的，這樣才算是真正完成了德行。此外，德行一定要持續不斷地實踐下去，才算是完成一個德行。例如：信，君子要時時刻刻做一個有信用的人，才算真正完成了信的德行，倘若只做一次，第二次便因為心中有私慾夾雜，如希望增加自己的名聲等，這個信的德行便未算完成，中斷了，不能繼續下去。君子的德行能夠做到純粹沒有夾雜和持續不斷，就是《中庸》所說的誠之道。人能夠「誠」，才有真正的德行。誠之道一定要存在於一切德行中，德行才真正成為德行。所以誠之道，便是一切德行能夠實踐、能夠完成的超越保證和根據。所以說，誠能夠涵攝一切德行的實踐和完成，可以稱為一切德行的道，或一切德行的德。

誠，作為一種德行來說，是要令到人的一切德行之中，沒有夾雜其他私慾。人要常做存敬畏和戒慎恐懼之工夫，克制和去除夾雜的意念。這些夾雜的意念是反面的元素，是不道德的。誠，就是要反對這些反面的夾雜，要反對反面的，令人歸回純一的、正面的道德，使人成為君子。誠，作為一種德行，也是要令一切德行能夠持續不斷，不會失去。用哲學的語言說，如果德行不能夠持續不斷，即是德行可以由有變成無。例如：人原本有信這個德行，但因為想要有「這個人很有信用」的名聲而去做，便把原有的信變成不是真誠的信，這就不算是德行了，即由有入無。誠，就是要人面對這個「可以無」的可能性，希望德行實踐中沒有這個「可以無」的出現，這樣就可以令人持續不斷地實踐德行，令人可以保存這個德行而成為真正的君子。

人一般的德行，最初都是人心的自然流露，然後表現在行為上，就像孩童愛親敬長般。這些道德表現最初都是沒有私慾夾雜的，人最初也沒有考慮到德行能不能繼續的問題；但現實中，人的表現確是會變成有私慾夾雜。例如：當人有自然生命慾望，例如：食、色，出現後便容易有所夾雜，荀子在〈性惡篇〉說：「妻子具而孝衰於親，嗜欲得而信衰於友。」即是有了自己的家庭後，對父母的孝敬便少了，為了嗜好慾望得到滿足，對朋友的誠信也減弱了。又例如：人會想用仁義心的表現來求取名聲。這些道德行為便是有所夾雜，有了這些夾雜，原本自然流露的道德便會因為變成不道德而中斷，即是道德仍然未能成為自己的德行，也即是人只看見德行的開始出現，而未見到德行的完成。

德行由開始到完成，就要靠誠的修養工夫。誠的工夫之所以可能，是因為人有「自己實踐誠」的德性。誠，不只是人德性自然表現於行為的根據，也是人能夠自己去除夾雜，令德性能夠持續不斷完成的根據。即是只有「人自己能夠誠」的德性，才是人真正的德性。真正的德性，不只是表現成為德行，令道德行為發生，還要去除其中的夾雜，令到人的德行持續不斷地實踐下去，令到德行成為純一、真正的德行。由真正的德行可見到絕對的真實和絕對的善，沒有不善。所以人想成為一個道德的人，除了誠，除了率性、盡性以外，再沒有其他工夫了。所以《中庸》一開始就說「率性之謂道」，而最後用「盡性」來終結。

（二）《中庸》與孟、莊、荀的不同

《中庸》由「率性」開始，歸結於「盡性」，這種說法和孟子、莊子、荀子的思想都有所不同。孟子說盡心知性，存心養性，莊子說復性，荀子說化性，都沒有《中庸》率性、盡性的說法。

孟子說盡心知性，是說人由惻隱之心的呈現，而知道自己能夠有道德心的呈現，有趨向擴充道德心的本性，所以要不讓它消失，也不勉力助長，要做「集義」的工夫來養氣而養性。「集義」的義，是指合乎義的行事，合乎義的行事是人善心的表現。「集義」就是集合善心的表現，令人善心的性可以越來越擴充，善心的表現能不斷繼續，所以孟子認為盡心就是知性，他沒有指出人性消極的一面，也沒有說明怎樣對付人心中不善的夾雜和怎樣戒慎恐懼，只從正面積極的方面討論。

莊子說復性，認為人會跟從心知（智）而向外追逐，因而離開人性的本原，令人變得憂慮，喪失了人應有的德性。所以莊子認為一定要引導心知返回人性的本原，回到人心直接感通的當下際遇，這樣才能培養人之性，才能恢復人之性。

荀子說化性，認為能夠化性的，就是「心」。人用誠可以培養這個「心」。在荀子的論述中，心和性是相對的，以心為主，性是惡的，心能化性，而心和性是能治和被治的關係。但荀子沒有說出心「能夠自己誠」這個心之性，也沒有說這個心之性是善的，而只是把心和性對比來說，說被治的性是惡的，沒有說心之性是善的。

莊子的性是要等待恢復的，不能夠自己盡性。荀子的性惡，就更加是被治的，不能盡性。莊子和荀子都沒有盡性的說法。孟子說盡心知性，是盡善心而知善性，心能盡而知善性即是盡性，不必再說一層盡性工夫。因此孟子沒有說因為性有所夾雜而未能盡的性，沒有說要去除夾雜。孟子提出的是一個正面的直接工夫，沒有這些去除夾雜的轉折工夫。

孟子又說：「反身而誠，樂莫大焉。強恕而行，求仁莫近焉。」（《孟子．盡心上》）強恕而行，好像也要經過一個轉折，做勉強自己行恕求仁的工夫。但恕的工夫其實就是己所不欲，勿施於人的推己工夫，要人反省自己的心是怎樣的，用自己的心忖度他人的心，直接用自己的心加在他人身上來想，這是推己工夫。如果是這樣，強恕而行就是直接根據心能夠推己的性來說，也是一個直接對自己當下的心反省的工夫。所以孟子也只是說「盡心」，不是說「盡性」。

但《中庸》是由「人能夠自己實踐誠」來說性的。孟子即使已知道人要求誠，要求強恕，但仍然和《中庸》要自己盡誠之性不同。因為人即使有強恕之心，也仍然有誠不誠的問題。**《中庸》提出自己盡誠之性，一定要時時刻刻都選擇善，而且要堅持這個善，去除一切夾雜的不善。人在要求自己盡心的過程中，會常常見到自己未能夠盡心，但其實又知道自己應該盡心，這是孟子說盡心時沒有說到的，而《中庸》則一定要說到能夠去除夾雜的盡性工夫。**可見《中庸》的盡性和孟子的盡心，意思並不相同。

孟子的盡心，是順着當下已呈現的道德心而做擴充的工夫。《中庸》的盡性，是指一定要去除一切心中的夾雜，從而成為純一的善。所以盡心是開始教化的形態，可以不說怎樣去除一切不善夾雜的工夫，也可以不說為了預防不再實踐道德而做的常存敬畏或戒慎恐懼工夫。但《中庸》說的盡性就一定包括這一切，令人的道德生活能夠成始成終。所以說，《中庸》是歸結形態的教化。

《中庸》說的是盡性，如果一定要像孟子那樣，關連於心來說的話，就是盡能夠自己實踐誠的性而盡心。盡性，是包括去除人不善的夾雜和擇善固執，所以這個性是善的，沒有不善的可能，是必然絕對的善，「性善」這點和孟子是相同的，所以說《中庸》繼承了孟子而有所發展。而莊子和荀子的心都可以向外追逐，可以不合理，可以令人喪失德性，所以《中庸》不會像莊子說有不善之成心，或像荀子所說人有不善的性惡。因為《中庸》自誠的性，就是去除一切不善的性。

（三）天命之謂性

人是怎樣知道自己有「能夠自誠的性」存在呢？最初可以由人實踐仁義、改過遷善的一念真誠而知道，由此而知，這個「自誠的性」是絕對善的，又知道這個誠可以表現在一切事情中。這樣人便知道，自誠之性是超越一切事情之上的。自誠的力量好像由一個無窮的泉源湧出，這個泉源超越了現實人生的一切事情，可以說已成為無聲無嗅的天。所以這個「自誠的性」，可以說是天賦予給我，或天命給我，而由我自己看到。因此，《中庸》說這個性是「天命之謂性」。

（四）誠的兩個形態

《中庸》解釋這個「能夠誠的性」，有兩個表現形態。一個是直接形態，即直接繼承絕對的善，自然表現成為一切善的德行。這是指順着天德而表現的誠，這個形態是自然明白善，甚至會做到不思而中，不勉而得，至誠無息的聖人境界。這就叫做「自誠明，謂之性」。「至誠無息」的境界，即是一切由心所生的動念都是由「至誠的性」直接生出，表現出來便是一片光明，所以說由至誠而表現出光明，即是「自誠明」。《中庸》在這裏由誠直接說光明，不再說心，因為光明即是心的光明。人只要是「至誠無息」，心的表現自然流露為一片光明，這樣說至誠的性，就不必再說心，所以叫「自誠明」，即由誠而明。這種説法雖不説心，但近似孟子説心的正面直接昭示形態。

另一個形態不是正面直接形態，而是要經過一個轉折的。一般人未達到至誠境界，人性的表現便要通過一個轉折，因為人有不善的夾雜，要超化不善的夾雜，才能成為純一。人要做到「思而中，勉而得」，就要做反對反面而成為正面的工夫。這個工夫由心的光明開始。人心原初是自然而有善的流露，如惻隱之心是光明的開始，但這只是個開始，如孟子説的仁義之「端」，當人有耳目自然慾望夾雜出現，便不能保持誠，要經歷曲折細密的修養工夫才能達到誠。所以《中庸》説「自明誠，謂之教」，「致曲而有誠」。

由《中庸》來看孟子和荀子，孟子是教人直接知道本心，要當下知道自身能夠做到誠，自然看見很大的快樂。即是直接當下契接聖人境界而教學，是自誠而明的形態。而荀子則着重用誠的心使惡的性變得合理合道，要做化性起偽的工夫，要自勉誠心而實踐仁義，這是由曲而有誠，是自明而誠的形態。但荀子不知道由誠心直接實踐仁義的人性的至善，不明白孟子的自誠而明的形態。而孟子即心言性，不由耳目自然慾望來説人性，即不由私慾夾雜來説，沒有説心之性可以去除一切不合理的、私慾的夾雜，經歷曲折，超化一切夾雜而成為純一，即不知道荀子的自明而誠的形態。由誠的形態來看，孟子和荀子互不相知，而《中庸》則能夠綜合至誠無息和曲能致誠兩個意思，見到兩種形態都是由天命之性而來。一方面說直接率領這個性而實踐道，「率性之謂道」；另一方面說，做「思而中、勉而得」的人為努力工夫來修道，「修道之謂教」，做去除夾雜不純的工夫，自己時時刻刻戒慎恐懼，不可須臾鬆懈。所以說《中庸》擴大了孟子的意思，令人對天命之性，不再有懷疑。**《中庸》的說法，如果用一句話來說，「盡性」二字可以說盡，如再簡約為一個字，便是「誠」字。《中庸》盡性立誠的教化，可見是歸結形態，有擴大弘揚孟子之學的意義。**

四、現代中國知識分子的問題

《中庸》之學原本是個人修身、培養個人德行的學問，這和現代中國社會有何關係呢？

看看前文所說的故事，便知道中國一些現代知識分子出了問題。因為社會是由個人組成的，有怎樣的個人，就有怎樣的社會，所以中國社會的問題其實就是中國人的問題，尤其是中國知識分子的問題。那麼，《中庸》在現代中國社會有什麼意義呢？要回答這問題，先看現代中國社會出了什麼毛病，知識分子出了什麼問題。

近一百多年來，中國政治動盪不斷，直接的原因是政治人物的責任。追溯深層的原因，其實是中國百多年來的文化思想教育的失敗。政治人物是由知識分子教育出來的，也是當時的社會文化思想陶養出來的，沒有這個文化思想的背景，便不會有這樣的政治人物。因此一個民族的興亡盛衰，最後一定是從事教育、從事文化思想的知識分子的責任，所以人們對知識分子的責備是特別嚴苛的。

東晉經學家范寧，認為東晉時代風氣虛浮，儒學日漸式微，是王弼、何晏這兩個著名學者的罪過，而且認為罪過比桀紂還要深，是五胡亂華的罪魁禍首。明末清初的學者王夫之（船山），對明朝滅亡感到非常痛心，於是重重責備明代倡導「致良知」的大學者王陽明。為什麼把國家興亡的責任歸之於學者？因為人們對知識分子的期望特別深重、殷切，所謂「望之殷，責之切」，只有知識分子配受人責備，而貪官污吏、昏君悍將不配被人責備。故此，要挽救這百多年來文化教育上的錯誤，就是知識分子的責任，我們一定要令中國文化思想教育重新走上光明大道，這就和知識分子的個人修養有關，和《中庸》教人的自誠之道有關。

近百多年來的中國知識分子都是處於極為艱難困苦的時代，可說是中國曠古未有。中國社會一向很尊敬讀書人，無論天下怎樣大亂，都總會有地方容納少數的知識分子。例如：知識分子可藏身於鄉村、山林，或化身為僧人、道士而隱居，從而保存學術文化的命脈。他們等待時機，時移世易，再出來投身教化事業。所以很多前朝的知識分子都遁入山林，成為隱士，到新朝代出現，便成為開國的大臣、宰相。但近百多年來，中國知識分子的地位已不及從前，他們越來越不受社會尊敬，地位也不及商人、工人，甚至農民。在戰爭和權力鬥爭的日子裏，知識分子想隱居鄉村山林也不可，想化身僧人道士也不能。中國文化已被西方文化衝擊得搖搖欲墜，知識分子無可逃遁就更形悽慘。有些知識分子逃到海外，生活卻朝不保夕。這是中國五千年來未遇的慘況，在這慘況中，知識分子要負起挽救中國文化的責任，又怎麼可能呢？正因為中國知識分子遭遇五千年來最大的慘況，他們會發現，現實世界中無可依恃，無可假借，這時會出現一種不忍社稷文化滅亡的內在深情，這內在的深情就是一種悱惻純潔的真實不忍心情，這個便是沒有依恃、沒有假借、沒有夾雜的純潔不忍之心。中國知識分子就是靠這個純潔不忍之心，才真正配得上挽救中國大災難的責任，才能夠重新創造中國文化的未來，中國文化才有遠大的前途。實踐這個純潔不忍之心，便是《中庸》作者想要由自誠之道而達到的德行。

中國文化的未來，不應對波譎雲詭的政治寄予希望，政治從來都是不純粹的。中國文化的未來，仍然要寄望於中國的知識分子，期望他們能夠通古今之變，解決百多年來的中西文化衝突問題。中國知識分子先要有這個宏願，要立志，要做一個盡性立誠的君子，憑一顆純潔之心，肩負起這深情大願。但可惜，現代知識分子不易掌握這層意義。我們說學習一門特殊的、具體的知識技能，憑這知識技能可獲得生活資源、名位、財富，這較容易掌握，也是現代知識分子一般的目標。但其實立志做一個盡性的君子比知識技能更重要，因為立志代表一種態度、胸襟。現代知識分子在知識技能方面都超越了前人，但胸襟氣度卻及不上前人，原因就是：現代教育沒有教人發心立志、盡性立誠，培養深情大願。從前的中國文化會教導人做君子聖人，要為天地立心，為生民立命，為往聖繼絕學，為萬世開太平；可惜現在的教育都不說這些，說出來也被人笑話。

近百多年來，中國知識分子面對中西文化衝突，也曾努力嘗試解決問題，但他們在精神上、意識上出現毛病，心靈中有所夾雜，不能頂天立地地站立起來，故此不能通古今之變。結果，他們在西方文化衝擊中紛紛倒下，變得隨波逐流。清末時，胡林翼看見長江中的外國軍艦，就嘔血病倒。可以說，這是一種象徵，中國知識分子一看見西方文化就倒下了。百多年前，中西文化接觸就是由這樣恐怖、怯弱的感覺開始的。因此中國人對西方文化生出的心情都是羡慕和卑屈的。然後，知識分子即使想發憤圖強，迎頭趕上，但心中卻總是夾雜了羡慕和卑屈。看前面故事說的知識分子，便是因羡慕和卑屈，心中有所夾雜而在西方文化面前倒下了。

中國人在清末民初時，學習日本富國強兵的方法；在新文化運動時，學習英美的自由主義，提倡科學和民主；在「九一八」後提倡德國思想，後來又提倡學習蘇聯的共產主義，不斷追逐西方的文化，結果仍未能夠挺立起來。總之，百多年來，知識分子心底的感情是恐懼、怯弱、羨慕、卑屈的，這些感情和虛心、好善的正面心情互相夾雜。虛心和好善是人主動向上的動機，但恐懼、怯弱、羨慕、卑屈則是被動向下的。現代中國知識分子都有這些夾雜，每個人的分量可能不同，但如要做一個肩負起中國文化命運的知識分子，便一定要嚴格分清楚這兩種動機，然後完全斬除不好的動機。如果中國現代知識分子真的想接受西方文化，解決中西文化衝突問題，便一定要徹底覺悟，要做《中庸》所說的盡性立誠工夫。這是很重要的第一步。

人總有缺點，人面對強而有力的事物時會感到恐懼，面對財富、知識、技術時會感到羨慕，對別人有所求時會出現卑屈感。但作為一個人，尤其是中國人，其實不應該用卑屈羨慕的心情學習西方文化，這樣是不會學得到的。一個頂天立地的人才能夠在面對列強、面對外來文化時不感到怯弱，不會因為自己的國家較貧窮、科技較落後就隨波逐流。如果自感怯弱，只知追逐別人的經濟、科技成就，只追求富強實效，片面地接受西方文化，到最後就只是模仿西方文化的外表。別人有奧運，我們也要有奧運；別人上月球，我們也要上月球，全是表面的模仿，而實踐不出真正的西方體育精神和科學精神，這樣不能吸收西方文化的優點，始終不能建設現代的民主中國。所以今天的中國知識分子，首先一定要堂堂正正的站立起來，盡性立誠，修養身心。因此，中國知識分子的第一步是修養自己。

中國以前的知識分子都是先修養自己的。「子曰：『衣敝縕袍，與衣狐貉者立，而不恥者，其由也與！』」（《論語．子罕》）孔子說：「穿着破舊、粗糙的衣服，和穿着華貴狐貉皮草的人站在一起，而不感到羞恥的，就是子路了！」窮而有志氣，有自信，這就是道德氣概。「孟子曰：『說大人，則藐之，勿視其巍巍然。』」（《孟子．盡心下》）孟子認為面對高官貴族，也不會因為他的地位而覺得他高高在上，雖是高官，也可以輕視他。「志意修則驕富貴，道義重則輕王公。」（《荀子．修身篇》）荀子認為如果修養好意志則可以傲視富貴，重視道義則可以輕視高官權貴。杜甫的〈述懷〉：「麻鞋見天子，衣袖露兩肘。」杜甫在安史之亂中逃難，往見皇帝，只穿着草鞋，衣服破爛，但沒有因此而窘迫、卑屈。中國知識分子的志氣應當是這樣的。

五、由《中庸》之學回應

中國知識分子怎樣才可以有這份氣概呢？是不是先要中國強大起來，或重新強調中國有深厚的歷史文化呢？

其實，中國人不必先對中國歷史文化有信心才可以挺起胸膛做人。只要是一個「人」就已經可以了。只要覺得自己是一個「人」，就可以有一種頂天立地的氣概。人不一定憑藉自己的民族有光輝燦爛的文化歷史才可有氣概，只要是人，即使沒有光輝的民族文化歷史，也可以有頂天立地的氣概。這種氣概不必假借外在的事物，不是由外面而來的，而是來自人內在的盡性立誠的修養。陸九淵（象山）說：「我若不識一字，亦須還我堂堂的一個人。」即使不識字，是文盲，也可以做一個堂堂正正的人，何況是知識分子。他又說：「附物原非自立。」要依附外物，即是有所夾雜，便不能夠自立自誠。如果要靠外物才有氣概，便不是真的氣概。

《中庸》第一章是整篇《中庸》的大綱：「天命之謂性，率性之謂道，修道之謂教。道也者，不可須臾離也，可離非道也。是故君子戒慎乎其所不睹，恐懼乎其所不聞。莫見乎隱，莫顯乎微。故君子慎其獨也。喜怒哀樂之未發，謂之中；發而皆中節，謂之和；中也者，天下之大本也；和也者，天下之達道也。致中和，天地位焉，萬物育焉。」《中庸》開首說「天命之謂性」，指出人性是天命所貫注的，人能由發心立志開始，不是靠外在的財富知識來實踐天命。做「率性之謂道，修道之謂教」的工夫，就是指人率領自己的人性表現而形成道路，做「自己修養自己」的工夫，去除心中一切的夾雜，去除羨慕、卑屈，去除一切外在假借，令這道路成為可行的道路。

此外，人要做到「道也者，不可須臾離也」，不可以片刻偏離道，即時時刻刻都在做工夫，不可以輕易放鬆。「戒慎乎其所不睹，恐懼乎其所不聞」，在人們看不見的地方也要敬戒謹慎，在人們聽不到的時候也要驚恐懼怕，「戒慎恐懼」便是去除夾雜，不假借外在事物的工夫。君子應謹慎做自己修道的工夫，讓自己修養成為君子，從而擁有君子應有的氣概。

怎樣「戒慎恐懼」呢？這便要時時刻刻的反省。人可以常常問自己，自信的氣概來自哪裏？是不是因為有財富？沒有財富便沒有氣概，便財大氣粗？是不是因為名聲、地位、權力才有氣概，好像政治上的高官、權貴那樣？是不是因為有知識而有氣概，就像深通科學技術的專家那樣？如果是因為有一個強大的國家才有氣概，這便是有所假借，有所夾雜，便只是大國的驕傲。不出生在強國，出生在弱國便沒有氣概嗎？是因為中國有悠久的歷史才有氣概？如果中國沒有悠久的歷史，又會怎樣？只要這樣一步一步撫心自問，我們會發現這些假借外在事物的氣概，會一步一步消失。到最後人究竟還有沒有氣概呢？很少人經得起這種考驗，一般人沒有錢，已沒有了氣概。如果經不起這考驗，人便是依附於物，心中有所夾雜，心靈不能純一，不能自立。如果沒有了夾雜和假借，只剩下一個「人」，卻依然能頂天立地於宇宙之間，這種精神便可以涵蓋天地，貫通古今。這才算是真正的自立、真正有氣概。這種氣概不是來自天、地、他人或財富，而是來自自己內在的盡性立誠的人格修養。因此人首先要自覺是一個「人」，不管是不是中國人都可以有這種氣概。中國儒家的精神原本就是提醒人要有這種自覺，做人格修養的工夫，然而這種氣概是要不斷自我反省的，故此不容易變成淩駕於他人之上的驕傲。有了這氣概，中國知識分子便可以發心立志，盡性立誠，了解中西文化，通古今之變，解決百年來中西文化衝突的問題，創造中國文化的前途了。我們每個人只要放下假借夾雜，便可以有這個做人的氣概。這種工夫沒有特定的內容，不一定要學具體的技術知識或積累財富，其具體內容人人不同，每個人只要在自己的實踐過程中，不斷充實，不斷反省，不斷增加，這樣，多活一日，便充實一日，沒有停止的一天。這個實踐的過程是無窮無盡的，是極艱難的。它不假借外力，只憑自己。它又是最簡易，當下現成，當下具足的。《中庸》說的，便是這個道理。

《荀子》導讀

開出一個人文世界

香港新亞研究所哲學組博士、
香港人文哲學會會長
方世豪

一、荀子其人其書

荀子，名況，字卿，又稱荀卿、孫卿，戰國時趙國人，大約生於公元前三〇七年，卒於公元前二一三年左右。荀子生逢亂世，十五歲遊學於齊，在稷下留居了較長時間。齊威王、宣王當政時期，招賢納士，學者雲集，是齊國最繁榮時期。到齊湣王時，開始衰敗，學者離去，荀子到了楚國。到齊襄王時，稷下又再度興盛，荀子又回到齊國，成為齊國最有名望的學者。荀子也曾經向秦昭王和趙孝成王推薦他的政治主張，但都沒有被採用。後來到了楚國為官，到春申君死而免官。以後就一直著書立說，教學授徒，直至去世。

《荀子》一書流傳至漢朝，經劉向整理，定為十二卷，三十二篇。到了唐朝，楊倞為《荀子》作注，定為二十卷，就是我們今天看見的《荀子》。《荀子》現在通行的是清代盧文弨校勘本，而清末王先謙撰《荀子集解》集清代學者之大成，是清代最著名注本。近人梁啟雄作《荀子簡釋》是近代著名的注本。

二、荀學簡史

荀子說自己的學問是繼承孔子而來的，又常常把孔子和周公相提並論。這是因為荀子認為自己和孔子一樣，是發揚周代的人文文化制度的，其重點和孟子不同。孟子也是繼承孔子，但常說堯舜是創造人倫文化的人，所以重點是在人倫文化，而不是周公的制禮作樂。《荀子》書中有〈堯問篇〉，有荀子門人的記錄，說荀子的善行，孔子也不能超過，為荀子辯護，認為荀子並非不如孔子。可見荀子門人並不認為荀子是繼承孟子，而是直承周孔。

漢代傳授五經的儒者，多數自認為是繼承荀子，遙承荀子門戶。例如：解釋《詩經》的三家，《魯詩》是傳自浮丘伯，《韓詩》是傳自韓嬰，《毛詩》是傳自毛亨。而《禮》傳自后蒼，《春秋左氏傳》是傳自張蒼，《春秋穀梁傳》是傳自申公。這些儒者的師承，都可以上溯到荀子的弟子。這些說法可參考清代學者汪中的《荀卿子通論》。

漢代時，董仲舒已經質疑過孟子的性善論說法。劉向的〈孫卿書錄〉就稱讚荀子，又說董仲舒是大儒而寫書稱讚荀子。後來，王充也有質疑孟子的文章。由此可見，漢初時，荀子的地位在孟子之上。漢代只有揚雄曾以孟子自比，而反對道家墨家。

漢代也很少主張孟子的性善論。董仲舒說性是天生的氣質，可以同時貫通善惡。

揚雄說性，主張「善惡混」，都是綜合孟子、荀子的主張而說的。王充主張性分三品，認為人性有善，有惡，有居中，也是由綜合孟子和荀子的主張而進一步說。

經典方面，由漢至唐，儒者都很重視五經。五經有多種注釋，但《孟子》就只有趙岐注一種，和《荀子》只有楊倞注一樣，他們的學問都未曾受到當時的重視。

到了唐代，韓愈著〈原道〉，認為孟子是「醇乎醇」，而荀子是「大醇」而有小疵。這就是讚揚孟子而稍為貶抑荀子。但韓愈對性的主張就和漢代王充大約相同。

到了宋代初期，學者仍然是大多數把孟子、荀子和揚雄、文中子相提並論。但《宋元學案》的〈安定學案〉中，安定門人徐積，就開始有評論荀子的性惡論。蘇軾的〈荀卿論〉更加認為李斯焚書坑儒的罪行，就是由於李斯的老師荀子主張性惡。二程更加大力斥責荀子的性惡論，二程說：「其學極偏駁，只一句性惡，大本已失。」這就是認為荀子的性惡已失去了儒學的大本。朱子的《近思錄》也有引用二程的說法。由宋代到明代，學者大多數都認為孟子才是孔子的嫡傳，荀子是雜學而已。

到了清代，戴震主張心知，淩廷堪主張禮，說法其實和荀子大約相同，但他們都沒有說明是宗於荀子。而汪縉的《二錄》《三錄》，主張歸宗孟子作標準來衡量荀子。但書中仍然有採用荀子主張的地方。姚鼐著〈李斯論〉，駁斥蘇軾的說法，不贊成把李斯的罪過歸咎於荀子。錢大昕、郝懿行為荀子辯護，認為荀子之學，沒有違反孔孟的主張。盧文弨、王念孫就對荀子的文章多做校注的工夫。汪中著《荀卿子通論》，綜述了荀子承傳經學的功勞，又為荀子作〈荀子年表〉。而到了清末，王先謙集合了盧文弨、王念孫等人的校注，撰《荀子集解》。書中前二卷是考證，當中也備錄了由錢大昕、郝懿行到汪中等人的文章。清末時，章太炎著《國故論衡》，用佛家的唯識宗義理來討論孟荀的人性論主張，認為孟子和荀子是各自得到偏向一面的人性意義。所以章太炎的說法有些類似漢代董仲舒、揚雄對孟子和荀子關於人性主張的評論。與章太炎同時，譚嗣同著《仁學》，一方面注重孟子所說的民貴主張，一方面斥責荀子的尊君、君統的主張，認為中國二千年來，君主專制制度都是荀子學說的流派形成。這是荀子所始料不及的。

而民國以來，學者就常常提到荀子所主張的正名，和關於心和天的解釋，因為可以用來和西方哲學思想比較，所以漸漸又覺得荀子學說有價值了，孟子和荀子的地位又大約相等了。這就是荀子之學的簡史。

三、荀學在現代中國的意義[1]

我在司徒華先生的書中，看到一個天堂與地獄的故事[2]。

話說有一個人死了，靈魂在路上飄蕩，心裏想：這條路是上天堂，還是下地獄呢？他自己無法估計自己功過，不知應上天堂或下地獄。走了一會兒，看見一座金碧輝煌的宮殿，中門大開，守門人請他內進，帶他去見宮殿主人。

主人很殷勤招待，對這人說：「這裏有最華麗的房間，最舒適的床鋪，最美味的食物，只要你說得出，就有傭人煮給你吃。這裏有很多傭人侍候你，聽你吩咐。你叫他們做什麼就做什麼。沒有人打擾你，你什麼也不用做。相信你從來沒有試過這樣的生活，你來這裏住一下，試一試吧！」

這個人聽了，很高興，就住了下來。果然，宮殿裏面的生活確是如此。想吃什麼，有什麼，要睡多久，就多久。但他漸漸不習慣，最不習慣的，是這裏沒有朋友。

1　本節內容主要根據唐君毅先生著《中國人文精神之發展》和《中國哲學原論・原道篇》的內容寫出。如想作更詳細的了解，請參看唐先生原著。

2　司徒華著《竦聽荒雞》。

傭人只是為他做事，從來不說話。另一個不習慣是這裏沒有一本書，沒有報刊。宮殿外的消息，一點也不知道，整個人好像離開了這個世界。不久，這個人寂寞得想死，好像在監獄中生活。

他忍無可忍，問了傭人：「我可不可以做一些事呢？」

傭人答：「不可以，這裏不准做事的。」

這個人問：「我可不可以負責擔水、燒飯、洗衣服呢？」

傭人答：「不可以，我不是說過，這裏不准做事，只准吃喝玩樂嗎？」

又過了一段時日，這個靈魂實在無法再忍受，走去見那宮殿主人，說：「我在這裏無所事事，雖然生活無憂，但我不能夠再留下了。我現在覺得，原來寂寞是最痛苦的。當初，我在這裏確是覺得很快樂，無憂無慮，不用工作，好像在天堂一樣。但現在，卻覺得像在地獄一樣。你可以給一些工作我做，令我不至於那麼寂寞難受嗎？」

宮殿主人說：「你想錯了，這裏不是天堂，而是地獄。地獄就是這樣，就是寂寞，就是無事可做。在天堂才有事可以做，生活才有意思。」

這個靈魂說：「那麼，我要離開這裏，我情願去那個有很多事做的地方！」

為什麼這個靈魂不願意留在這個天堂一樣的地方？因為這裏無事可做，沒有朋友，沒有溝通，生活沒有意義。生活怎樣才有意義？就是在人世間，做人間的事，有朋友，有溝通，生活才有意義。在人世間有很多事可以做，可以從事科學、文學、哲學、宗教、藝術、體育、經濟、烹飪等各式各樣的活動，這就是人文世界的活動。有這些活動，就是有人文世界，生活才有意義。所以，人文世界才是真正的人間天堂。

歷史上，甚至今天，還常常有人用無事可做的天堂，來吸引人，甚至吸引了很多知識分子，由此而為世人帶來災禍。例如：有人以為一個財富完全平等的世界就是天堂，忽略了全幅人文世界的價值，一切都為經濟服務，世上好像只有經濟意義，只有物質的意義。這就是一個寂寞、空虛的天堂。所以，我們要重新確認，真正的天堂是全幅人文世界的開展。荀子所說的禮義，就是人文世界，就是人文統率各種文化而形成的道。

看荀學的意義，就要看荀學開展出的人文世界的意義了。

（一）荀子人文精神的來源

人文精神就是多元文化組織的基礎。什麼是人文精神呢？

用唐君毅先生的解釋，人文，就是一切人的思想、人的學術、人的文化，一切文化都是人的文化，都是由人創造的。所以一切文化精神都是人文精神。但這樣說好像沒有什麼特別意思，沒有對照，人文精神的特徵就顯不出來。因為除了人文思想、人文精神之外，還有反人文的思想。本來人文的思想不必特別提出來說的，但因為每個時期都有反人文精神的存在，所以每個時期都要提倡發揚人文精神。

中國人文精神發展的第一階段，是孔子以前的時期。這時期的中國人文精神是表現在具體的日常生活上。這時期其實並沒有很多人文學術思想。但中國人文精神的根源就在這時期確定下來。中國後來的人文思想，包括荀子的人文思想，都是由這時期的中國人心靈中孕育出來的。中國的人文精神，和西方的人文主義不同，並不是和神本、物本相對。所以人文精神不是沒有宗教信仰，不是不重視自然。中國人文精神重視的，是要看人對宗教性的天、帝和對自然物的態度。這種形態和西方的形態是不同的。

唐先生認為人對自然物的態度，簡單說，可以有三種：第一種是利用厚生的態度，第二種是欣賞或表現人情感德性審美的藝術態度，第三種是視自然物為客觀對象，人對客觀對象有好奇、驚訝，要求對對象加以了解的態度。第三種態度可以產生出純粹客觀的自然思想，這就是西方古希臘的科學、自然哲學的開始。這種態度的思想是直接傾向自然，趨向忘記人自己的。

中國古代既缺乏純自然的思想，也缺乏死後世界、神界的思想，所以中國文化的本原就是人文中心的文化。這種人文文化在周朝時具體形成。「周尚文」，就是說到周朝才有人文的文制，就是禮樂制度。中國古人發明器物，表示古人能夠首先控制到自然物，這是實用方面而言。但到了周朝，有了禮樂制度之後，器物就漸漸禮樂化，變成禮的器物和樂的器物，變成用來表現人情意、德性的工具。器物世界也增加了審美藝術的人文意義。周代以前，比較重視祭祀鬼神，表明中國人要求和神靈協調，禮樂的作用是要令神人關係和諧。但到了周朝，禮樂的意義就偏重於人的倫理關係，用來協調人與人之間的秩序。荀子肯定的禮樂文化，就是周朝發展出來的人文文化。

根據唐君毅先生的意見，中國人對這種人文精神的自覺，是春秋以後由孔子開始的。春秋以前人文精神自覺到什麼程度，是不確定的。但西周時期這種禮樂文化是一種生命力極其健康、充盛，又文雅有度的文化。西周時期，人的精神和內心德性都是直接表現在文化生活之中的，而自覺反省的思想是不需要的。真正對中國人文中心思想有自覺反省，能夠闡明人文精神的價值和意義的人，就是孔子。孔子開出了先秦儒家的人文思想。由孔子到孟子，再到荀子，是中國儒家人文思想自覺形成的時期。所以荀子要做的，是繼承孔子的使命，就是要重建中國傳統的人文中心文化。

（1）孔子的努力

春秋時期的時代問題是周朝勢力衰落，夷狄勢力興起。周朝貴族墮落、無禮，士人、庶人逐漸要求提高社會地位，禮樂傳統崩壞了。即是說，中國傳統人文世界內部開始崩壞，而外面世界的夷狄勢力又形成威脅。要解決這個時代問題，孔子作為知識分子，他一方面很佩服周公的制禮作樂，建立人文世界，一方面又佩服管仲的尊王攘夷，令中國人不致於「披髮左衽」。孔子又要求當時的士人，即知識分子，要負起保護和重建中國人文世界的責任。士，本來是武士，武士的責任是保衛社稷。

孔子認為當時禮樂制度崩壞是因為人僭越禮樂，所以孔子要人知道禮樂之本。禮樂之本就是人內心的仁德，所謂：「文勝質則野，質勝文則史。文質彬彬，然後君子。」孔子重視文，不是說重視禮樂的儀文，而是重視成就禮樂儀文的德性。這德性就是文之質。孔子重視文之質，重視德性，就是想挽救當時文制的毛病。所以在「人文」兩字之中，孔子是重視人多於表現在外的禮樂儀文。孔子要人自覺自己內在的、人之所以為人的德性，令人自己先成為能夠被禮樂儀文依附的質地，才能成就真正有意義的禮樂儀文。這才是孔子一生講學的精神所在，也是孔子人文思想的核心所在。孔子在整個周朝傳統的禮樂人文世界的底層，發現了一個人的純內心德性的世界。這個世界就是人文世界的基礎。孔子和他的弟子親身實踐，以德性互相勉勵，孔子師門就已形成一個人格世界。孔子和弟子反省討論德性問題，討論人格世界如何形成，後來的儒者，包括孟子、荀子、宋明理學家等，也加入討論德性和人格問題。這些討論形成的智慧，又會形成一個人文思想的世界。這個儒學的人文思想世界，意義和價值很廣遠，比孔子上論古人、作《春秋》、對時人作褒貶的活動，又更進一步。

（2）孟子的努力

孔子以後，孟子又把孔子的人文思想再推進一步。孟子的人文思想是要回答墨子對儒家的攻擊。孟子重新說明儒家禮樂和家庭倫理的價值。孟子之所以能夠說出這個價值，是因為孟子能夠肯定人的心性。孟子由人的心性要求來說明禮樂的表現。禮樂其實就是人心性不容已的表現。孟子又說到人性的仁愛流行的次序，是由近至遠。人人皆是親其親，長其長，最後可達到天下太平。孟子說的人性是天所賦予我的，由此而說盡心知性知天，把人道和天道貫通起來。所以中國儒家的人文思想，發展到孟子，就可以為孔子說的人文價值、內心德性找到一個既是先天的，又是純內在的人性基礎。儒家的人心性世界的存在，可以說是由孟子的反省自覺而加以樹立。

（3）荀子的努力

中國先秦的人文思想，孟子以後再進一步的發展，就是荀子的思想。**荀子思想的重點是說明禮制。禮制其實是包括各文化的統類，所以荀子是說明人文世界的結構。孔子的重點是說明禮樂的本意，孟子的重點是說明禮樂的源頭，荀子說禮制，重點是說明禮樂制度的實效。所謂實效，就是要樹立起整幅的人文世界，令自然世界的天地、自然的人性，都可得到條理化。**荀子在〈王制篇〉說：「天地生君子，君子理天地」，就是說自然世界的天地被人文世界的君子所主宰。這種說法是莊子以天為主宰的倒轉。莊子崇尚自然，不重視人文思想、人文世界。但後來的《中庸》《易傳》《樂記》等所說的天地的德性，禮樂的和諧秩序，都是以人文世界作為中心概念而說的。這正是用人文世界的概念來說明天地的價值意義。這就是先秦儒家人文思想的發展過程，通過人文世界，由人道而通天道。

（二）現代中國問題的來源

中國人文精神發展到現代，變成被重視現實物質的思想所主宰。現代人都以為政治經濟就是作為人類文化形態的決定原因。現代重視政治和市場經濟發展的思想正是如此。這樣就抹殺了政治經濟以外，其他人類文化的獨立性，否定了一切政治經濟以外的文化思想本身的真理價值，包括人格尊嚴、個性價值等等，甚至不把人當作人看待，人也只是一個物、一個人力資源、一個工具，只有工具價值。人類整幅的人文世界大部分都變得毫無意義了。

（1）清代的問題

現在的問題是，何以中國人的人文思想發展到現代，竟然會被反人文的思想征服呢？原因有政治性的，有軍事性的，有經濟性的，但更深層的，其實是文化學術思想的理由。從中國的文化思想發展來說，就是因為清代的學術文化中的人文精神沒有力量。因為清代學術思想太注重文字文物考據的枝節末項，清代學人太局限於書齋，這就是一種偏蔽。原本清代哲學重點是要人注重實際的民生日用，這個方向本來不錯。但清代哲學要反對宋明理學就錯了。宋明理學要人學做人，做一個頂天立地的人。而清代哲學則注重要人做事務。現代人的學術文化，都是要人學做事，可以求職賺錢，也是如此，只是比清代更重視個人利益。宋明理學的末流，變成「無事袖手談心性」，這是毛病，是應該反對的。但真正第一流的宋明理學家，雖然不重視「做事」，實際上卻很能做事。清代哲學家反對宋明理學家提倡的心性之學，希望人能夠去空談，多做事。但實際上，清代哲學家中，除了顏元（習齋）外，其他都只是在書齋中著書。其實清代學者的做事精神反而不及宋明儒者。因為真正能夠做事的人，一定要先做人。清代中葉以後，曾國藩、羅澤南等比較能夠做事的人，正是因為他們的講學是以宋明理學精神為本。所以反對宋明理學的清代哲學和考證訓詁之學，表現出來就成為一股沒有力量的精神。因為清代學者只用心在人文的枝節末項和人生實際事務的枝節末項，沒有用心做工夫建立深厚的本原，結果就沒有力氣。回看現代都市人不正是只顧人生的事務枝節，而不是先學做人，不言心性之學嗎？這就是清代人文精神的流波，一直貫注到新文化運動，再到現在。

新文化運動的學者，很多仍然推崇清代學者，反對宋明理學。新文化運動推動的是「整理國故」的風氣，其實一直未脱離清代的瑣屑考證風氣。這個風氣一直沿至現在的研究中國文化的大學學者，大學學院中的中文系仍然是延續清代的考證風氣，但加上西方式的論文格式而已。這種人文精神當然抵擋不住崇尚物質的強大思想文化。所以清代這種有所偏的人文精神也是應該反對的。於是，重新看看先秦荀子如何建立全幅人文世界就有意義了。

（2）新文化運動的問題

至於新文化運動提倡的科學和民主自由，都是由西方文化輸入的，不是繼承清代精神而來。民主自由本來都是好的，但只説民主，而沒有人文人格的根基，也不能夠形成一個好的政治制度。就好像選民和候選人都是人文人格基礎不好的人，選出來的領袖也不會是理想的人。沒有人文世界的開展，民主制度也沒有堅實的基礎。所以新文化運動時，只是喊民主自由的口號，喊了一百年，中國人仍然開不出民主自由的政治。結果民主自由的口號，只成為新文化運動時破壞和打倒原有社會文化的力量。新文化運動時只有科學的口號，但不重視科學研究。只説科學方法、邏輯分析，用來批判傳統文化，威嚇中國傳統知識分子而已。所以民主和科學的口號不能幫助中國文化的發展，反而，民主和科學為中國文化變得物質化而開路，掃除傳統的障礙。這就是中國文化思想變得普遍重視物質的原因。

中國民族有數千年歷史，中國人文精神的發展也有多次的曲折，最後被重視物質的文化征服，這就好像秦代被反人文的法家征服一樣。但人類文化的發展，從來是在艱難中奮鬥出來的，在迷惑中找出路的。所謂道高一尺，魔高一丈，文化的曲折起伏是尋常事，但魔高一丈，道也可以再高十丈。光明和黑暗是互相對照而發展的。道因為有魔對照就會加以發展，人認識到這是黑暗時代，就清楚光明快要來臨。人如果知道這是魔鬼的時代，就會去追求道。一切反面的事物，都一定會被反對的。因為人性總是要向光明、向道而發展，這是人性的必然。所以中國人文精神發展在現代的不幸，並不是未來的不幸。正因為這發展的不幸，令中國人更加能夠反省到中國傳統人文精神的價值。這樣中國人才明白傳統人文精神的價值是什麼，缺點是什麼。於是，中國人就會發揮、保存傳統人文精神、人文世界的價值，並且會補足傳統人文精神缺乏的地方。由此而發展民主自由和科學，反而更能見到民主自由和科學的價值。由此而看，中國人文精神未來發展的前途是遠大的。所以這時回顧荀子的人文世界思想，就能讓人由中國傳統人文精神中，發展出真正的民主自由科學的中國。

中國傳統人文精神，周朝的禮樂精神，孔子重視的仁道，孟子重視的心性，荀子重視的人文世界主宰自然世界等，都可以互相融合，應該保存下來，重新為中國文化發出光輝。故而，荀子的人文世界精神，在現代社會是有重新彰顯的意義的。

（三）荀子的人文世界

先秦時期，孔子說仁道，墨子說義道，孟子說興起人心志之道。而道家的田駢、彭蒙、慎到，說順應物勢之道，老子說法地法天之道，莊子說由生命心知而成為真人、至人、神人之道。而荀子所說之道和他們又有不同。荀子說的道屬於儒家傳統，但明顯又和孟子不同。孟子只注重人和禽獸的分別，但荀子同時說人和自然天地萬物的分別。〈王制篇〉云：

> 水火有氣而無生，草木有生而無知，禽獸有知而無義，人有氣、有生、有知、且亦有義，故最為天下貴也。

人的尊貴，是相對於一切自然天地萬物而見到。而人之所以尊貴，不似孟子的說法。孟子認為人之尊貴是由人和禽獸不同的主觀心性來說。但荀子是由人和自然天地萬物的不同而說，是由人的客觀的禮義而說。**荀子所說的禮義，就是人文世界，人文統率各種文化而形成的道。人文能統率各種文化，表示人在自然世界之上，開出一個人文世界。這個人文世界，在人的自然生命和人所知的自然物之間，同時也是在自己與他人之間。這個人文世界也貫通古今，而有自己的歷史。**所以說，荀子的人文統類形成之道，和孔子、孟子都不同。孔子只說自己與他人相處的倫理之道，孟子只說人怎樣自己興起自己的心志而做聖賢之道。荀子和老子、莊子就更加不同，老子說的是法天法地之道，莊子說的是人自己調理自己的心知生命而成為真人、至人、神人之道。荀子所說的，是用心於各種人與不同類自然事物的關係，人與各種類的人間事物的特殊關係，和古今歷史的變化。明白這些關係，然後才能夠知道怎樣形成人文統率各種類事物之道。這樣，荀子就可以說出，人在自然世界之外，其實開出了一個人文世界。而人文世界的形成，一方面要建立各種類的人倫關係，人要盡人倫。而另一方面，要令各種類人文可以互相限制，由此而互相配合，互相統率，互相成就，由此而盡人的文化制度。人能實踐制度，就成為政治。盡人倫，就可以成為聖人。盡文制，就可以成為王者。所以荀子說的盡倫盡制之道，就是聖王之道。墨子說聖和王，注重用力於公義，要興起天下人民的利益。孟子說「大而化之之謂聖」，能夠保衛人民，興起人民的人，就是王者。老子就認為聖人沒有常心，而以百姓之心為心的就是王。莊子說遊心於恬淡的聖人，是順物自然而沒有私心，這就是應帝王之道。諸子之中，只有墨子注重在事業上見到公義和對人民有利，其餘都是着重在內心上說道。但荀子說聖王，着重在盡倫盡制，要成就客觀的人文統類、人文世界，而不是着重在一件一件的具體事情。荀子也不只是着重說心，而是着重說心之知而貫通各類，由實踐而成就統類。荀子正是希望由此而令世界，由偏險悖亂而歸於正常之理、和平之治，成就人文世界所有具體的事業，令人的事業都合乎禮義，人就是天下最尊貴的。所以荀子〈禮論篇〉說：「禮者，人道之極也。」這就是荀子學說的特質。

（四）回應中國現代的問題

看中國人的現實問題。中國人近百年來，最重視的是政治和經濟這兩個文化範疇的價值，而忽略了其他人文文化的價值。我們注重政治組織和經濟成就，而忽略了其他人文文化的價值。但其實其他文化的價值並不下於政治和經濟，甚至是更重要的。

近百年來，中國人有一種習氣，就是只重視政黨或政府組織和經濟發展。這個觀念習氣的來源，是基於中國在這百多年來的遭遇。近百年來，中國人常常被人視為「一盤散沙」，甚至中國人自己也這麼認為。中國人覺得自己不似西方國家那樣有嚴密的組織，把人民組織起來，所以會有重視政府組織的習氣。中國人又覺得自己比西方國家貧窮，被人欺負。於是，想改善中國人的組織和經濟，這想法是對的。中國如果想要現代化，確是要建立一些組織。但中國人所缺乏的組織，主要是各種社會人文文化組織，而不是政府組織。中國政府組織的鬆散和沒有效率，正是因為缺乏其他社會人文文化組織。

社會人文文化組織可以培養出一個人正常的組織意識。政府組織的鬆散問題，就是因為沒有社會組織作為基礎，培養不出人正常的組織意識。而社會人文文化事業不發達，也會令人民和政府的關係減弱，造成政府組織的鬆散和沒有效率。但近一百年來的中國知識分子的觀念，卻是倒果為因，所以常常想直接由政府組織的嚴密化來想辦法，由此而形成現在越來越嚴密的政府組織。知識分子反而不願意先投身在各種社會人文文化事業之中，成就各種社會文化組織。

這條向政府組織而行的路是中國傳統知識分子所走的。方向是由政治到社會，由上到下，是傳統的舊路。這條路不是不可以走，今天也可以有少數知識分子走。政府本來就是可以幫助人民成就社會組織。但總不能全部聰明才智的知識分子都走政治這條路。如果全部人都這樣走，只重視政府組織，一定會令其他社會文化事業不能發達。因為這樣的社會，文化組織一定會受到政府的政見、政策、行政措施、人事關係桎梏。相信香港多數民間的文化團體也曾感受過，應會很清楚。這樣的社會，就算推行民主政治也始終不能夠有堅實的社會基礎，最後民主政治也會凋謝。而荀子之學開展的就是要肯定這些豐富的、多方面的人文世界。

看中國人近百年來的發展，民主自由的口號喊了百多年，依然未有理想的政治和國家。這是因為中國人想用來建構民主國家的思想基礎，主要是來自西方的思想。其中最重要的是個人、社會團體組織和國家這三個觀念的關係。西方文化能夠發展出民主政治，主要是因為有多元的社會組織在支持。西方文化是很重視社會組織的。古希臘羅馬時期，有嚴密的社會階級對峙。中古時期，有嚴密的宗教組織。到了近代，有多元的產業組織。這些社會組織都是根據抽象的普遍目標或人與人的類別觀念而形成的。所以西方現代社會很重視社會組織。但中國傳統一向缺乏西方式的、根據分類而來的組織，缺乏根據抽象共同信仰的宗教組織，缺乏追求共同利益的近代產業組織。這些組織總括都是以抽象共同目標為媒介而組織起來的。但中國哲學思想不重視抽象普遍和類別概念，所以不重視這些組織。直至近代中國遭到西方侵略，要發憤圖強，才開始重視現代產業組織和現代國家觀念。但因為中西文化背景不同，西方重視社會組織的觀念傳入中國之後，中國人其實也未能感興趣和了解，所以這些觀念的意義和性質也改變了。中國人建立民主社會和國家的複雜性，就是我們只襲取西方的思想，來解決中國的問題。**我們一定要根據我們自己的思想，貫通國家、社會組織和個人的觀念，配合中國的人文精神，才可以解決中國現在的問題。而傳統儒家中，荀子就是最重視人文世界事業的，重視各種類的人文事業，重新發揚荀子的學說，在這裏就有時代意義了。**

荀子成就人文統類之道，包括：天與人的關係、性善與性惡的關係、心與道的關係、知與行的關係、聖王之道、為學之道、政制之道、富國之道、君臣之道、強國之道、禮樂之道，均值得現代人逐一分析和討論。

道家

《老子》導讀

「道」：萬物的本原

北京大學哲學系教授
陳鼓應

老子姓老，名聃，春秋末道家學派的開創者。老聃與孔子同時代，年長孔子約二十歲，哲學上的老子和文化上的孔子，其關係亦師亦友。

老子是中國哲學的創始人，《老子》一書為老聃自著，近年湖北荊門郭店出土並公佈的竹簡《老子》——這件在地下埋藏了二千多年的實物證據的問世，有力推翻了《老子》晚出說的謬誤。

一、老子其人其書

老聃，世人尊稱為老子（約前五七〇—？），一如尊稱孔丘為孔子、墨翟為墨子（「子」為先生之義）。司馬遷說：「姓李氏，名耳」。這是漢人的說法。根據高亨先生考訂，春秋二百四十年間並無「李」姓，但有「老」姓。「老」「李」一音之轉，老子原姓老，後以音同變為李。而「耳」「聃」字義相近，故稱作耳。總之，「老聃」被尊稱為「老子」在先秦典籍中屢見，毋庸置疑。

老子是陳國人，後陳被楚滅，故稱楚人。「楚苦縣厲鄉」，即後來的安徽亳州府，現在隸屬於河南省鹿邑縣。老子曾為周朝史官，《史記》稱他為「周守藏室之史」。「守藏史」相當於國家圖書館館長。司馬遷說：「孔子之所嚴事者，於周則老子，……於楚，老萊子。」（《史記．仲尼弟子列傳》）孔子分別問學於老子與老萊子，都有著作傳世，著書篇目各不相同（「老子著書上下篇」，「老萊子亦楚人也，著書十五篇」）。但梁啟超、馮友蘭等人出於粗心或有意扭曲，以至於把老子和老萊子混淆不清。

老子與孔子同時代，孔子生於魯襄公二十二年（前五五一），老子生於公元前五七〇年左右，比孔子年長二十歲上下。《史記》記載「孔子問禮於老子」之事，當屬史實。先秦典籍如《莊子》《呂氏春秋》及《禮記．曾子問》等不同典籍都曾提及此事。

《呂氏春秋．當染》說：「孔子學於老聃」。老子和孔子的關係亦師亦友，在多種文獻記載中值得我們留意的有這幾點：一、同源異流：老子與孔子同是殷周文化的繼承者與創新者。同源中的「異流」則是孔子為中國文化史上繼往開來的第一人，其「有教無類」「誨人不倦」的精神，更使他成為教育史上的「萬世師表」。老子則是中國哲學的開創者，他所建構的「道」論，不僅發先秦諸子所未發，更成為中國古典哲學的主幹。二、文化與哲學的對話：文化的孔子與哲學的老子進行對話，二人談論的細節雖不得而知，但從各書記載中可以窺知孔子的問題屬於文化層面（「禮」）；而老子的解答則總會從文化的議題引向哲學層面（「道」）。故孔、老間的對話就是屬於文化與哲學的對話。三、對話的開放心態：儒、道開創人首次的對話，彼此學術間的立場與觀點雖異，而對話的心態則是真摯而開放的。這和後來孟子惡意攻擊楊、墨，以及宋明儒者為了維護道統而排斥佛、老的狹隘心態相較，真有天壤之別。故老、孔之間的對話誠為思想史上令人神會的一個開端。

老子是中國哲學的開山祖，老聃自著的《老子》是先秦哲學中最早的一本哲學著作。《史記》明確記載老子「著書上下篇，言道德之意，五千餘言」。司馬遷這裏所說老子著書的篇目、主旨和字數，都與通行本《老子》相吻合。一九九八年北京文物出版社印行《郭店楚墓竹簡》，首次公佈湖北荊門郭店出土的竹簡《老子》，這件在地下埋藏了二千多年的實物證據的問世，有力推翻了《老子》晚出說的謬誤。

陳楚文化圈是孕育老子思想的原鄉，中年以後他入朝任史官，長期沉浸在中原文化的核心地帶。他長於思索宇宙的奧祕及人生的哲理，在孔子到周室拜訪他時，他已是當時學術界的泰斗。隨着他那精簡而深刻的著作流傳各地，我們從先秦典籍廣泛引用《老子》書中的重要概念與文句，可以證實它成書之早與影響之廣。如《論語·憲問》明確引用《老子·六十三章》「以德報怨」；其後，《墨子》引用《老子》觀念與文句約十條、《管子》引用《老子》觀念與文句多達三十一條、《莊子》引用《老子》觀念與文句多達一百二十二條、《荀子》引用《老子》觀念與文句十三條、《韓非子》引用《老子》觀念與文句達七十二條、《呂氏春秋》引用《老子》觀念與文句多達二十九條。由此可見，《老子》思想對道儒墨法各家各派影響的廣遠。

二、老子思想

林語堂在他的英文著作《老子的智慧》中說：「孔子的學說過於崇尚現實，太缺乏想像的意涵。」「孔子的哲學是維護傳統秩序的哲學，主要處理的是平凡世界中的倫常關係，不但不令人激奮，反易磨損一個人對精神方面的渴求，以及幻想馳奔的本性。」這裏隱約道出儒家是透過社會規範的建立，以提高人的道德價值；道家是透過哲學精神的建立，以提升人的心靈境界。林語堂又說：「儒道兩家的差別，在公元前一三六年，漢武帝獨尊儒術後，被明顯地劃分出來：官吏尊孔，作家與詩人則欣賞老莊。」這裏指出漢以後，儒道分途：儒家在中國政治社會中成為顯文化及官方哲學，而道家則成為潛文化及民間哲學。

陳榮捷在他的英文著作《中國哲學文獻選編》中說：「假如沒有《老子》這本書的話，中國文化與中國人的性格將會截然不同。假如不能真正領會這本小書裏的玄妙哲思，我們就不能期望他可以理解中國的哲學、宗教、政治、藝術和醫藥。」又說：「在某些層面，道家進入生命之道更深更遠，所以雖然古代從諸子百家都各道其道，但道家卻得獨享其名。」

進入老子的思想領域，讓我們先從他的「道」談起。

（一）可道之道與不可道之「道」

「道」不僅是中國文化的象徵，也是中國哲學的最高範疇。而第一位將道視為最高範疇的哲學家就是老子。《老子》第一章便指明「道」是天地萬物之始源：「道可道，非常道；名可名，非常名。無，名天地之始。有，名萬物之母。」

老子是第一個將道提升至形而上地位的哲學家，他認為一切萬物皆由道所出，甚至連天地都由道而來。但是道一開始並非具有形而上意味，因此我們有必要先說明「道」的原義及如何轉化到形而上的道。

「道」這個象形文字就具有特殊的意涵。道從「首」從「走」，象徵着人從四肢落地的動物羣中擡起頭來，當人類昂首挺立開始活動，便在天地間創造出一部輝煌的歷史。所以在「道」的字源中，就隱含着行走的意象與創造的意義，所以老莊說「道行之而成」，又說道創生萬物（「道生之」）。

「道」的字義由行走、運行引伸出秩序、方法、規準、法則等意涵。這些重要意涵，為老子之前的思想家及老子之後的戰國諸子所共同使用，並各自賦予以特殊的內涵。自殷周以降，人們探索日月星辰等天象運行的規律，稱作「天道」；建立人類社會行為的規範，叫作「人道」。各家的關注雖有所不同，如孔子「罕言天道」而用心於「人道」；老子則不僅藉「天道」而彰顯「人道」，而且進一步將「天道」與「人道」均統攝於其形上之道中。

老子是第一個提出形上之道的概念和理論的哲學家。老子之前的思想家都只思考「形而下」的存在問題，也就是只探討現實世界（亦稱現象界或經驗界）的問題。一切「形而下」的事物都有名字，都可以命名（所謂「物固有形，形固有名」）。老子卻指出，除了「可以命名的」（「可道之道」）之外，還有超乎形象的「形而上」存在。這「形而上」的存在是現象界萬物之所由來——稱之為「道」。

人不是一個無頭無根的存在，老子的哲學正是要探究人之存在的源頭與根由，並試圖在紛紜的萬物中尋找其活動的法則及始源。當我們讀到前面引用的《老子》第一章文句時，就將人們的思考從常識世界中帶入另一個新天地。

《老子》書上不只提出萬物本原（「天地之始」「萬物之母」）的問題，還提出宇宙生成的問題（如四十二章謂「道生一，一生二，二生三，三生萬物」），並提出宇宙變動歷程的問題（如四十章謂「反者道之動」，二十五章謂「周行而不殆，……大曰逝，逝曰遠，遠曰反」）。

作為萬物本原和本根的「道」是無形、無限性的，因此老子簡稱它為「無」；它是實存而且萬物都由它以生，所以又稱之為「有」，《老子》第一章的「無」「有」乃「異名同謂」的指稱形上道體的兩個面向。

每個哲學家都有他的一套理論預設，老子的「道」便是為了現實世界提供一套合理的理論說明而創構的。老子除了在形而上學的領域內肯定道是萬物的本原和本根之外，他還賦予道幾層重要的意涵：一、道為萬有生命的泉源。老子認為萬物都是由道所創生的（如五十一章謂「道生之，德畜之」），所以莊子稱它為「生生者」（《大宗師》），稱讚大道神奇的「刻雕眾形」，天地間各類品物萬種風情，使宇宙宛如一個無盡藏的藝術寶庫。二、道為一切存在之大全。老子說：「萬物得一以生」（第三十九章），這裏以「一」喻道（《韓非子．揚權》說：「道無雙，故曰一」）。其後莊子以「一」指宇宙整體、一切存在之大全。老莊視宇宙為有機的統一體，莊子說：「道通為一」（《齊物論》），即視宇宙為無數個體生命關係之反映，而生命的每個方面在整體宇宙中都是彼此相互依存、相互匯通的。三、道為大化流行之歷程。老子認為道體是恆動的（四十章謂「反（返）者道之動」）；道的存在是廣大無邊的，道的運行是周流不息的（二十五章謂「周行而不殆」）。老子用「逝」、「遠」、「反」（「返」），來形容「道」在宇宙大化發育流行中依循着終而後始法則運轉的無窮歷程。四、道為精神生命之最高境界。老子說過這樣一句令人矚目的話：「為學日益，為道日損。」（四十八章）這是說對外在世界探討所得的知識，越累積越增多；對道的體會越深，主觀成見和私心就會越來越減少。這裏所說的「為道」是屬於精神境界的修養；在人生境界的修養上，老子提到要「挫銳」「解紛」，消除個我的固蔽，化除人羣的隔閡，從親疏貴賤之別異層次中，提升到「和光」「同塵」的「玄同」境界（參見五十六章）。老子的「玄同」之境為莊子所宏揚，而將形上之道作為提高人類精神生命和思想生命的最高指標。

（二）有無相生

《老子》第二章開頭的一段話，討論到現象世界事物之間相互對立、相互關聯及價值判斷相對性的問題。它說：天下皆知美之為美，斯惡已；皆知善之為善，斯不善已。故有無相生，難易相成，長短相形，高下相盈，音聲相和，前後相隨。

這是說沒有美，就不會有醜（「惡」）；沒有善，就不會有不善；同理，老子認為沒有「有」，就無所謂「無」；沒有「難」，就無所謂「易」；沒有「長」，就無所謂「短」。我們以「有無相生」這一重要哲學命題為代表，來敘述老子對現象世界觀察的一些洞見：第一，事物存在的相互依存。老子看到一切事物都有它的對立面：事物有顯的一面，也有隱的一面；有其表層結構，也有其深層結構。因而觀察事象不能流於片面，思考問題不可出於單邊。老子說：「三十輻，共一轂，當其無，有車之用。……故有之以為利，無之以為用。」（十一章）一般人只看到事物的顯相（「有」），而沒有看到事物的隱相（「無」），事實上「有」「無」是相互補充而共同發揮作用的。第二，事物對立面的相互轉化。老子認識到事物的對立面不是一成不變的，它們經常相互轉化。他說正常能轉化為反常，善良能轉化為妖孽（五十八章：「正復為奇，善復為妖」）；又說：委曲反能全，屈枉反能伸直，低下反能充滿，敝舊反能更新，少取反能多得，貪多反而迷惑（二十二章：「曲則全，枉則直，窪則盈，敝則新，少則得，多則惑」）。用這道理來看我們上層政治人物，恰恰栩栩如生地呈現出如此情景。第三，事物相反而皆相成。老子說：「禍兮福之所倚，福兮禍之所伏。」（五十八章）表明對立面雙方的聯繫性。老子系統地揭示出事物的存在是相互依存的，而不是孤立的。如有無、美醜、動靜、陰陽、損益、剛柔、強弱、正反等等，都是對反而立又相互蘊涵。老子說：「萬物負陰而抱陽，沖氣以為和。」（四十二章）在老子相反相成的辯證思想中，「陰陽沖和」和「有無相生」是兩個最具代表性的命題。

逆向思維是老子辯證法中另一個特殊的思想方式。老子說：「正言若反」——合於真理的話卻與俗情相反。《老子》整本書所表達的都切合於道的正言，但乍聽時好像在說反面的話。

（三）為無為

「無為」的概念是老子逆向思維的一個範例。在《老子》一書中，「無為」這一個特殊用詞幾乎都是針對於統治者而發的。老子期望掌握權勢的在位者不妄為、「弗獨為」（《鶡冠子．道端》，要「以百姓心為心」（四十九章）。其後莊子學派更將老子告誡治者勿專權、毋濫權的「無為」理念，延伸為放任思想和不干涉主義。

老子說「無為」，又提出「為無為」（三章）。像「為無為」這類正反結合的詞語所蘊含的深意，屢見於《老子》一書，如謂：「生而不有，為而不恃，長而不宰。」（十章、五十一章）英國的羅素就很欣賞老子這些話，認為人類有兩種意志：創造的意志和佔有的意志，老子便是要人發揮創造的動力而收斂佔有的衝動——「生而不有，為而不恃」正是這層意思。老子還說：「為而不爭。」（八十一章），也與「為無為」同義，要治理階層以服務大眾（「為人」「與人」）為志，而不與民爭權奪利。

（四）道法自然

人們一提起老子，就會想到他自然無為的主張。簡言之，這主張就是聽任事物自然發展。「自然」是老子的核心觀念，乃是自己如此的意思，它被英譯為「spontaneous」（自發的），名詞則為「spontaneity」（自發），但原文不是名詞，而是狀詞；也就是說，自然不是指具體存在的自然界（天地），而是形容「自己如此」的一種情狀。《老子》二十五章有這樣一段重要的話：「故道大，天大，地大，人亦大。域中有四大，而人居其一焉。人法地，地法天，天法道，道法自然。」

這裏的引文分兩段來討論，前段是在提升人的地位，後段則在中說「道法自然」的意涵。老子把人列為「四大」之一，如此突出人在宇宙中的地位，這在古代思想史上實屬首見。

老子說：「死而不亡者壽。」（三十三章）這當指人的思想生命與精神生命之傳承延續而言。老子將人的地位如此高揚，為歷代道家所承繼，莊子對生命境界尤多發揮。老子在提升人的地位之後，接着講人之所以為貴，在於他能法天地之道，使他成為一個不斷把外界存在的特性內化為自己本質的過程。

人能成為四大之一，在於他能不斷地充實自己、拓展自己，他能從外在環境中吸取經驗知識以內化為自己的智慧。老子謂人法天地，便是意指人效法天地之清寧，效法天地之高遠厚重，進而效法道的自然性。

道的一個重要特性便是自然性。所謂「道法自然」，正是河上公注所說的「道性

自然」。即謂「道」以它自己的狀態為依據。而道性自然即是彰顯道的自發性、自為性。所謂人法道的自然性，實即發揮人內在本有的自主性、自由性。

道性自然及人分有道的自然性，這學說有它特殊的意義：道也者，自由國度。人法其自性，則人處於自由自在的精神樂園。

（五）柔弱勝剛強

《呂氏春秋》論及諸子學說特點時，強調「老聃貴柔」（〈不二〉）。「柔弱」是「無為」的一種表述。老子之所以倡導柔弱的作用，是鑒於人類行為自是、自專而失之剛暴，權勢階層尤然。

老子生當亂世，他一方面從人性的正面處去提升人的精神層次，另方面從人性的負面處去洞察社會動亂的根源。人類所以勝出別的動物，在於他能從學習中累積經驗以改善自身，並協合同羣改造環境。但人類也比其他動物更為狡詐，更多心機；別種動物不知設計同類、不會陷害同類，更沒有本事發明器械去獵殺異類。尼采說：「人類是病得很深的一種動物。」這話可十分恰切地用來形容主政者權力運用不當，發動侵略戰爭而導致大規模殺戮行動的現象。這正是老子「無為」學說諄諄告誡主政者不可攬權濫權的用心；也正是老子諄諄告示主政者要「不爭」、「柔弱」、處下、謙虛為懷的用意。

老子喜歡用水來比喻理想的治者表現出柔弱不爭及處下的美德：「上善若水。水善利萬物而不爭，處眾人之所惡，故幾於道。」（八章）「大邦者下流，……大者宜為下。」（六十一章）「江海所以能為百谷王者，以其善下之。」（六十六章）

這些話雖然出自老子對他所處那個時代的感發，但更像是說給我們當代那些「權力傲慢」的霸主聽的。

身處於新世紀的我們，耳聞目睹兩次世界大戰及中東兩次海灣戰爭之大規模屠殺行徑，不禁想起老子對窮兵黷武者發出的警告：「兵者，不祥之器，……夫樂殺人者，則不可得志於天下矣。」（三十一章）「堅強者死之徒，柔弱者生之徒。」（七十六章）老子的「柔」道，無論用在治身或治國，都有益人羣。老子所說的「柔弱」，並不是軟弱不舉，而是含有柔韌堅忍的意味。我們今日所處的世界，一方面普遍傳播着尊重人權的「地球村」觀念，另方面又屢屢目擊霸強「軍事單邊主義」的剛暴作風，在這相互矛盾的情景下，老子所倡導的柔道，猶不失為東方智慧所發出的人間天籟之音。

《莊子》導讀

我讀《莊子》的心路歷程

北京大學哲學系教授
陳鼓應

一

莊子名周，生活在戰國時代前期。宋國蒙人，曾為蒙地漆園吏。當時周朝名存實亡，諸侯紛爭，戰事頻仍，社會動盪。身處政治黑暗、爾虞我詐、民不聊生的環境中，莊子感同身受，對昏君亂相及趨炎附勢之徒無比的憎惡，而對苦難中的平民弱士寄予了無限的同情。

我們現在看到的《莊子》，都源於晉代郭象注本《莊子》，此本分內篇七、外篇十五、雜篇十一，共三十三篇。最早的著錄見於《漢書・藝文志》，著錄為「《莊子》五十二篇」，可見莊子的著作未能完整地流傳下來。關於《莊子》三十三篇的真偽問題，始出於宋代的蘇軾，他認為雜篇中的〈讓王〉〈說劍〉「淺陋不入於道」，而〈漁父〉〈盜跖〉詆譭孔子，均屬偽作。一般說來，內篇為莊子自著，外篇則除莊子自著外，也有部分為莊子後學所作，至於雜篇又要複雜一些，如〈說劍〉顯為縱橫家言，與莊學無關。

莊子思想秉承老子而有所發展、有所變異，但在核心學說「道」的認識上完全是一脈相承的。**老莊所謂的「道」，簡單說可以歸納兩點，一是指宇宙的本原，即宇宙最根本的存在，宇宙萬物產生於「道」；二是指自然客觀規律。**關於「道」的「無為而無不為」的特性，由於莊子在闡述中，從自然層面擴大到社會生活層面，致使這一思想出現了片面化和消極的傾向。我們常說的「老莊哲學」這一概念，無形之中就打上了這一烙印，往往忽略了「老莊哲學」最本質的內核，對宇宙與自然的唯物認識。

這裏主要介紹我讀《莊子》的心路歷程。

二

每個人在不同的階段接觸《莊子》，都會有不同的體驗與理解。

最初，我是由尼采進入《莊子》的，時間跨度大約從上世紀九十年代初到七十年代初。這是很長的一個階段，對於《莊子》，我主要是從尼采的自由精神來闡發，同時思想上也受到了存在主義的影響。第二個比較重要的階段，起自一九七二年夏天我初次訪美。在美期間的所見所聞，使我的注意力漸漸從個體充分的覺醒，開啟了民族意識的視域，而對《莊子》的理解也隨之轉移到「歸根」和「積厚之功」的層面上去。第三個明顯的思想分界標誌則是「九・一一」。它使我更加看清了霸強的自我中心和單邊主義，由此推到《莊子》研究上，也使我更加注重要多重視角、多重觀點地去看待問題。以上三個階段並不是完全割裂的三部分，而是隨着時空環境的轉化才慢慢呈現出來的狀態。前一節的思路到了後一節也免不了會餘波猶存，或者一條線索起伏地發展着。

《莊子．逍遙遊》第一段：「北冥有魚，其名為鯤。鯤之大，不知其幾千里也。化而為鳥，其名為鵬。鵬之背，不知其幾千里也。怒而飛，其翼若垂天之雲。是鳥也，海運則將徙於南冥。南冥者，天池也。」最初我的理解側重在「遊」，在「放」，在「精神自由」，這裏我可以拿尼采的觀點來對應。尼采曾經自稱為「自由精神者」，他說：「不管我們到哪裏，自由與陽光都繞着我們」，而莊子「逍遙遊」正是高揚的自由自在的精神活動。

尼采和莊子所散發的自由呼聲，使我能夠從中西傳統文化的觀念囚籠中走向一個沒有偶像崇拜的人文世界中。我在大學時代，臺大哲學系的教學以西方哲學為主，四年所修的課程，使我一方面極其讚賞西方哲人具有如此高度的抽象思維，但又令我深深感到西方傳統哲學確如尼采所說：注入了過多的神學血液。尼采宣告「上帝之死」及其進行「價值轉換」的思想工作，使他背負了西方二千多年沉重的歷史承擔。相形之下，莊子浸身於諸子相互激盪下的人文思潮中，在老莊的人文世界裏，沒有尼采所承受的神權、神威所沉浸的宗教和神學化的哲學漫長歷史重擔。莊子的人文世界裏，天王消失了，連人身崇拜的人王也不見蹤影：「其塵垢粃糠，將猶陶鑄堯舜。」（〈逍

遙遊〉）

我的青年時期，正處於新舊儒家重塑道統意識及其推波助浪於個人崇拜的空氣中。這時，尼采的這些話語使我聽來眼明心亮：「生命就是要做一個人，不要跟隨我——只是建立你自己！只是成為你自己。」（〈愉快的智慧〉）「留心，別讓一個石像壓倒了你們！你們還沒有尋找自己，便找到了我。一切信徒都是如此，因此，一切信仰都不值什麼。」「我教你們丟開我，去尋找你們自己！」（《查拉圖斯特拉如是說》一卷〈贈與的道德〉）莊子的人文世界裏，「獨與天地精神往來」，「汪洋恣肆以適己」，既沒有康德式的「絕對命令」，也不見膜拜「教主」的幻影崇拜症。

尼采和莊子都是熱愛生命的。尼采說：「世界如一座花園，展開在我的面前。」（《查拉圖斯特拉如是說》三卷〈康復者〉）他藉查拉圖斯特拉唱出如此熱情的歌聲：「我的熱愛奔騰如洪流——流向日起和日落處；從寧靜的羣山和痛苦的風暴中，我的靈魂傾注於溪谷。我心中有一個湖，一個隱祕而自足的湖，但我的愛之急流傾瀉而下——注入大海！」（二卷〈純潔的知識〉）「你得用熱情的聲音歌唱，直到大海都平靜下來，傾聽你的熱望！」（三卷〈大熱望〉）莊子則說：「若人之形者，萬化而未始有極也，其為樂可勝計邪！」「善吾生者，乃所以善吾死也。」（〈大宗師〉）莊子善生善死的人生態度，忽然使我想起泰戈爾的詩句：「願生時麗如夏花，死時美如秋葉。」不過，尼采和莊子屬於兩種不同的生命形態，尼采不時地激發出「酒神精神」，莊子則寧靜中映射着「日神精神」。

尼采《查拉圖斯特拉如是說》首章〈精神三變〉，認為人的精神發展有三個階段：一開始是駱駝精神，之後是獅子精神，最後再由獅子變成嬰孩。駱駝具有忍辱負重的性格，獅子代表了批判傳統而獲得創造的自由，嬰孩則預示着新價值創造的開始。我們的人生歷程常會是如此由量變而質變的，《莊子》的鯤鵬之變也是如此漸進的。

尼采所說「獅子精神」在《莊子》外雜篇中隨處可見。不過，我還是較欣賞駱駝精神和嬰兒精神。雖然如此，尼采的酒神精神仍然不時激盪在我的心中，因而理解《莊子》，心思多半還是放在鯤鵬之「大」上，放在大鵬「怒而飛」的氣勢上。

隨着年齡與閱歷的增長，我的心思就漸漸由當初的激憤沉澱下來，進而體會到「積厚」的重要性。鯤在海底深蓄厚養，須得有積厚之功；大鵬若沒有經過心靈的沉澱與累積，也不可能自在高舉。老子說：「九層之臺，起於累土。千里之行，始於足下。」（《老子》六十四章）走千里路，就得有一步一步向前邁進的耐心。同時在客觀條件上，如果沒有北海之大，就不能蓄養巨鯤，也就是說如果沒有深厚的文化環境，也就不能培養出遼闊的眼界、寬廣的心胸。而蓄養巨鯤，除了溟海之大，自身還得有深蓄厚養的修持工夫，要日積月累的由量變而質變。「化而為鵬」，這意謂着生命中氣質變化所需要具備的主客觀條件。

大鵬「怒而飛」，曉喻人奮發向上，發揮主觀能動性；「且夫水之積也不厚，則其負大舟也無力」，「風之積也不厚，則其負大翼也無力」。這是鵬飛之前需儲蓄足夠起動的能量，而後乃能待時而興，乘勢而起。同樣，我們行進在人生道路上，主觀條件的創造，確實很重要的。在人生旅程中，即使舉步維艱，也要懷着堅韌的耐心繼續向前走。療傷也要有耐心，受的挫折越多越大，就越需要有積厚之功，讓你重新站起來。

我是念哲學的，對於鯤化鵬飛寓言中所蘊涵的哲理，除了從人生不同歷程來解讀之外，久之又會從哲學專業的角度作出詮釋：其一從工夫到境界的進程來解讀；其二，從「為學」到「為道」的進程來理解；其三從視角主義（perspectivism）多重觀點來解釋。這裏簡略說說前兩項。

從工夫到境界的進程：鯤的潛伏海底，深蓄厚養經由量變到質變，乃能化而為鳥；鵬之積厚展翅，奮翼高飛，這都是屬於工夫修為的層次。而鵬之高舉，層層超越，遊心於無窮，這正是馮友蘭先生所說的精神上達「天地境界」的層次。工夫論和境界說是中國古典哲學的一大特色。而鯤化鵬飛的寓言，正喻示着由修養工夫到精神境界層層提升的進程。

為學向為道的進程：《老子》四十八章出現兩個重要的命題：「為學日益，為道日損。」「為學」是經驗知識的累積，「為道」是精神境界的提升。老子似乎並沒有把這兩者的關係聯繫起來，而且《老子》還說過「絕學無憂」（二十章），這樣「為學」和「為道」成為不相掛搭的兩個領域。嚴復就曾經批評《老子》「絕學無憂」的說法：好比非洲的駝鳥，敵人追趕奔跑，無處可逃，便埋頭到沙灘裏。「絕學」就能「無憂」嗎？嚴復的批評有道理。總之，老子提出「為學」與「為道」的不同，這議題確實很重要，但兩者如何銜接，是否可以相通？這難題留給了莊子。在鯤化鵬飛的寓言中，莊子喻示了修養工夫到精神境界的一條進程，同時也隱含了「為學」通向「為道」的進程。《莊子》書中，寫出許多由技入道的寓言，如「庖丁解牛」「痀僂承蜩」「梓慶為鐻」「司馬之捶鉤者」，在這些由技藝專精而呈現道境的生動故事，都表達出「為學日益」而通向「為道」的神高超妙境界。

三

尼采說：「一切決定性的東西，都從逆境中產生。」一九六六年，我開始在中國文化大學哲學系教書，由於在一個非正式的場所說了幾句被視為禁忌的話，暑假期間就在特務機關的壓力下遭到解聘，直到一九六九年才在臺灣大學哲學系獲得專任講師的職位。這三年處於半失業狀態，東奔西跑，兼課過日子，心情上可謂煎熬度日，就在生活的逆境中，我專注到老莊的研究上，經歷六七年的工夫，終於先後完成《老子注譯及評介》及《莊子今注今譯》。借着注譯的工作，跟古代智者進行對話。委實說來，我投入老莊的思想園地，跟自己在現實生活上追求自由民主的理念是相應的。然而這條思路在一九七二、一九七三年之間，起了一個很大的轉折。

一九七二年訪美，因故而匆促回臺，第二年就發生臺大哲學系事件，使我再度被迫離開臺大教職，我跌入前所未有的困境中。不過，現在看來，倒是如《老子》所說：「禍兮福之所倚。」

一九七二年夏天我初訪美國時，從西部到東部遊歷了三個月，所見所聞，一方面有如《莊子．秋水》所寫河伯流向北海，大開眼界；另一方面，所聽聞和目睹的，卻不斷衝激着我的思維。

我赴美國的第一站，到加州聖地牙哥探望我的妹妹和妹夫。幾天後，留美學生在校園放映有關南京大屠殺的紀錄片，我前往觀看。這是我生平第一次看到一羣羣日本士兵手持軍刀瘋狂屠殺老弱婦女的鏡頭，記錄片中外國記者還拍攝到一卡車、一卡車地搬運平民屍體的實況。這使我聯想起幼年時期日軍轟炸我家鄉的慘景，也使我回想起大一、大二所讀的中國近代史的課程——自鴉片戰爭之後，我們的國家不停地受到列強的侵略，一百多年來，不止一個國家欺凌你，而且多國欺凌你！外戰剛完，內戰又起，這又使我想起大學畢業時的光景，我被分派到金門服兵役，那是我頭一回上「前線」。我站在古寧頭碉堡上，遙望着對岸，那就是我的故鄉，我出生在廈門鼓浪嶼（「鼓應」這個名字，就來自於「鼓」浪嶼），那時我忽然產生這樣的想法：我哥哥就在對岸，如果一旦發生戰爭，我們兄弟就要被迫對陣，但是我有什麼理由，要拿起槍桿，槍口對着我的親人？在金門服役的八個月裏，我經常想着這類的問題。我和大批的留學生都屬於大戰後成長的一代，我們親身經歷過戰火給家園帶來的災難，目睹苦難人羣的流離失所，南京大屠殺的實錄片，給我巨大的衝激，我身處保釣運動反帝民族主義的思潮，也不免反省到同胞相殘的內戰有什麼意義？《莊子》不是早就說過嗎：「君獨為萬乘之主，以苦一國之民……夫殺人之士民，兼人之土地，以養吾私與吾神者，其戰不知孰善？」（〈徐无鬼〉）莊子還以「觸蠻相爭」的寓言來譏刺當時的內戰（〈則陽〉）：「有國於蝸之左角者，曰觸氏；有國於蝸之右角者，曰蠻氏。時相與爭地而戰，伏屍數萬。」我旅美期間沿途接觸到許多港臺的留學生，都是當時最優秀的知識分子，他們投入保釣運動，在同胞愛的思緒與情懷中，發出民族團結的呼聲，我們為什麼還要背負上一代政治人物的恩怨？保釣運動中的留學生，多從政治文化的角度進行反思，當時的我，則只從人性的立場來省思，一直到我對美國的政情有了進一步認識之後，我對問題的思考，才提到政治的宏觀角度。

到美國之前，基本上我是個急進的自由主義者。由於宣導言論開放和維護人民的基本權利，在當時的環境及師承淵源上，我常被劃歸為「親美派」，確實我那時內心也相當傾慕美國，但我環繞美國一周之後，發現我心目中的「自由民主聖地」居然運送大批坦克大炮去支持全世界那麼多獨裁國家，而且全球性地在別人的國土上進行分裂活動。我們在白色恐怖時期從事民主活動的「黨外人士」，哪一個不把美利堅當成主持正義的「理想國」？美國之行，使我對西方式的「民主」和生活方式有了新的認識和「價值重估」，同時方興未艾的保釣運動，也開啟了我的華夏思維和社會意識，兩者激盪下，對我原先所支持的自由主義和個人主義產生了很大的衝擊。簡要地說，就是由原先的個體自覺，擴大到社羣的關懷；由懷鄉意識，走向反帝的民族主義者。

一九七二年以前，由於我生活在白色恐怖的專制政治之下，而學術界又籠罩在「道統」意識的低沉空氣中，因而個體自覺和個性張揚成為我那時期的用心所在。而莊子「萬物殊理」的重要命題，便成為我宣導個體殊異性的理論根據。

那時期臺灣當局將海峽對岸全盤性地以「敵我矛盾」看待，親人音訊全被隔斷，偶而由第三國傳達資訊，總是感到心驚肉跳，若被特務機關聽到風聲，便會即刻以

《懲治叛亂條例》逮捕。

我到了美國，身處異邦，遙望祖國大陸，那裏傳來的每個景物風情的畫面，都激起我的思鄉情懷，「舊國舊都，望之暢然：雖使丘陵草木之緡入之者十九，猶之暢然」，〈則陽〉篇後面的這一句意為：「即使被丘陵草木遮住了十分之九，心裏仍覺舒暢。」這話在當時想來，格外有弦外之意。《莊子・徐无鬼》還有一段寫遊子思鄉的心情：「子不聞夫越之流人乎？去國數日，見其所知而喜；去國旬月，見所嘗見於國中者喜；及期年也，見似人者而喜矣；不亦去人滋久，思人滋深乎？」思鄉之情，更加能觸發我的民族意識。

民族意識可以朝兩個不同的方向發展，一個是強權擴張性的民族主義，一個是反殖民、反侵略的民族主義。我從一九七二年訪美到二〇〇三年「九・一一」事件前後，可以越來越看得清楚這兩個方向的發展脈絡。這時我忽然想起柏拉圖的「洞穴比喻」。我有機會走出「洞穴」，看到了世界的真相，也回想起我從中學時期開始，就喜歡看電影，特別是西部武打片。電影中的西部開拓者，經常成為我們心中的英雄。劇情中的「紅蕃」被當成被獵的對象，劇情也常把紅白之間看成是絕對善惡的兩方。當我們走出洞穴後，才明白價值的顛倒，才知道所謂的西部開拓史，其實是一部美國原住民的血淚史。印地安人的美好山河、寶貴生命，一寸寸地、一個個地被帶着先進武器的白人燒殺擄掠。走出「洞穴」之後，更能深刻體會到，**在全球化的發展過程中，我們應該要破除單邊思考的模式，要學習尊重地球村中各個不同的民族，並欣賞與包容不同的文化特色與生活方式，應該透過多邊思考來相互會通，並在相互會通時仍保有各自的獨特性。**走出洞穴之後，使我經常能夠體會到《齊物論》中的哲理。比如說我讀到「齧缺問王倪」的寓言中，「孰知正處？」「孰知正味？」「孰知天下之正色哉？」的發問時，很早就注意到應該打破個人的自我中心主義，與人類中心主義，但這還只是思想概念上的意義。而這二十多年來，數十次地往返於太平洋東西兩岸之間的親身經歷，對人同類相害、異類相殘的所見所聞，與人類對地球生命的漠視與毀損，讓我更深刻地意識到莊子齊物思想的現代意義。

現實經驗的歷程和我對道家，乃至對中國哲學的研究態度，卻有直接和間接的關係。現在我再舉莊子「魯侯養鳥」和「渾沌之死」的寓言，來說明多邊思考的意涵。先說「魯侯養鳥」。魯侯將一隻飛落在郊外的海鳥，迎接到太廟，宰牛羊餵牠，送美酒給牠喝，這隻鳥不敢喝一口酒，不敢吃一塊肉，目眩心悲，三天就死了。這是用自己的方法去養鳥，不是用養鳥的方法去養鳥（「此以己養養鳥也，非以鳥養養鳥也」）。所以莊子說「先聖不一其能，不同其事」。我很喜歡這寓言所蘊涵的道理，我總要藉它來張揚人的智慧才性之不同，教育方式和為政之道都不可用一個模式去套，我們傳統的教育方式包括父母對待子弟的教養，通常不是採用莊子式的順性引達的誘導方法，而多慣用儒家規範型的訓誡方式。為政之道也如此，領導者常出於己意制定種種政策和法度，政策和法度若不適民情民意，自然容易釀成災難，正是文革的種種措施，造成大量的「鳥的死亡」；「九・一一」之後的美國，對中東發動的一輪「十字軍東征」，以輸送「自由」「民主」為名，其後果也正是「具太牢以為膳」而強「以己養養鳥」。

「渾沌之死」的寓言，和「魯侯養鳥」故事有相通之處，南海的儵和北海的忽相遇於中央的渾沌之地，「渾沌待之甚善」。為了報答渾沌的美意，「日鑿一竅，七日而渾沌死」。早先我會從真樸的自然本性來解釋「渾沌」，從「有為」之政導致人民災害來解釋雕鑿所產生的惡果。後來世事經歷多了，眼界開些，心思廣些，就越能體會老莊相對論的道理。不僅僅在政治層面，不能流於專斷、獨斷，當博採眾議；社會層面，也要留意過度自我中心常會導致意想不到的流弊。魯侯的單邊思考，用意是好的，卻造成鳥的「眩視憂悲」以至「三日而死」。儵與忽「謀報渾沌之德」，立意是善的，但使用「鑿」的方式，卻造成「七日而渾沌死」。莊子的相對思想和多邊思考是相聯繫的。

四

尼采使我積極，莊子使我開闊。這裏我以莊子〈則陽〉和〈德充符〉篇中的兩句話為例，來說明我在不同的歷程中解讀的側重面。其一是「萬物殊理，道不私」（〈則陽〉）；其二是「自其異者視之，肝膽楚越也；自其同者視之，萬物皆一也」（〈德充符〉）。前者在道物關係中蘊涵着殊相和共相，個體和羣體關係問題。後者謂自「物」的世界中，不同的視角可得出不同的觀點。

前面說過，一九七二年以前，由於我生活在一個視個體生命如草芥的政治環境中，而排斥異端的道統意識又彌漫着學術園地，因而莊子「萬物殊理」的哲學命題成為我伸張個體殊相的重要理論依據。再加上當時校園裏分析哲學學術空氣的影響，所以比較偏向「自其異者視之」這一視角來看待事物，這裏當然隱含着我對專制政體推行的集體主義吞噬個體的反抗意識。因而莊子〈齊物論〉中「萬竅怒號」「吹萬不同」的名言，成為我由衷讚賞的典故，但**一九七二年之後，我漸漸地由「萬物殊理」執着進而理解「道者為之公」的意義，以及兩者間的相互含攝性。我漸漸地認識到如果只由「自其異者視之」，就容易對事物流於片面觀察，也容易局限於自我中心，因而也需要「自其同者視之」才能擴大自己的視域**。河伯自得於一方「以天下之美為盡在己」，那就成了「拘於墟」「篤於時」「束於教」的井底之蛙，要等見到海若才知天地之大，而海若卻「不敢以此自多」。每回讀〈秋水〉篇，就會反思自己努力要從河伯的視圍走向海若的視域。這是長期對世界不同文化的觀察和自我反思所經歷的一段漫長道路，而莊子的思想觀念也不時地開拓我的心胸。再從〈齊物論〉和〈秋水〉舉例來說明。我先前講〈齊物論〉，特別欣賞「十日並出」象徵開放心靈的比喻，這和儒家「天無二日」的主張剛好形成鮮明的對比（從這裏也可窺見儒、道在以後成為官方哲學和民間哲學的不同走向）。講〈齊物論〉的過程中，我會一直強調「相尊相蘊」及「物固有所然，物固有所可」的齊物精神，但對於「道通為一」，要通過一段相當長的生活經驗，才能貼切領會莊子的同通精神。莊子不僅認識到「物之不齊，物之情也」（《孟子．滕文公》），同時肯定各有所長，並且將不齊之物提升到更高的層次上來相互會通。正如從地域觀念來區分，就有上海人、江浙人、閩南人、客家人，這是「自其異者視之」，但若從「同者視之」，那麼「四海之內皆兄弟也」。從莊學的多重視角、多重觀點來看，生活在現實世界中的人，既有其區域文化的獨特性，也有其作為宇宙公民的共通性。

在齊物的世界中，萬事萬物是千姿百態的（「萬竅怒號」「吹萬不同」），但彼此之間不是孤立而不相涉的，而是相互含攝，相互會通的——這是莊子之「道」的同通

特點。〈齊物論〉最後兩則寓言「罔兩問景」和「莊周夢蝶」，也可以從個體生命在宇宙生命中的會通來理解。以前我讀「罔兩問景」時，老感到困惑難解，只好依照郭象的說法講：影和形，「天機自爾，坐起無待」，但從文本上卻又找不出和原義相對應的解釋。其實，莊子的人生論是建立在他有機整體的宇宙觀的基礎上——宇宙間一切存在都有其內在的聯繫，彼此層層相因，相互對待而又相互依存。「罔兩問景」的寓言，並不在於強調物各「自爾」「無待」，反之是說現象界中物物相待相依關係，莊子意在「以道觀之」來會通萬物。

《齊物論》篇尾是一則家喻戶曉的「莊周夢蝶」的寓言：「昔者莊周夢為蝴蝶，栩栩然蝴蝶也。自喻適志與，不知周也。俄然覺，則蘧蘧然周也。不知周之夢為蝴蝶與，蝴蝶之夢為周與？周與蝴蝶，則必有分矣。此之謂物化。」這則寓言，正是呼應開篇首段主旨「吾喪我」的。從「吾喪我」到「物化」，首尾相應：「喪我」是破除成心，破除我執，「吾」（「真宰」「真君」）是將自己從封閉心靈中提升出來而以開放的心靈（「以明之心」）與宇宙萬物會通的大我。《莊子》談「我」，不同的語境有不同的意涵，有時指自我中心的個體，有時指社會關係中的存在，有時指參與宇宙大化的我，「莊周夢蝶」承接開篇「吾喪我」之旨，寫個體生命在人間世上的適意活動及其「倏然而往，倏然而來」（〈大宗師〉）融合於宇宙大化流行之中（「此謂之物化」）。

不過，早年我讀「莊周夢蝶」最引發我興趣的，卻是這一古代「變形記」中所描繪的「栩然適志」的生活情景，它立即使我想起卡夫卡《變形記》寫主角格里戈有一天醒來忽然變成一隻甲殼蟲，想爬出臥室趕早班車去上班，但感到自己言語不清，行動遲緩，只能在室內爬行度日。這短篇小說描繪出現代人空間的囚禁感，時間的緊迫感及現實生活的逼迫感，這正反應了現代人的生活心境。對比之下，「莊周夢蝶」道出人生快意適志，如蝴蝶飄然飛舞，悠然自得，世界宛如一座大花園，無所往而不樂，我們所體會到的是莊子達觀的人生態度。我先前對「莊周夢蝶」的故事，是出於文學性的領會。後來，才留意最後這兩句話的哲學義涵：「周與蝴蝶，則必有分矣。此之謂『物化』。」「分」與「化」是這則寓言中所使用的重要哲學關鍵字。「分」是講每個個體生命，時空中的存在體；「化」是講宇宙的大化流行。「莊周夢蝶」這寓言，和「罔兩問景」寓言一樣，不能孤立地作解，要從〈齊物論〉的主旨來領會。前面說到的「恢恑憰怪，道通為一」——個體生命千差萬別，但在宇宙大生命中，可以相互會通。這裏也說莊周和蝴蝶「必有分矣」，莊子巧妙地借着夢境來打破彼此的區分——在莊子的氣化論中，死生存亡為一體，無數個體生命起起落落，時而化成莊周，時而又化為蝴蝶，個體生命總是要融入宇宙大生命中，而個體生命在宇宙大生命中總是有內在聯繫的。**「物化」，要聯繫着「道通為一」來講。「化」和「通」是了解**

莊子哲學重要的概念範疇：鯤可以化而為鵬，莊周可以化而為蝴蝶，在大化化育流行的過程中，個體生命在宇宙大生命中是不住地流通變通的。

和「莊周夢蝶」對比，我個人更欣賞「濠梁觀魚」的故事。我剛到大學教課時，因為課程的需要，除了老莊之外，教了五六年以上的邏輯，所以我對惠子與莊子的論辯，初讀時會注意兩者的論辯，哪一個比較合乎邏輯推論的程式。比如說我會覺得惠子的邏輯理路比較清晰，同時我也注意到他們的論辯好像火車軌道是平行的，而沒有交集的地方。後來我會進一步注意到他們的論辯，提出了哪些重要的哲學問題，比如說他們提出主體如何認識客體的問題，這雖然是哲學議題，但主客觀問題是重要的，也看出惠子是出於理性來看問題，而莊子則站在感性思維觀賞這世界。原先我認為在邏輯理路上莊子是流於詭辯，之後我慢慢體會到「請循其本」，應該不是我所說的「話題從頭解釋起」。莊子是站在從感性同通的角度來觀看事物，因此「本」是指從心、性、情的角度來觀看，乃是說人的情性可以相互交通的，與外物也是如此。

惠子與莊子遊於濠梁之上，「遊」是心境，「濠梁」是美景。以如此的心境，遨遊於如此美景，寄情託意，莊子看到小白魚，就說小白魚也很快樂。惠子則提出了一個非常重要的哲學問題：你怎麼知道小白魚是快樂的？說主體如何了解客體？主客體關係問題是莊、惠論辯中的一個重要的哲學議題，也是西方哲學中的一個重要問題。惠子從理性的角度來分析事物，莊子則是站在感性的角度來觀賞世界，兩個人的個性與世界觀本就不同。惠施的邏輯理路很清晰，但我又喜歡莊子感性「同」與「通」的美感情懷。

念哲學也好，念文學也好，彼此要互補。哲學系太重視理性與抽象思維，文學系更重視情感和形象思維。兩邊需要調節互補，讓情與理兼顧。我欣賞「異」，承認不同的人會有不同的智慧才性，要張揚個體的優點長處；但是另外一方面，我們也需要相互溝通，既能用惠施的理性去研討論文，又能用莊子的情感，彼此有更多的「同」「通」精神。

《列子》導讀

虛無與實在的人生
——《列子》寓言的現代啟示

香港浸會大學哲學博士、
人文及語言學部高級講師
梁萬如

按《漢書・藝文志》所記，《列子》一書共有八篇。經東晉張湛搜尋、整理及編錄，後由劉向校訂，就成為現在我們所看到的《列子》。《列子》又名《沖虛真經》、《沖虛至德真經》。唐玄宗崇尚道教，對道家思想推崇備至，於是在天寶元年（七四二）封列子為沖虛真人，尊稱《列子》為《沖虛真經》。後來，宋真宗景德四年（一〇〇七）加「至德」二字，《沖虛真經》更名為《沖虛至德真經》。

一、列子其人

列子，按張湛所說，姓列，名禦寇，又叫圄寇，戰國時鄭人，屬道家人物。《漢書・藝文志》說：「名圄寇，先莊子，莊子稱之。」《莊子》有〈列禦寇〉〈至樂〉〈達生〉及〈讓王〉等篇，當中都有提及列子可以御風而行的文字。《爾雅疏》提及《尸子・廣澤》：「墨子貴兼，孔子貴公，皇子貴衷，田子貴均，列子貴虛，料子貴別，囿其學之相非也數世矣。」《呂氏春秋》在〈審分覽・不二〉篇之中概括諸子的學說：「老耽貴柔，孔子貴仁，墨翟貴廉，關尹貴清，子列子貴虛，陳駢貴齊，陽生貴己，孫臏貴勢，王廖貴先，兒良貴後。」從這些引述可略知列子其人及其學說的主張，列子與諸子並列，可見列子在古代的學術思想界佔有一定的學術地位。

《四庫全書總目提要》更説過：「此書皆稱『子列子』，則決為傳其學者所追記，非禦寇自著。其雜記列子後事，正如《莊子》記莊子死，《管子》稱吳王西施，商子稱秦孝公，不足為怪。」用「子」放在「列子」之前來作稱呼語，是學生敬師的表現，單單由稱呼，已可見尊稱列子的後學記錄老師學説事跡的一鱗半爪。

二、《列子》的真偽

日本學者南郭服元喬在延享本的序言中説《列子》與《莊子》同出並行，但太史公只記錄《莊子》不傳《列子》，令後世把《列子》視為偽書。服元喬認為二書各有所長，現在的版本受注釋所影響，有不少後人所加的言説，讀者需要自行分辨。

《沖虛至德真經》開首有劉向的〈列子書錄〉和張湛的〈列子序〉。劉向把校訂《列子》篇章的經過，簡單説明了一遍，並定性列子的思想為清虛無為，屬道家一派。至漢孝景帝（前一八八—前一四一）時，由於上位者崇尚黃帝、老子的思想，《列子》在當時頗為流行。此書後來遺落民間，流傳不廣，書中多載寓言，與老莊思想相類，司馬遷不作記錄。張湛則在序中簡述了收集及整理《列子》的經過，也把書的旨趣概括了一下。特別之處是張湛提到此書大概同屬老莊的思想之餘，也説看此書可以與佛經相參。張湛更說，莊子、慎到、韓非子、尸子及淮南子多處引述《列子》，所以此書有一定的學術價值。張湛為此書作注釋並非偶然。

自唐代以來，《列子》的真偽成為研究和討論的重點。翻開《列子》，不難發現書中摻雜了不少其他典籍的文字，抄襲剽竊成為爭論的焦點。最早的討論文字見於唐代柳宗元〈辨列子〉一文，柳氏懷疑《列子》有些內容不盡不實，但是他又讚揚《列子》一書表現出的淡泊隱逸和質厚的文字風格，更肯定書中的文辭與莊子類同。其後，很多學者都一面倒質疑《列子》的內容並非原創，繼有朱熹、高似孫、葉大慶、黃震、宋濂、姚際恆、錢大昕、姚鼐、鈕樹玉、吳德旋、俞正燮、何治運、李慈銘、光聰諧等。綜合他們的觀點，有以下這些：

（1）《列子》一書乃由抄襲而來；

（2）並無列禦寇此人，其人乃虛構人物；

（3）認為《列子》書中所表現的思想，看似接近老莊，其實骨子裏不是老莊的思想；

（4）該書糅合了佛教輪迴的思想；

（5）書中某些用語出現在先秦之後，似漢代的文字等等。

及至近代，有關《列子》真偽的研究更形熾烈，有陳三立、梁啟超、馬敍倫、顧實、呂思勉、劉汝霖、陳旦、陳文波、楊伯峻、季羨林等。當中馬敍倫提出二十個疑問，證明《列子》成書，是出於魏晉好事之徒，抄襲《管子》《晏子》《論語》《山海經》《墨子》《莊子》《尸佼》《韓非》《呂氏春秋》《韓詩外傳》《淮南》《說苑》《新序》和《新論》等，作成八篇。日本學者武義內雄卻提出相反的意見，不認同馬氏所說。也有學者如馬達，為《列子》翻案，提出還《列子》本來面目的觀點。

這些有關《列子》真偽的研究，提供了不少思維向度，優化了讀者的閱讀策略，豐富了閱讀《列子》時，所可以採取的閱讀立場。當然，考證太過，往往容易忽略典籍的思想內容；但是無視考證，人云亦云，全盤接收，也並非好方法。因此，在閱讀前不妨先了解一下古籍的背景資料，做些資料搜集，辨別一番才下判斷。閱讀若得其法，理解的層次定必提高不少。

三、《列子》的篇章

今本《列子》共有八篇，合共一百四十三章。據張湛在〈列子序〉中說，自己由於種種因緣，輾轉得到王粲家中書將近萬卷，後來為了逃避戰亂，想載運所有書本離開，但是載運近萬卷書實在不是易事，於是取其重要和稀有的，當中就有《列子》八篇。及後到了江南，不少書已失佚了。後來在王氏的外甥劉正輿家中得到四卷，又從王弼女婿家得到六卷，參校之下，張湛就編成現在的八卷。書本失落的事情暫且不去探究，但是今本《列子》是後來的結集，並非原來的《列子》卻是很清楚的。據統計，今本《列子》說理文字有三十五章，故事文字有一百零八章。學者馬敘倫、楊伯峻、錢鍾書、岑仲勉、嚴靈峰、蕭登福、許抗生、季羨林及譚家健已經關注到，在一百零八章之中，有五十八章與先秦、漢、魏晉的古籍相同，依譚家健綜合分析，可表列如下：

列子各篇	與古籍相同	章數
天瑞	《莊子》《孔子家語》《荀子》	4
黃帝	《莊子》《山海經》《呂氏春秋》《博物志》《淮南子》	16
周穆王	《穆天子傳》	1
仲尼	《孔子家語》《說苑》	1
湯問	《淮南子》《山海經》《墨子》《新論》《論衡》《博物志》《呂氏春秋》《佛經》	7

（續上表）

列子各篇	與古籍相同	章數
楊朱	《說苑》	1
說符	《呂氏春秋》《韓非子》《莊子》《說苑》《淮南子》《荀子》	23

既然著作並非出自一人之手，內容難免駁雜不純。至於誰引用誰，或誰抄錄誰或需更多的考證材料才能確定。但是從上表可以推知，張湛的校訂並不在還原《列子》的真貌，而今本《列子》反倒可以看作是經歷漢、魏晉人增益的本子。如果暫時放下這五十八章不看，餘下的八十五章大抵是《列子》所獨有，這些章節就成為了可資討論和可供研究的根據。

「新視野中華經典文庫」之《列子》所選的章節，就以此八十五章為對象，排除了與其他古籍相同的部分，還《列子》一個真面目。

四、《列子》的學術特點

（一）兩行的道家思維方式

列子所思考的問題與先秦道家有吻合之處。**列子一般被認為是道家人物，因為《列子》的運思方式，跟老莊有不謀而合之處。**〈天瑞篇〉有杞人憂天的寓言故事，杞國人憂天會塌下來，但有相反的意見，認為天不會這樣。會塌或不會塌，是二元思考方式，非此即彼，即邏輯的排中律。問題是，任取一邊，各持己見，就會造成是非不休、紛爭不斷的情況。《莊子．齊物論》就提出過兩行的概念，教人不取兩邊，免卻紛擾，安住於自然閒靜的境地。列子用了杞人憂天的故事，把這個道理實踐出來。究竟天地會不會崩壞？列子在最後補充說，說天地崩壞不對，說天地不崩壞也不對。列子認為我們不應選取是與非的任何一邊，參與「對或不對」的判斷，因為選取任何立場，都難免陷入紛爭之中，使自己不得安寧。就正如我們不知生，也不知死；不知來，也不知去。既然不知，何必費心呢？

〈力命篇〉有西門子與北宮子的故事。北宮子與西門子比較，認為自己的輩份、家族、年齡、容貌、言行都與西門子相若，但賤貴、貧富卻大大不同。因此北宮子以自己為辱，很不開心。北宮子後來碰見東郭先生，得東郭先生的開解，才明白一切非關天意，也非人為，無所為而為。北宮子最後以貧窮為富有，以弱勝強，不去分別榮辱，得自然之道。

是也對，不是也對，不着兩邊的思考，道家叫兩行。

（二）列子的貴虛思想

古今學者都提過列子貴虛，列子怎樣理解「虛」呢？這與人生有什麼關連？老子在《道德經》說過：「致虛極，守靜篤。萬物並作，吾以觀復。」人能虛，人才能藏；人能靜，人才能動。能虛能靜，萬物才有可以運作的根本。《列子．仲尼》說：「得意者無言，進知者亦無言。用無言為言亦言，無知為知亦知。無言與不言，無知與不知，亦言亦知；亦無所不言，亦無所不知，亦無所言，亦無所知。」無言是虛的表現，因為無言，所以才可以得意和進知，試問終日游談無根，心會有閒暇去接受新的事物嗎？真正的無言和無知並非單憑所說，說「無言」仍是運用了言語，並非真正的無言，仍是有言，仍佔據言說的空間，使人不得進言；同理，說「無知」仍是運用了知識，並非真的無知，仍是有所知，仍然佔住了思維空間，新的知識不能接受，就是不知。

要無所不言，無所不知，必須要無所言，無所知。因為無言，才能虛，才能讓言語自然流出，有了空間，言語自然有表達餘地。因為無知，才能虛，才能讓新知自然進入，有了空間，新知自然有汲取的可能。淘空了，才可以盛載。對於有言與無言、有知與無知的理解，與《莊子．齊物論》所說無異。解決彼亦一是非，此亦一是非，其方法是不着重任何一方，卻掌握是與非、虛與實之間兩者的互動，這樣就可以「得其環中，以應無窮」。

（三）列子對人生階段的思考

對於人生，列子所着力的並非貨財、名利、權位、美色的獲得，列子從變化的角度看人生，不從「獲得」去看人生。在〈天瑞〉篇中，列子概括了人的一生。他從兩個方面去看人生：一是變化；二是階段。他認為天地默默運轉，不停起着變化，有誰會察覺得到？事物不會一下子就出現，其間有一個漫長的過程，就像人一生下來，身體漸漸起着變化，人的外貌、氣色、智力、形體，沒有一天相同；皮膚、指甲、頭髮，接着出現，接着脱落，自嬰孩時期開始，一直到人徐徐老去，最後死亡。其間的變化不可覺察，通常人在後來反思，才得知變化已經開始了。

人生的變化可以從人生的不同階段體現出來，人由出生到老死，有四個變化的階段：嬰孩，少壯，老年，死亡。人在嬰孩的階段，心志專一，不會受物慾所牽累。

到了少壯階段，血氣方剛，容易受到物慾蒙蔽。及至老年，慾望退去。到了死亡的階段，一切都要停下來。列子很看重這四個階段，認為是人生階段不同的變化。重要的是，物慾影響着人生的變化，令人由高尚變成低俗。當人年紀漸長，物慾的支配力又會減弱，一直到人死去。

（四）列子談死亡

因為人生不斷在變化，人由出生到死去，是變化的規律，既然是規律，就沒有什麼可以說的了。談到死亡，列子也以人生的規律去看。不過，他將死亡比喻為休息，把死亡視為回家。〈天瑞篇〉提到隱士林類，隱士跟孔子弟子子貢說了一番話，帶出生存和死亡其實是同一回事。死不是終結，是另一階段的生活。生存不必勝過死亡，死亡也可勝過生存，沒有誰比誰更有價值，所以不必對死亡特別產生困惑。如果真要對死亡產生困惑，也可對人生感憂傷。活在當下，滿足於既有條件，不汲汲營求名位與貨財，各種事物都有自身的價值和位置，安於生也安於死，這才是生死之道。

依列子的看法，死亡與生存，兩者只是人生的階段。生存有快樂，也有痛苦；老去有疲憊，也有安逸；死亡有厭惡，也有安息。看事物不能只看一面，要從事物的相對性看，看到快樂和憂傷，疲憊與安逸，厭惡與安息，失去與獲得，甚至譭與譽。因此，死亡是人生的一個階段，就像離開家園後，再次回到家園的一個階段。回家是必然的，是必經的，不回家反而是放任，流連在外。同時，留戀世間，在世間營營役役，有太多責任，不想離開，也同樣是放任，是流連不返。

（五）神人、至人的形象

《列子》多處提及擁有超凡能力的理想人格。首先是〈黃帝篇〉記錄了有關神人的故事：在列姑射山上，有神人居住。這位神人吸風飲露，不吃五穀；心中潔淨，形象高尚；不親，不愛；不畏懼，也不發怒；不施與，也不受惠；不積聚，也不收取；四時大地變化一切如常。這位神人不落入凡塵，超脫於現實的相對性。形象近似神仙，不食人間煙火。如此神聖的描述，令人眼前一亮。

然後是有關至人的描述。有別於上述的神人形象，這位理想人格就親民得多。他叫商丘開，是個平凡的農夫。從外表看來他只是個普通小人物，一旦遇上奮發的目標，平凡的人就變得不平凡，甚至能突破物理的極限，在水中不會窒礙，走入火中不會灼傷，在萬物之上行走不會害怕。華胥氏之國裏面的老百姓也一樣，入水不溺，入火不熱。為什麼他們可以做到水火不侵呢？依照《列子》所說，只要本性不離無染，心中沒有死生的驚恐，遇事就不會害怕。聖人懷抱自然，順應自然，事物不能傷害他。所謂順應自然，就是不停留於只看事物的開始與終止的現象變化，不執於兩端，順着事物的規律，自然而然，事物就不能傷害了。

雖然這位神人也在《莊子》和《山海經》兩書之中出現，但是以敍述詳盡來說，《列子》的確表達得更為鮮明，可以說，〈黃帝篇〉的理想人格形象，對道教塑造成仙的形象影響至巨。

（六）保留楊朱為己的思想

《列子》有〈楊朱篇〉，以追求快樂為人生的目標。這一點與道家所說的應世思想不太相同，但是其論說的方式，則又接近道家的二元相對思考。

楊朱認為人既出生，不必去想長生和死亡，因為那是無法掌握的事實，不如聽任自己的慾望，不去理會這些人生的限制，讓自己安逸快活，直至壽終。特別是人生的譭譽，譭譽是人愛名聲所產生的，名聲是好是壞，往往令人無所適從，令人不得安逸。有時虛偽一下，順應自己的本性，會活得更踏實。

孟孫陽曾問楊朱愛惜身體，祈求不死，可以嗎？楊朱回答說沒有不死的道理。孟孫陽又問那麼祈求長生可以嗎？楊朱回答說沒有長生的道理。於是孟孫陽說如果這樣，立即死去比長生還好，對吧？楊朱則認為既然生存，就不管了，聽任他，滿足自己的慾望，直至死亡。就算行將就木，也不用去管，全都聽任自然，不必害怕生命的長短。

因此，自己的快樂更比其他重要，自己所擁有的更比他人重要。一根毫毛的價值比全體價值更大，所以楊朱説損自己分毫去救助他人，他是不會的。禽滑釐曾問楊朱：「拔去你身上的一根毫毛來救濟世間，你做嗎？」楊朱説：「世間本來就不是一根毫毛所能救濟的。」禽滑釐説：「假設可以救濟，你做嗎？」楊朱不回應。後來禽滑釐問孟孫陽，才得知楊朱的價值取向。

（七）精闢的寓言

《列子》最精彩的地方在於記錄了百多個寓言故事，很多故事成為膾炙人口的經典。這些故事有些表達了普世的價值，有些充滿科學、醫理的構想，某些故事情節更帶出心理分析的概念，影響後世的文學創作。

〈説符〉有個故事説齊國的貴族田氏祭祀祖先，前來祭祀的客人有上千人。他們都獻上魚和鵝作為禮物。田氏説來有點感慨：上天對百姓的恩德深厚啊！種植五穀、養殖魚鳥來供我們吃喝享受。在座有個鮑家的孩子，他只有十二歲，回應説：天地萬物和人一起生活，同屬生物一類。人和萬物沒有貴賤之分，只是形體大小和智力的不同而互相牽制，互為食用，更不能說某某是為對方而生。物無貴賤的思想在《莊子．秋水》中也有，即「以道觀之，物無貴賤」的觀點。這個生而同等，沒有高下貴賤的看法，是對以人為尊，以人為天地的中心，其他為賤為邊緣的想法的否定。一如齊物的思想，體現了萬物平等的普世價值。

再如扁鵲換心的故事，也讓人大開眼界。扁鵲是位大聖手，為了把兩個求醫的人醫好，施行了換心的手術。病人吃藥酒，失去知覺，醫生動手術，病人醒來回家，整個過程，與現代的醫理頗為類近。後來手術成功，二人各自歸家，可是家人不認得他，吵至對簿公堂，經扁鵲解說後事情才告終。讀懂這個故事，可能要花點力氣——換心不同換臉，為什麼家人認不了？《列子》似要說明人心的重要。心是整個身體的樞紐，心換了，整個人就換成了另外一個人，雖然樣子不變，但是思想感情已經不同了。這個換心的構想，在古代的醫學上是空前的。

在〈周穆王〉之中，有個關於夢境的故事，對後世小說以夢境為題闡述人生頗有啟發。故事說周國有位姓尹的富翁，常常吩咐僕人做這做那，讓他們忙個不休。有個老僕人，白天辛苦幹活，夜裏睡覺夢見自己當了國王。身在萬人之上，管理全國之事。在宮廷中尋歡作樂，非常開心。但是，早上醒來又要繼續幹活去。白天當僕人，夜裏做國王，沒有什麼可以埋怨的了。與此同時，原來那位富翁白天為了打點事情，勞累得很。晚上睡覺夢見自己做了僕人，四處奔走，苦不堪言。富翁求助於朋友，朋友說這是自然而然的事，人想在白天和夢裏同時擁有快樂是不可能的。朋友的心理分析對富翁起了不少作用，富翁聽後，就減少僕人的工作，也減少自己的勞累，痛苦就又減少了。這個故事用了對比的手法，帶出事情相反亦相成的道理，要去掉現實人生的相對性，把極端的想法拋開，由此解開心中的鬱結。夢境與真實，一虛一實，由虛說實，指導人生。

〈湯問篇〉有替父報仇的曲折故事。魏國的黑卵殺死了丘邴章，丘邴章的兒子來丹想替父報仇。但是來丹瘦弱得很，只吃數粒飯而已，弱不禁風。黑卵則兇悍無比，可以以一敵百，刀槍不入。來丹就去找衞國人孔周借寶劍。孔周說寶劍不可殺人，只能傷人。來丹沒有多作考慮，就在含光、承影及宵練三把寶劍之中，選了可以察看形狀的宵練。來丹拿着劍，跟蹤黑卵，趁黑卵酒醉醉卧在窗下時，將他從頭頸到腰部連斬三下。黑卵毫無知覺，來丹以為黑卵已經死了。恰巧在門外碰見黑卵的兒子，來丹又連斬他三下。黑卵的兒子以為來丹在戲弄他，來丹才知這種寶劍不能殺人，歎着氣回去。黑卵及他的兒子後來感覺身體劇痛，而故事就此結束。這是以弱勝強的一個故事。來丹瘦弱無力，竟可藉寶劍傷黑卵於無形。

至於〈湯問篇〉的殷湯與夏革的對話，透視了世界的無窮無盡，龍伯國國民由巨大變矮小，令人神往。而大禹誤入終北國，令人想起〈桃花源記〉。究竟自己的國家好些，還是他國較好呢？中心國強盛，還是邊緣國物阜呢？〈説符篇〉提及宋國的蘭子，即雜技藝人，表現技藝求取宋元君的賞賜。蘭子用兩根比身體長一倍的長杆連接在小腿上踩高竿，手上還拋接飛劍。這些異想與奇技，足以令人大開眼界。《列子》所載故事，縱橫恣肆，創造力非同凡響。

五、總結

《列子》的真偽，當代學者仍然爭論不休，不過有一點可以肯定，就是由於歷史的積澱，《列子》一書得到後世的增益，令到這本古籍的內容很接近當代的通識書籍，書中對哲學、文學、神話、科學、醫學、心理學等範疇的涉獵，讓這本古籍的學術價值仍對今人有借鑒和啟迪的作用。

六、歷代《列子》注疏舉隅

（一）晉代

張湛《列子注》是最早編訂及注釋《列子》的重要書籍。張湛所編的《列子》從內容上看，摻雜不少其他典籍的章節，我們無需把它看成與《漢書．藝文志》所提及的《列子》同出一轍，加上唐宋兩代把張湛所編成的《列子》專稱為經，時人更對其加以注解，對《列子》已不必拘泥於真偽的問題，而應把焦點放在它的思想內涵上。

張湛所做的注釋，除援引當時的學者郭象、向秀所説，更加入老、莊及佛教的思想概念，在在反映魏晉玄學的特點。

（二）唐宋

唐代有兩本注疏。盧重玄《列子注》，共八卷，最早見於《通志》，文字解釋主要採用張湛所説。殷敬順《列子釋文》見於《文獻通考》和《清史．經籍志》。殷氏旁徵博引，引用了許多唐代以前的逸書資料，正文之下又附以不同的版本文字，增加研究的價值。

宋代的注疏較多見，重要的有：宋徽宗政和御注《列子解》，有六卷，注解還未完成〈仲尼篇〉就已經闕文，又稱《沖虛至德真經義解》，是帝王親注的本子。范致虛《列子解》是備受宋代學者推崇的書籍。宋代高守元編輯《沖虛至德真經四解》，羅列張湛、盧重玄、宋徽宗、范致虛等解說，闡發列子的思想。江遹《列子解》，又名《沖虛道德真經解》，引述儒、道各家的思想作解說。林希逸《列子口義》，又名《沖虛至德真經口義》，用淺白的話語解說。

（三）明清

明代有朱得之《列子通義》，全書分一百三十章，條理明晰。清代的注釋工作做得比較多，跟清代學風有很大的關係。對《列子》的整理，基本上走考證及義理兩路。前者有陳夢雷《列子彙考》、王太岳《列子考證》。這兩本注疏較偏重校訂及考據字義，不同本子的解說，凸顯清代考據學風。也有重義理的解釋與評議，如焦竑、朱之藩《列子品彙釋評》，俞樾《列子平議》及楊文會《沖虛經發隱》等。

（四）現代

現代著作更豐，重要的有王重民《列子校釋》及楊伯峻《列子集釋》。王重民本條分縷析，是不錯的注本。而楊伯峻兼採眾說，把一眾注釋並舉，書後更附以張湛事跡，輯錄了重要的序論和辨偽文章，對於研究及掌握《列子》的面貌，較為全面。

最後，嚴靈峰《列子莊子知見書目》廣採《列子》有關的書目，上至先秦，下至民國，再由中國、日本，遍及歐美，甚至《列子》的不同版本也羅列了，是很實用的工具書。

法家

《管子》導讀

《管子》其書其人與現實主義精神

香港明愛專上學院通識教育及語文學系助理教授
趙善軒

現代人對道德價值的追求日趨澹泊，一些家長生兒育女時就已考慮子女他日的回報，某些父母從小就栽培女兒嫁入豪門，許多學生選科以前途作考慮而忽略個人志趣。套用德國社會學家馬克斯・韋伯（Max Weber，一八六四－一九二〇）的術語，這些都是「工具理性」（instrumental reason）的考慮，即以事件能帶來利益多寡為衡量標準，其重點在於事情發展的現實效益，而非抽象的安身立命價值觀。反之，傳統文化被視為陳義過高，不切實際，原因是我們從小所接觸的傳統文化乃以正統儒家為主，孔子主張「志士仁人，無求生以害仁，有殺身以成仁」（《論語・衛靈公》）；孟子堅持生與義有矛盾時，「捨生而取義」（《孟子・告子上》）。這種傳統價值理性思維，可以為了抽象原則而放棄現實利益，甚至犧牲性命。許多人認為，儒家思想在當下社會重視追求利益的風氣下顯得格格不入，更會被視為浪漫的理想主義者。所謂現實主義精神，即是把效益淩駕於原則之上的思維模式，此在《管子》一書中，隨處可見。

歷來不少人把《管子》的治國思想部分歸入法家一支，而傳統法家思想把統治者的效益最大化視為根本考慮，這近於西方的工具理性主義，惟法家進一步認為只要能達到目的，而不惜採取任何手段，為了國家穩定，可以打壓少數人，甚至草菅人命，這在現實政治中，一向為專利統治階層所樂此不疲。《商君書》說：「愚者闇於成事，知者見於未萌。民不可與慮始，而可與樂成。」其實，威權管治乃基於人民愚昧而設定，古今如一，當代社會，幾乎沒有一個高教育水平的國家，專政機器能夠長期運作。專政者假設百姓無知，故須由「賢人」領導，稱呼上級為領導人，就是設定了人民需要被領導，而無權參與政治，政府的透明度亦相當低，中央與地方之關係，既不是自由主義下的平等概念，而是上位與下位者的不平等關係。《管子》一書載有「賢人」一詞共二十三次，並屢次提到賢人管治的好處，「賢人政治」（philosopher politics）是傳統中國政治文化的核心底蘊，「民之所好好之，民之所惡惡之」本身即含有施者與受者之從屬地位，其背後的理念是賢人管治的效果，國家利益重於個體的自由意志，政府與人民、中央與地方，都看成主客關係，而非現代人所理解的平等關係。此思維模式的另一稱呼為「臣屬文化」，即人民樂於臣服於威權者之下，中國千百年來，皆奉行此政治思想，至今仍揮之不去，而《管子》作為賢人政治思想的奠基者，即對這一理論的建構有着不可或缺的影響。簡單來說，「賢人政治」屬現實主義的一類，它把結果置於原則上，即使它有原則，也是以實際效果來衡量。

近年來，知識界、文藝界仍然不乏人為這種思想重新造勢，試圖製造威權管理的合理性，甚至透過強大的宣傳機器，漸漸成了一種主流聲音。文學、影視作品為這樣的歷史人物塑造偉大的歷史形象，秦始皇、漢武帝不再是杜甫〈兵車行〉裏的負面人物，而成了一代偉人，清代的雍正皇帝也一改兇殘成性的歷史形象，成了用心良苦的國家領導人，為了社會利益而不計較個人名聲，「穩定壓倒一切」的主旋律，當然包括壓倒道德、人性、公義，這都是臣屬文化的具體表現。至於擇善固執又講價值理性的人物，反被人視為不識大體、阻礙社會發展，例如竟有電視劇把岳飛、文天祥說成妨礙民族融合的障礙，守護家園的被視為釘子戶，學生運動被罵是破壞社會安定云云。這些人往往重視效果，卻輕視手段，譬如不問子女考試的方法，只關心是否能考出好成績；認為工作性質不重要，能養家糊口即可；不在乎官員如何得居大位，只管其施政的成效是否彰顯。這就是大講「發展就是硬道理」的後遺症，一味發展經濟，而忽略了人文關懷才是人類的核心價值，這都是現實主義大行其道的後遺症。

一、主要思想內容

（一）義利之辨

經濟思想史學者趙靖指出，先秦諸子如管子、孔子、孟子、荀子等人亦認可求利是人類之本性。[1]《管子．侈靡篇》更明確提出「上侈下靡」的主張，即富人大量消費以造就貧民、工匠、女工的就業機會，有衣食可得。[2] 孔子曰：「富與貴是人之所欲也，不以其道得之，不處也。」孔子討論的重點是討論「義利」之關係，屬於倫理學層面的闡述。《史記．管晏列傳》亦有相類的記述：「管仲既任政相齊，以區區之齊在海濱，通貨積財，富國強兵，與俗同好惡，故其稱曰：上服度，則六親固。四維不張，國乃滅亡。下令如流水之原，令順民心。」其實，《管子》既是集各家大成，在義利觀方面比起儒家更具彈性，它不像孔孟式的儒家般視道德價值凌駕於生命之上，動輒講「餓死事小，失節事大」或「餓死於首陽山」，而是試圖把傾向價值理性的儒家思想，以及類近於工具理性的法家思想，合而為一，破除非黑即白、二元對立的邏輯謬誤，有意建構成兩者並重的思考系統。

許多人以為管仲既是現實主義者，故此書多是宣揚唯利是圖的思想。事實上，《管子》絕非只講利益，而是認為道德要在滿足基本需要後進一步實現出來。當代哲

1 趙靖等著：《中國經濟思想通史．卷一》（北京：北京大學出版社，二〇〇二年），頁六〇〇。

2 巫寶三：《管子經濟思想研究》（北京：中國社會科學出版社，一九八九年），頁一五〇。張固也：《管子研究》（濟南：齊魯書社，二〇〇六年），頁二五一。

學家殷海光提出了人生的意義可分為四個階段，分別是物理層、生物邏輯層、生活文化層和價值層。人類需要拾級而上，充實基本需要後升華至道德理想的層次，人生才活得有意義。《管子．牧民篇》也說：「倉廩實則知禮節，衣食足則知榮辱。」就是為「義利觀」建立序列，它既注意實質利益，又看重抽象概念，主張先現實後理想，如此不但較符合人性，更是易知易行，正是提倡在滿足生活文化層後，必須發展道德倫理一層，乃由下而上的道德觀，有別於儒家講犧牲小我、完成大我的一套。其實，這種思想正是現代人的明燈，人們既渴望生活安穩，又想為社會出一分力，他們既不喜空談理想，認為過高的目標猶如空中樓閣，但又希望在道德實踐上有一番作為，衣食足而知榮辱似乎是合理的人生目標。順帶一提，法國大革命時西方哲學家孟德斯鳩（Charles de Secondat, Baron de Montesquieu，一六九八—一七五五）也提出相似的說法，世稱「孟德斯鳩命題」，認為當經濟發展起來，擺脫野蠻階段，人們才有能力追求精神上的滿足。[3]

一言蔽之，《管子》所提出的說法是對人性體察極深的洞見，它易知易行，不像儒家般知易行難，它也不是絕對排斥道德的現實主義，而是強調「現實優先」，道德

3　白鷺：《貨殖列傳經濟學》（臺北：海鴿文化出版圖書公司，二〇〇九年），頁三〇至三一。

次之的中國式現實主義。在道德淪喪，幾乎無所不假的社會裏，在路見不平拔足而走的當代社會，較容易引起向來不關注道德的人們的反思，提升現代人的德性。

（二）經濟思想

《管子》一書所提出的治國思想最為可觀，歷代學人多有引用，尤其體現在經濟方面，而此可見其現實主義思維。中國傳統經濟思想有兩大路徑，一是放任主義，以黃老思想為代表，司馬遷的「善者因之」[4]是為佼佼者；二是干預主義，具法家色彩的《管子》就是一大濫觴。趙靖指出，《管子》主張國家對經濟行為進行干涉，此方面可見於《管子》之四民不得雜處說[5]。士農工商的階層說在中國歷史上有極大的影響，日本德川幕府亦以為國策，其實《管子》是這方面的首倡者。對此，明末清初學者顧炎武在《日知錄》中，「士何事」條對此亦有所分析，其謂：

4 《史記．貨殖列傳》：「太史公曰：夫神農以前，吾不知已。至若詩書所述虞夏以來，耳目欲極聲色之好，口欲窮芻豢之味，身安逸樂，而心誇矜埶能之榮使。俗之漸民久矣，雖戶說以眇論，終不能化。故善者因之，其次利道之，其次教誨之，其次整齊之，最下者與之爭。」

5 《漢書．貨殖傳》：「管子云古之四民不得雜處。士相與言仁誼於閒宴，工相與議技巧於官府，商相與語財利於市井，農相與謀稼穡於田野，朝夕從事，不見異物而遷焉。」

> 士、農、工、商謂之四民，其說始於《管子》。三代之時，民之秀者乃收之鄉序，升之司徒而謂之士。……則謂之士者大抵皆有職之人矣，惡有所謂羣萃而州之處，四民各自為鄉之法哉。春秋以後，游士日多。《齊語》言桓公為游士八十人，奉以車馬衣裘，多其資幣，使周游四方，以號召天下之賢士，而戰國之君遂以士為輕重，文者為儒，武者為俠。嗚呼！游士興而先王之法壞矣。

《國語．齊語》亦記載了管仲與桓公的對話：「四民者勿使雜處，雜處則言哤，其事易。」《管子》一書與此條史料大抵相合。《管子》的現實主義還帶有強烈的干預味道，反映其不重視順乎自然之「道」，不重視抽象原則，而追求短期的即時效益。因「道」不似干預主義，其難見即時效果，而效果亦不易於量化。《管子》認為政府的公權力可以不斷擴張，因為政府是由賢人掌管，而賢人又是處處為人民着想，其學說完全忽視了個體的重要性，以及個人選擇的自由意志，同樣見其以效果壓倒自由意志的思考方法。**管仲本人及《管子》一書都反對四民雜處，此乃出於政府管治的考慮，其**

認為易於控制各階層，以及堵塞社會流動，實大大有利於社會的「超穩定結構」[6]**，而國家穩定是其學說的重中之重。**

相反，另一學派是以司馬遷為首的自由主義，其主張「善者因之」，認為市場放任是最好的辦法，尊重個體選擇是合乎「大道」，反對政府直接干預，此與《管子》提出的輕重理論大相徑庭，輕重論提倡由政府設置機構，監管市場經濟。數十年來，中國奉行干預主義，造成了極嚴重的社會問題；西方諸國大講「新自由主義」，最後令各國債臺高築，引發經濟危機。可見物極必反、過猶不及乃千古不易之道理。西漢初年行黃老之術，然漢興七十餘年後因放任不管，導致富者田連阡陌，貧富懸殊，民不聊生。漢武帝時積極改革，卻因與民爭利而令人民生活無依，此即歷史發展的規律。觀乎歷史，歷史是一個懂調節的擺鐘，當人心思變以後，又會人心思安，在自由主義下生活得太久，人民又渴望轉向社會主義；反之，社會主義下的人民又希望在自由主義下生活。南美洲近三十年來，就是不斷遊走在左派與右派之間，政權不斷更替，政局長期不穩，就是不明白中國哲學中不偏不倚的道理，也說明了沒有一套理論能放諸四海皆準。

6 葉啟致：〈從「中國中心」史觀到「超穩定結構」論〉，載《二十一世紀》，一九九五年十二月，總三十二期，頁三九。

二、作者及成書

眾所周知，《管子》約成書於戰國中晚期，大部分篇章皆非出於管仲之手，而是後人集體編輯而成。部分內容是後人託管仲之名而作，也有一些章節與管仲其人沒有直接關係。據陳鼓應研究，《管子》一書的部分篇章，是戰國晚期齊國稷下學者的作品，與管仲其人的思想並非完全一致，書中內容很大程度上是屬於道家取向，並且主張道法結合，由老莊的理想主義走入現實社會，對後來的黃老思想有深遠影響。[7]

由此觀之，《管子》是先秦諸子的思想集成，是眾多學者共同書寫的百科全書，涉及治國、經濟、軍事、社會、哲學、人口、農業等領域，觸及法、儒、道、農、兵、陰陽諸子學說。

據現有的材料得知，《管子》一書最早被《韓非子．五蠹》提及：「今境內之民皆言治，藏商、管之法者家有之」。《史記》也有詳細記載，此書可能是司馬遷的手

7 陳鼓應：《管子四篇詮釋——稷下道家代表作解析》（北京：商務印書館，二〇〇九年），頁三至二七；參見陳佩君：《先秦道家的心術與主術——以〈老子〉、〈莊子〉、〈管子〉四篇為核心》，頁二四五。

邊讀物。到了晉代，學者傅玄對《管子》的作者提出異議，他說：「管仲之書，過半是後之好事者所為，輕重諸篇尤鄙俗。」傅玄對託名篇章的評價不高，認為是鄙俗之作。唐代孔穎達在《左傳．正義曰此傳大略》云：「世有管子書者，或是後人所錄，其言甚詳……其唯管夷吾乎。臣之所不如夷吾者五……」可知作者不是管仲。宋代的葉適《水心集》說：「《管子》非一人之筆，亦非一時之書，以其言毛嬙、西施、吳王好劍推之，當是春秋末年。」《四庫全書總目》說：「今考其文，大抵後人附會多於仲之本書。」當代學者一般認為，書中出現戰國或後代流行的文字，大部分內容非春秋時代的作品，此已成學界共識。[8]

其實，不獨此書，近年出土大量戰國至漢代的竹書、帛書，內容文字與今本流行的大有不同，因我們所讀之版本，多為漢代的改版，多非春秋戰國的原著，故一些學人認為出土文獻使中國哲學史、思想史有改寫的必要。

今本《管子》與大部分先秦諸子一樣，乃經漢代學者劉向編輯而成。《管子》共八十六篇，今本十篇已佚。全書十六萬餘字：〈經言〉九篇，〈外言〉八篇，〈內言〉七篇，〈短語〉十七篇，〈區言〉五篇，〈雜篇〉十篇，〈管子解〉四篇，〈管子輕重〉

8 張固也：《管子研究》（濟南：齊魯書社，二〇〇六年），頁二一一至二一二。

十六篇。《漢書．藝文志》將其作為道家一類，而《隋書．經籍志》則將其改列法家一類。其實，這部書包羅萬有，從不同角度看，就有不同的看法，故仁者見仁，智者見智。

這不禁要問，何以後世學者要冒管仲之名而作書呢？主要是因管仲平生乃是現實主義的代表人物，其功業對春秋時代有舉足輕重的作用，世人對他高山仰止，故不少學者都藉管仲之名來發揮，希望建立一套現實主義與道德價值俱備的學說。孔子曾說：「微管仲，吾其被髮左衽矣。」可見就連孔子也肯定了管仲對抗夷狄、使華夏免受夷狄侵害的偉大功績。《論語》中記載了孔子對管仲的人格批評，雖然孔子鄙視管仲為人「小器」，但對於他的功業，孔子卻是肯定的，他客觀地指出：「桓公九合諸侯，不以兵車，管仲之力也。如其仁，如其仁。」孔子也認同管仲尊王有功，其一生貫徹他的現實主義精神，首先是建功立業，之後也不忘發展道德，對於維護周室統治權威有着不可磨滅的作用。

此外，司馬遷又說「天下不多管仲之賢而多鮑叔能知人也。」認為世人只讚美鮑叔能識別人才，卻少有人認識到管仲的才能。他還說：「管仲世所謂賢臣，然孔子小之。豈以為周道衰微，桓公既賢，而不勉之至王，乃稱霸哉？語曰：將順其美，匡救其惡，故上下能相親也。豈管仲之謂乎？」司馬遷反駁了孔子對管仲的批評，認為他即使有過，也是功大於過。由此可見，對管仲持肯定態度者，乃基於其功業成就，欲以實際作用掩蓋其行事動機，這與西方哲學中的「義務論」凡事以動機作判斷很不同。孔子式的儒家思想往往以動機作判斷，故有些學者認為孔子類近於西方哲學家康德式的「義務論」一類的思考方式。近百年來，「義務論」被人們視為難以實行的一套，反之「功利論」大行其道，人人計算如何將利益最大化，討論社會政策時，目的正義性不再是立論之首要考慮，而成效反是必要條件，這種思維在《管子》一書大量存在。然此書卻非近於狹義式的功利主義，只求發展個人利益，而是以社會利益最大化為終極追求。

三國時代的諸葛亮也常自比管仲，諸葛亮也是另一現實主義的代表者，史家多將其置於法家人物之中。他為求達到目的，不計較手段，對付李嚴等蜀國本土派毫不手軟，諸葛亮對管仲的推崇，足見其歷史影響。**管仲不像大多數諸子般屬文弱書生，而是戰功顯赫的齊國相國，桓公以仲父尊稱他，他也是經世治國的典範，故後世學者藉他的大名來著書立說，實能大大提升作品的說服力。**這是古人與今人之別，古人喜託他人之名著書，今人卻有人把別人的作品強冠自己的名字，可見古代著者志在闡述己見，非為沽名釣譽而寫作。

三、管仲其人

管仲（前七二五－前六四五），名夷吾，字仲，謚號「敬」，史稱管子，潁上（今安徽省潁上縣）人。其祖先是姬姓的後代，與周王室同宗，其父為齊國的大夫，後來家道中衰，至管仲時已很貧困。管仲年輕時曾經商，又曾輔佐齊國公子糾（齊桓公之兄），幾經周折，由鮑叔牙舉薦，得以輔佐齊桓公，封為上卿，最終幫齊桓公建立霸業，被尊為「仲父」，有「春秋第一相」之譽。管仲處身列國並峙、征戰不休的春秋時代，憑着濟世匡時的理想和經天緯地的才能，他從實際出發，重視發展經濟，反對空談，主張改革以富國強兵，使齊國慢慢強大起來。對於管仲的功業，《史記・貨殖列傳》有詳細的記述：

> 其後齊中衰，管子修之，設輕重九府，則桓公以霸，九合諸侯，一匡天下；而管氏亦有三歸，位在陪臣，富於列國之君。是以齊富強至於威、宣也。

齊國自太公望（姜子牙）立國以來，一直興盛不絕，直至平王東遷後中衰，而令齊國重振雄風的人，不是家學淵源、累世公卿的士大夫，而正是管仲。《史記・管晏列傳》對管仲的成就也作了詳細的說明：

管仲既用，任政於齊，齊桓公以霸，九合諸侯，一匡天下，管仲之謀也。……管仲既任政相齊，以區區之齊在海濱，通貨積財，富國強兵，與俗同好惡。……其為政也，善因禍而為福，轉敗而為功。貴輕重，慎權衡。……管仲富擬於公室，有三歸、反坫，齊人不以為侈。管仲卒，齊國遵其政，常強於諸侯。

職是此故，管仲為相期間致力振興齊國經濟，利用商業的路徑，使得商貨流通不絕。他又對齊國的財政制度進行改革，設立監管機構，大力促進經濟發展，對社會作嚴密監督。如此一來，在勵精圖治下，使國家興旺起來，為齊桓公奠定了春秋霸主的地位。

司馬遷在《史記．管晏列傳》中，轉引了管仲的自白：

管仲曰：「吾始困時，嘗與鮑叔賈，分財利多自與，鮑叔不以我為貪，知我貧也。吾嘗為鮑叔謀事而更窮困，鮑叔不以我為愚，知時有利不利也。吾嘗三仕三見逐於君，鮑叔不以我為不肖，知我不遇時也。吾嘗三戰三走，鮑叔不以我怯，知我有老母也。公子糾敗，召忽死之，吾幽囚受辱，鮑叔不以我為無恥，知我不羞小節而恥功名不顯於天下也。生我者父母，知我者鮑子也。」

這段話反映了三點：首先，管仲不屬於「知其不可為而為之」一類人物，而是現實主義者，因家中有老母需照顧而在戰場上退卻，他顯然不是情操高尚的典型人物。其次，管仲也非不事二主的忠臣，他不計較個人名聲，只在乎是否能實現他的治國宏圖，心中只有天下，國家倒是其次，此處也見其現實壓倒原則的處事方式。再次，管仲年輕時曾經與好友鮑叔牙一起做生意，可見其與太公望一樣，又是一個商人出身的政治家，且在他為相期間，致力發展齊國的經濟，最終使齊國稱霸於春秋。

值得注意的是，傳統中國知識分子的典範，大多出身士人世家，或是身家清白的書生，鮮有像管仲有商賈的背景，再憑藉自身的努力而達致社會上流，與他背景相似的有呂不韋（約前二九〇－前二三五）。如此看來，管仲被列為法家人物，實在是基於他的實質功績，因其名聲之大，影響之巨，而奠定了《管子》一書的學術地位。然而，與管仲背景相似，地位相近，影響力相當的呂不韋，不入司馬遷的《史記・貨殖列傳》，管仲與太公望等人卻一同入選，這是因為他們功業顯著而且有益於人民，非只為個人私利而治國。司馬遷乃繼承了「孔子著春秋，亂臣賊子懼」的傳統，藉史書來品評人物，對管仲其人作了崇高的致敬，同傳的其他人物，也多才德兼備，對社會有很大的貢獻，故古時富貴是兩回事，富者未必貴，貴者須得社會各界肯定。今天，有些暴發戶、官二代、富二代橫行霸道，目中無人，富而不貴，究其原因，就是不懂義利俱重的道理，這大概是沒受過傳統中國文化洗禮所致。

管仲治齊國的經歷，司馬遷在《史記．齊太公世家》又說：

> 桓公既得管仲，與鮑叔、隰朋、高傒修齊國政，連五家之兵，設輕重魚鹽之利，以贍貧窮，祿賢能，齊人皆說。

《史記》多次引用「倉廩實而知禮節，衣食足而知榮辱」一語，反映了**歷史學家司馬遷與《管子》的作者一樣，認為政府應當先讓老百姓享受物質文明的成果，進而追求精神文明的發展，最後得以「利民」**。[9] 這可說是現實主義與道德價值結合的一大嘗試，當為過分追求利益而忽略道德的今人所注意。

《史記》中尚有不少對管仲的溢美之詞，《史記．管晏列傳》中說：

9　周俊敏：《管子經濟思想倫理研究》，（長沙：嶽麓書社，二〇〇三年），頁八七。

太史公曰：吾讀管氏牧民、山高、乘馬、輕重、九府，及晏子春秋，詳哉其言之也。既見其著書，欲觀其行事，故次其傳。至其書，世多有之，是以不論，論其軼事。管仲世所謂賢臣，然孔子小之。豈以為周道衰微，桓公既賢，而不勉之至王，乃稱霸哉？語曰：「將順其美，匡救其惡，故上下能相親也。」豈管仲之謂乎？

司馬遷認為管仲是「世所謂賢臣」，這一點是對他的功業作出肯定，尤其是管仲對齊國經濟發展所作的貢獻。他又在《史記．平準書》中說：「齊桓公用管仲之謀，通輕重之權，徼山海之業，以朝諸侯，用區區之齊顯成霸名。魏用李克，盡地力，為強君。」其實，歷史上真正的盛世，經濟發達、物阜民豐是必要的條件。然而，管仲治下的齊國不但國力強大，更重要是以國力優勢來維護國際秩序與社會正義，帶領盟國維護周室的統治地位，又不與喪德敗行之國為伍，也絕不欺壓無辜者而換來國家穩定，這樣的盛世才能令人心悅誠服。反之，一味以軍事力量和經濟力量自詡的君主，如漢武帝、唐玄宗、清高宗等，免不了會遭史家批判。借古鑒今，本是賢明者應當效法。反之，一再重複歷史的教訓，受苦的永遠是平民百姓。

四、歷代研究

《管子》研究方面，自唐代尹知章注《管子》至今，至少有四十多種注本，其中尤以石一參的《管子今詮》（上、下），許維遹、聞一多、郭沫若的《管子集校》，馬非白的《管子輕重篇新詮》影響最深。「安徽省管子研究會」集合了數十位專家，多年來累計發表論文數百篇，數量甚豐。《管子》的哲學研究，臺灣學者陳鼓應及其學生陳佩君有專書及博士論文討論。至於經濟思想研究，香港學者宋敍五有開拓性的貢獻，大陸學者趙靖、石世琦等人的研究成果備受學界肯定。上述作品，皆是《管子》研究的必讀之作。

《商君書》導讀

以法治國的原則、推行與實踐——《商君書》的現代意義

香港浸會大學哲學博士、
人文及語言學部高級講師
梁萬如

《商君書》，又叫《商君》《商子》《商君子》，作者是誰仍有不同說法，但是學術界一般認為，此書是由商鞅及其後學所著。《漢書．藝文志》所記，在法家的分類之下，《商君》共有二十九篇。現存二十六篇，其中兩篇只存目而沒有內容，也就是說，具有完整文字記錄的實際只有二十四篇。

一、商鞅其人

商鞅（約前三九〇—前三三八）屬前期法家的代表人物，姓公孫，名鞅，衛國人，所以又叫衛鞅。而商鞅一名，則來自他曾助秦孝公伐魏有功，秦孝公把商一地十五個城邑封賜予他，並賜號商君。

在戰國初年，國與國之間爭雄掠地，為了自保和拓展，變法圖強是各國的主要任務。當時魏、楚等國為了安邦定國，變法不斷。商鞅熟讀儒家、墨子和兵家等思想，受到當時變法的風潮影響，對法家思想尤有好感。衛國是個弱小的國家，要實踐治國之能，對於商鞅來說，沒有太大的發揮餘地。商鞅後來去到重用李悝、實踐變法的魏國，投靠魏國相公叔痤。公叔痤很賞識商鞅的才華，想推薦他給惠王，可惜不被接納。這時，秦國實行改革，商鞅就入秦去，受到秦孝公的重用。

《史記》的〈秦本紀〉及〈商君列傳〉就記載了商鞅在秦國施行變法的事情。而變法的內容主要是訂定明確的法令，賞善罰惡，強化管治。商鞅曾助秦孝公推行兩次改革，建立完整的法治制度。法制在秦孝公在位時推行，前後二十多年。商鞅重視農戰，全民皆兵。耕作自給的同時，也作為軍事補給之用，兩全其美，令秦國對外的擴張節節勝利，在當時頗為矚目。

可是，《史記．商君列傳》對商鞅的評價，似乎並不正面：「商君，其天資刻薄人也。跡其欲干孝公以帝王術，挾持浮説，非其質矣。且所因由嬖臣，及得用，刑公子虔，欺魏將卬，不師趙良之言，亦足發明商君之少恩矣。余嘗讀商君〈開塞〉〈耕戰〉書，與其人行事相類。卒受惡名於秦，有以也夫！」太史公的論斷，認為商君刻薄少恩，最終聲名狼藉。這個評價與商鞅破魏，用了詭計及言而無信有關；另外，孝公死，惠文王繼位，商鞅秉公執法，對惠文王的老師施刑，受到狠批，也不為無因。

二、《商君書》其書

西漢之前，並未有《商君書》一名。司馬遷在〈商君列傳〉説過：「余嘗讀商君〈開塞〉〈耕戰〉書」，〈開塞〉與〈耕戰〉被視為單篇的文字，一直流通及流傳。而《商君》作為定本，正式被編入經籍之中，可以說是由劉向編《漢書》開始。後來，於《三國志．蜀書．先生傳》的注釋之中，曾經引述《諸葛亮集》，說過：「可讀《漢書》《禮記》，閒暇歷觀諸子及《六韜》《商君書》，益人意智。」從各條資料可見，輯錄成《商君書》是在漢以後的事情。

《隋書．經籍志》及《新唐書．藝文志》已把《商君》改叫作《商君書》。唐代目錄《舊唐志》則叫作《商子》，並說：「商鞅撰」。而《新唐志》稱為《商君書》，而下注說：「商鞅，或作《商子》。」雖然如此，《羣書治要》則稱《商君子》。

到了宋代鄭樵的《通志．藝文略》，又作《商君書》；而北宋的官修目錄《崇文總目》、私人藏書家晁公武所寫的《郡齋讀書志》和陳振孫《直齋書錄解題》都稱作《商子》。

清《四庫全書》說過《商子》這個名稱是來自《隋志》，不過翻閱《隋志》則只有《商君書》一名。清人嚴萬里著有《商君書校注》，踵事增華，他在總目說：「隋、唐志及唐代注釋家徵引，並作《商君書》，不曰《商子》，今復其舊稱。」及後，學者高亨也以《商君書》為通行的書名。

三、《商君書》的篇章和真偽

《商君書》於《漢書．藝文志》記載共有二十九篇，現存只有二十四篇，有兩篇存目而沒有內容。各篇章由於是後來的結集，經學者研究所得，以為有些篇章出自商鞅，有些出自秦史官，也有出自商鞅的門客門徒等。

臺灣學者仝衞敏於二〇一四年著《出土文獻與〈商君書〉綜合研究》，參採現、當代學者的各種說法，推論並總結出以下的看法：商鞅親著的篇章有〈墾令〉〈農戰〉〈去彊〉〈算地〉〈開塞〉〈戰法〉〈立本〉〈兵守〉〈修權〉〈境內〉〈外內〉〈君臣〉〈慎法〉；出自商鞅門客或門徒的篇章有〈更法〉〈説民〉〈弱民〉〈壹言〉〈禁使〉〈靳令〉；出自商鞅再傳弟子的篇章有〈畫策〉〈錯法〉〈徠民〉〈賞刑〉；也有擷取法家言論而寫成的〈定分〉。

這樣看來，《商君書》是從單篇文章綜合整理而成的。而文章內容所出現過的語言、事物都能反映文章的成篇時代。歷來都有不少學者就這些方面作過研究，也做過不少分析，各篇文章的作者是誰？各篇文章在什麼時候寫成？各篇章的來源又如何？這些問題值得我們討論之餘，也讓我們對閱讀古籍的方式有多點認識。

現綜合目前的研究説法，把各篇章、作者及其特點，表列如下，俾便綜覽：

篇章	作者	篇章特點
更法第一	秦國史官	討論變法的主張，一破一立，疑後人編輯《商君書》時加入。屬論辯文字。
墾令第二	商鞅	敍述了商鞅的重農政策。屬法規政策文字，共二十項條文。
農戰第三	商鞅	以農戰為國之興亡的重點。屬政論文字。
去彊第四	商鞅及其後學	討論強國之道。是〈説民〉及〈弱民〉兩篇的指導思想。
説民第五	商鞅後學	談及治理民眾的方法。
算地第六	商鞅	討論因地制宜的治國之策。
開塞第七	商鞅	討論國家的變革與發展。
壹言第八	商鞅後學	提出國家的事務和政策要一致和統一。
錯法第九	商鞅後學	談論推行法治的手段。
戰法第十	商鞅	討論戰爭的原則、將帥及攻取之法。屬法律政策文字。
立本第十一	商鞅	國家能於戰爭致勝的根本方法。
兵守第十二	商鞅	戰爭時防守方法的討論。
靳令第十三	商鞅後學	論述法治的原則、內容及目的。
修權第十四	商鞅	討論君主以法治國的權力問題。
徠民第十五	商鞅後學	招徠別地的民眾從事農業，為秦國農戰補給。
刑約第十六		存目
賞刑第十七	商鞅後學	提出賞、刑、教是治國之道。

（續上表）

篇章	作者	篇章特點
畫策第十八	商鞅後學	討論賞罰的問題，要得其法。屬政論文字。
境內第十九	商鞅	討論軍功爵位制度。與〈墾令〉同屬法律政策文字。
弱民第二十	商鞅後學	討論國家的政治力量要比民眾強。
御盜第二十一		存目
外內第二十二	商鞅	論述農戰的對外（兵）及對內（農）事務。屬政論文字。
君臣第二十三	商鞅	確定君臣尊卑，建立法治制度。
禁使第二十四	商鞅後學	討論用刑賞推行農戰。
慎法第二十五	商鞅	討論法治，反對賢能的問題。
定分第二十六	商鞅後學	論述法律、法令等制度。

不少篇章內容互有關連，例如〈去彊〉〈說民〉及〈弱民〉都討論強國之道，可一起閱讀。〈農戰〉又跟〈徠民〉〈外內〉在觀點上一致。〈境內〉與〈墾令〉兩篇所討論的焦點，以至文章性質也相同。篇章之間在思想上表現一致，讓人覺得《商君書》的編成頗為完整。雖然如此，某些篇章明顯不是出自商鞅之手，所以歷來引起不少關於此書真偽的討論。

四、《商君書》的真偽

《商君書》由於編訂時已糅雜不少非商鞅的文章，此書真偽一直為學者所詬病。最早提出疑問的是宋朝學者黃震，他在《黃氏日抄》，提出《商君書》內容可疑之處。《四庫全書總目提要》已經說《商君書》並非出自商鞅，只是法家學派等人言論的編集。現當代學者如胡適、錢穆、呂思勉、傅斯年、齊思和、陳啟天、高亨、張覺、鄭良樹、張林祥、仝衛敏等都做過這方面的討論。如果要概括各學者對《商君書》真偽的觀點，大致可以分為三類：第一，全書是商鞅後學所造，有些可能是商鞅的弟子，有些可能是秦國人或官員，只是託商鞅之名寫文章而已。而且商鞅是法家前期的代表，《商君書》則保留不少戰國末期的資料，說此書由商鞅後學所撰寫並非無因；第二，有部分篇章是由商鞅所寫，有部分則由其弟子所撰，也非一時一地可以編成；第三，此書的真偽無法確定，因為可爭議之處甚多。

商鞅變法促進了秦國統一六國，婦孺皆知商鞅改革帶來的轉變。《韓非子・五蠹》：「今境內之民皆言治，藏商、管之法者家有之。」另外，《淮南子》《史記・商君列傳》均分別提及〈啟塞〉和〈開塞〉，用語雖然不同，《商君書》在漢代仍具影響力是可以看到的。漢之後，法家學說已經式微，沒有得到應有的重視。明朝學者歸有光、清代學者孫星衍、嚴萬里、孫詒讓等都曾校釋及整理這本古籍。章太炎在一八九八年發表文章〈商鞅〉，重述商鞅的功過，引起了眾多學者的關注。疑古思潮一度興起，《商君書》的真偽就成了學者關注的課題，《商君書》研究熱興起了。由這時開始，出現了不少校注本。

五、近代《商君書》注疏舉隅

清代學者嚴萬里著《商君書校》、《商君書新校正》，成為一眾校釋的底本，是現在最為通行的本子。近代最早出版的校注本是一九一五年王時潤的《商君書斠詮》，引起了校釋研究的風潮。一九一六年朱師轍出版《商君書解詁》，這本子在嚴萬里的基礎上，參考其他清人的校釋本以及明代目錄學書籍包括《羣書治要》《太平御覽》等書，之後又不時增補。一九四八年出版《商君書解詁定本》，又較之前的本子進了一大步。後來，尹桐陽《商君書新釋》、支偉成《標點注釋商君書之研究》、王時潤《商君書集解》、陳啟天《商君書校釋》、簡書《商君書箋正》等都是後來湧現的注本。這些本子主要採嚴本、朱本的校釋為基礎，再提出新的看法。

一九四五年蔣禮鴻的《商君書錐指》以嚴本為基礎，博取各家所說，是為集大成之作。一九七四年出版的高亨《商君書注譯》除校注外，更收入作者所寫幾篇與《商君書》有關的論文，除了對前人所作的校釋工作有所增潤之外，也釐清了不少問題。

值得一提的是，一九七四年山東大學《商君書》注釋組出版《商君書選注》；一九七六年，增訂為《商君書新注》；後來更出版《商子譯注》，是根據《商鞅書選注》及《商鞅書新注》修訂及增補而來。一九七五年，遼寧第一師範學院朝陽重型機器廠朝陽縣王營子公社的《商君書》注釋組，校釋了《商君書選注》。校注方向偏向改革鬥爭，政治意味相當濃厚。同期有西北國棉一廠工人理論組等人校釋的《商君書新注》，以朱師轍本子為底本作校釋。既談學術，也重政治。這些校注，意識形態都非常一致，可以對研究國家改革的趨向有一個側面的認識。

一九八六年，蔣禮鴻寫《商君書錐指》採用嚴萬里的本子，嚴謹的校注整理、獨立的學術研究，學風又為之一轉。九十年代，學者張覺的用力最多，先後出版大量論文、校釋本及導讀，於一九九三年寫成《商君書譯注》，為重點研究計劃；二〇〇九年出版《商君書導讀》，討論《商君書》的內容價值外，又注釋了全書，對推廣古籍閱讀不遺餘力。臺灣學者賀凌虛注譯《商君書今注今譯》；貝遠辰注譯、陳滿銘校閱《新譯商君書》，均以復興中華文化為目的，參考嚴萬里等學者的說法，校注《商君書》。「新視野中華經典文庫」之《商君書》也在這個基礎上，注重文理一致，思想會通而成。

六、《商君書》的思想特點

商鞅是個原創力很強的思想家，對於怎樣治理國家，他認為效法古代的方法，不一定成功，因為古代治國之法不一而足。在〈更法〉〈算地〉和〈修權〉等篇章之中，他引述堯、舜、禹治國之法都不一樣，治國無定法一樣可以稱王，既然如此，那就沒有必要效法古人，只要找對自己所走的路，國家也一樣可以給治理好的。〈更法〉篇就說明了這個意思：「治世不一道，便國不必法古」，又說「三代不同禮而王，五霸不同法而霸」。沒有一個特定的方式用來管治，不一定要效法古人，就正如三代、五霸各以不同的方式稱王一樣。〈開塞〉篇更說：「聖人不法古，不修今。法古則後於時，修今則塞於勢。周不法商，夏不法虞，三代異勢，而皆可以王。故興王有道，而持之異理。」為什麼不要效法古人呢？因為效法古人會令國家追不上社會的實際發展要求，拘泥於現狀而困窘於形勢。夏、商、周三代尚且不互相效法都可以稱王，所以治理國家的方法，不必相同。

這個立論，成為了商鞅所提出的以法治國的理論根據，他繼而摒棄儒家的治道思想，開創另一個治國的思維格局，那就是以法治國。

七、以法治國的理念

以法治國，制定不同的規章制度管治民眾，駕馭人心，由此整頓國家，對內對外，達致國富兵強的目的。〈去彊〉曾說：「以法治者，強」；〈慎法〉又說：「法任而國治矣。」同樣認同以法治國的重要性。〈開塞〉更認為法制與君主兩者同樣重要：「古者民藂生而羣處亂，故求有上也。然則天下之樂有上也，將以為治也。今有主而無法，其害與無主同；有法不勝其亂，與無法同。」能夠把散亂的民眾管治好，是天下人所樂見的。但是國家有君主而沒有法制，等同沒有君主，就算有法制，但是制定或執法不妥當，等同國家沒有法制一樣。這就把法制提到一個頗為重要的層次，法制體系不健全等同沒有法制，也等同國家沒有君主一樣。

商鞅為推行法制，批評維繫綱紀倫常的儒家思想，為立法鋪路。〈畫策〉提出：「聖王者，不貴義而貴法。」在〈靳令〉更大力反對儒家：「六虱：曰禮樂，曰《詩》《書》，曰修善，曰孝悌，曰誠信，曰貞廉，曰仁義，曰非兵，曰羞戰。國有十二者，上無使農戰，必貧至削。」儒家經典，綱常禮教是令國家積弱的主要原因。儒家不能實現管治，確立良好的法制，國家才可以得到治理。如何立法？立法要因應時機和生活習俗，〈算地〉說：「故聖人之為國也，觀俗立法則治，察國事本則宜。不觀時俗，不察國本，則其法立而民亂，事劇而功寡。」立法也要明白易知，人人懂得。〈定分〉說：「故聖人為法必使之明白易知，名正，愚知遍能知之。」為什麼人人都要懂得法制？無謂智愚，人人皆懂，法制更易推廣，更易為人所共守，犯法的人就會大大減少。

八、以刑去刑的賞罰原則

商鞅重視賞罰，在賞善罰惡兩者之中，更重視用重刑，認為重刑能有效阻止民眾犯法。民眾怕嚴刑而不犯法，不犯法就反過來不需用刑了，這就是以刑去刑的意思。〈賞刑〉說：「夫先王之禁，刺殺，斷人之足，黥人之面，非求傷民也，以禁奸止過也。故禁奸止過，莫若重刑。刑重而必得，則民不敢試，故國無刑民。」定立重刑的原意並非要傷害民眾，原意是要禁止人民干犯任何奸邪過失。所謂重刑，其實就是酷刑，〈境內〉說：「不能死之，千人環規，黥劓於城下。」如果怕死不上戰場，就要在眾目睽睽下，接受在臉上刺字和割下鼻子的刑法。重刑之中，甚至會株連那些與犯罪者有關係的人，他們雖然沒有犯錯，但一樣會受牽連，也要受刑，篇中接着說：「重刑而連其罪，則褊急之民不訟，很剛之民不鬥，怠惰之民不遊，費資之民不作，巧諛、惡心之民無變也。」就是說，在株連的重刑下，那些心胸狹窄而暴躁的民眾不會起爭議；很兇殘的民眾不鬥爭；怠惰的民眾不閒逛；奢侈的民眾不浪費；諂媚和令人厭惡的民眾不謀事變。

相對於施行重刑，也要論功行賞，但是要重刑少賞。為什麼呢？《畫策》有這樣的解釋：「重刑少賞，上愛民，民死賞；重賞輕刑，上不愛民，民不死賞。」又說：「故善治者，刑不善而不賞善，故不刑而民善。不刑而民善，刑重也。刑重而民不敢犯，故無刑也。……賞善之不可也，猶賞不盜。故善治者，使跖可信，而況伯益乎？」如果賞賜少，人民就珍惜賞賜，努力於賞賜；如果賞賜多，人民會輕視賞賜。所以，對奸惡之人加以用刑，不會賞賜那些沒有犯罪的人。也由於刑罰重，人民不敢犯事，因此犯罪的人也沒有了。為什麼不可以賞賜沒有犯罪的人呢？賞賜好人，就好像對沒有偷竊的人賞賜一樣，賞賜的真正作用就沒有了。

〈境內〉更說明了爵位制度，爵制等級，論功行賞，以在戰爭之中殺人的數量作為標準，多殺多賞，可以獲得田宅土地，也可以任官或者減刑，是賞賜機制的具體落實。商鞅不是不賞賜，而是賞賜得其法，不要濫賞，對於那些委身於農戰的人，賞賜就多了。〈外內〉說過：「……故欲戰其民者，必以重法。賞則必多，威則必嚴，……民見戰賞之多則忘死。」恩威並施，賞罰得其法，在重刑和厚賞之下，為戰事而出死力，才是懂得管治。

九、壹賞、壹刑、壹教的執法方案

就國家管治的層面來說，商鞅很看重「壹」的治道概念。立法、執法、法制教育等方面都要一致。〈賞刑〉說：「聖人治國也，審壹而已矣」；〈墾令〉說：「上壹而民平」；〈農戰〉也有：「身作壹」、「國作壹一歲者，十歲強；作壹十歲者，百歲強；作壹百歲者，千歲強」；而〈壹言〉曾說：「聖王之治也，慎法、察務，歸心於壹而已矣」。治國之道在於上下一致，人民就會安定，不論法則的適用範圍，法則的執行，法則的推廣和教化等都要全國一致。這樣的話國家就能一直強大下去，十歲、百歲，甚至千歲。

〈賞刑〉說到「壹賞，壹刑，壹教」。壹賞和壹刑，就是賞罰一致，不論地位與階級，賞罰無等級。篇中說：「聖人之為國也：壹賞，壹刑，壹教。壹賞則兵無敵，壹刑則令行，壹教則下聽上。」賞賜無等級，無論智愚、貴賤、勇怯、賢與不賢，只要肯出死力，則論功行賞，所以兵力無敵；在重刑之下，人人守法，無論身份與地位，上至卿相，下至庶民，有過失就用刑，就算有功勞都不能抵消惡行，這樣法令更易執行。至於壹教，〈賞刑〉說：「夫故當壯者務於戰，老弱者務於守；死者不悔，生者務勸。此臣之所謂壹教也。民之欲富貴也，共闔棺而後止。而富貴之門，必出於兵。是故民聞戰而相賀也；起居飲食所歌謠者，戰也。」對於人民的教化，商鞅認為無論是壯健的或老弱的，一主攻一主守，同為戰鬥出力，都是通向富貴的大門。人民因着富貴這個目的，所以聽聞戰事就互相恭賀，起居飲食都在唱和戰爭。這就是壹教，就是說教化的內容一致，要教導人民，農戰是達致富貴的手段。

此外，也要教導人民知法守法，從而自治。〈農戰〉說：「君修賞罰以輔壹教，是以其教有所常，而政有成也。王者得治民之至要，故不待賞賜而民親上，不待爵祿而民從事，不待刑罰而民致死。國危主憂，說者成伍，無益於安危也。」君主教導人民賞罰的真正意義，人民不等待賞賜而擁戴君上，不等待爵祿而辦事，也不等待刑罰死命去幹。〈定分〉更說：「故聖人立天下而無刑死者，非不刑殺也，法令明白易知，為置法官吏為之師以道之知。萬民皆知所避就；避禍就福，而皆以自治也。」訂立刑罰而沒有人因此而受刑，不是因為刑罰本身有問題，而是因為法令明白易知，所有民眾都知道如何避重就輕，最後可以自己治理自己，實現自治。當然，為了執法提供方便，除了保證執法的效率，建立官僚制度，也可以讓官員教導人民守法的重要。壹教就是這個意思。

十、作為國家策略的農戰

農戰是重要的國家策略，是國家興亡的主因。所謂農戰，是農業與戰事的合成語。沒有戰事，人民回到田裏從事農務，自給自足。若有戰事，就共同對外抗敵，戰事完結，論功行賞。農務與戰事合一，互為表裏。沒有農務作為戰爭的資本，就沒有能力戰爭。所以〈農戰〉說：「故治國者欲民之農也。國不農，則與諸侯爭權不能自持也，則眾力不足也。」國家如果沒有農業，實在沒有資本與諸侯各國競爭。

《商君書》非常重視那些影響農業，影響人民耕作的因素。從消極面說，儒家重視溫柔敦厚，無益於戰事，所以〈靳令〉說：「六虱：曰禮樂，曰《詩》《書》，曰修善，曰孝悌，曰誠信，曰貞廉，曰仁義，曰非兵，曰羞戰。國有十二者，上無使農戰，必貧至削。」禮樂、詩書、仁義道德對農戰無補於事，就要大加否定。從積極面說，君主大力推崇農戰，獎勵農戰，則有助加強國家的實力，〈壹言〉說：「見上之尊農戰之士，而下辯說技藝之民，而賤游學之人也，故民壹務；其家必富，而身顯於國。」農戰可以令國家富強，而人民也可以因為農戰而得到賞賜和富貴，國家與人民達致雙贏的局面。具體的措施就是秦國制定了土地制度、戶籍制度，分配土地予人民，讓他們安於農務，奮勇爭戰。而且，為了獎勵人民農戰的功勞，也以授田為獎勵賞賜的主要項目。

國家希望人民可以參與農戰，一看到戰事，就如餓狼看到肉塊，要立刻撲過去吃掉一樣，但是現實往往未必能夠這樣。〈畫策〉提過：「民之見戰也，如餓狼之見肉，則民用矣。凡戰者，民之所惡也；能使民樂戰者，王。」戰爭因為會有死傷，民眾一般都憎惡，可是，作為君主，怎樣可以使民眾投入農戰之中呢？〈徠民〉提出招募別國的人民來到秦國協助耕作，讓秦國的農民可以在戰時無後顧之憂。此外，在〈外內〉就提到提高食物的價錢；對不參與農務的人徵收重稅；對商販大徵重稅，鼓勵人民不從商改務農，最後參與農戰；〈墾令〉更提到抑商的政策，限制商賈的活動；又不讓大夫招聘傭人，令人怠惰不事農務；也限制那些游離、胡亂遷徙的民眾，要他們參與農戰。種種措施，目的只有一個，就是防止務農的人減少，影響國家的穩定。〈君臣〉說：「農戰之民日寡，而游食者愈眾，則國亂而地削，兵弱而主卑。」游食者就是指那些逃避參與農務，也不參軍的人，游食者增加，意味參與農戰的人減少，後果就是削弱國家的力量。

十一、權與術所體現的大公無私

談到管理國家三種重要因素，〈修權〉認為法、信、權各有地位，而三者之中，法居首位。〈修權〉說：「國之所以治者三：一曰法，二曰信，三曰權。法者，君臣之所共操也；信者，君臣之所共立也；權者，君之所獨制也。人主失守，則危；君臣釋法任私，必亂。故立法明分，而不以私害法，則治；權制獨斷於君，則威；民信其賞則事功成，信其刑則奸無端。」法制是君主和臣民所共同遵守的；而信任則是君主和臣民所共同建立的，就例如刑賞的制度建立之後，犯了罪就要受刑，有戰爭的功勞就要犒賞，信任一旦破滅，君臣關係就會出亂子；而權柄則由君主獨自擁有，君主掌權失守，或君臣執法偏私，破壞信任，都會危及國家，而兩者都是個人的問題。但是法制建立，卻有其客觀的條件在，因為法制人人都必須遵守，大公無私，具有普遍意義，因此法制於三者之中最為重要。

法制的大公無私，於〈修權〉討論私天下和非私天下的問題時，再次得到印證。商鞅認為治理天下是為天下而治天下，並非以私有天下來治天下，前者是法制的根基，是令國得治的先決條件；而私有天下，往往是國亡之本。〈修權〉：「故三王以義親，五霸以法正諸侯，皆非私天下之利也，為天下治天下。……今亂世之君臣，區區然皆擅一國之利，而管一官之重，以便其私，此國之所以危也。故公私之交，存亡之本也。」歷史上的三王和五霸管治天下都是為天下而治天下，並非為自己而治天下，出發點是為公而非為私。為私而治天下，則容易陷入個人私利的糾纏之中，令國家的管治生亂。對於商鞅來說，公與私，是國家存亡的根本因素。

權柄是私有的，但是在實踐法令時，卻要無私，以私有的權柄實現無私的法令，當中需要「數」的管治策略。「數」即是「術」，是君主駕馭臣子，或管治人民的策略，更是落實法令、執法時的具體策略。〈算地〉說：「數者臣主之術，而國之要也。故萬乘失數而不危，臣主失術而不亂者，未之有也。今世主欲辟地治民而不審數，臣欲盡其事而不立術，故國有不服之民，主有不令之臣。」術是治國的重要策略，是推行法的要素，推行法制得其術，則人民與臣子都可以在推行法制時收事半功倍之效。

另外，法制一旦建立，怎樣執行才可令臣民覺得平等和無私呢？〈算地〉：「今國立爵而民羞之，設刑而民樂之，此蓋法術之患也。故君子操權一政以立術，立官貴爵以稱之，論勞舉功以任之，則是上下之稱平。上下之稱平，則臣得盡其力，而主得專其柄。」建立爵位制度令人民感到羞愧，設立刑罰令人民感到快樂，這些事情都與事實相反，這是沒有用術的後果。君主立法之餘，也要立術，定下策略，建立官位與爵位，論功行賞，一視同仁，全國上下平等對待，臣子盡力做好，以求升遷，如此則君主自可專享權柄，國家不生亂。因此，在國家的管治架構裏，作為君主的要考慮各個持份者的角色和位置，運用權責時，要利用策略，推行法政自然水到渠成。

十二、總結：以法治國與現代社會

以法治國的管理原則是，建立制度要考慮人性的特點。治國先要定立目標及其所能達到的成效，立法規管人的行為，並引導他們向着國家的目標進發，要考慮推行的成效，就要考慮人性的因素。〈畫策〉提過人民討厭戰爭，因為容易死傷，那是人之常情。把這個人性特點考慮進去，在立法時就要從幾個方面考慮：首先，引入非本地的人民來參加農戰；繼而獎勵本地人民一起參與。而且，若有人參與農戰但是因為害怕、懶惰、聲色犬馬等因素而逃避農戰，政府要立法令把那些影響國策推行的種種因素，一一清除。談到如何鼓勵農務，其中一個方法就是不准商人售賣糧食，也不准農民買進糧食。由於農民買不到糧食，懶惰的農民就要努力務農。也由於商人不可出售糧食，利潤就不能增加。這時，商人就會想到務農。懶惰的農民努力務農，商人也想去務農，那麼荒地就一定能得到開墾。另外，政府提倡儉樸，不允許鄙俗的聲色和華美服飾，主要考慮克服人性的躲懶和不專心，當農民心無旁騖，努力工作，荒地就能開墾了。從人性上訂定立法制度，看似限制人身自由，但是從教育的角度看，又並非完全不可取，那是現代公民教育可以討論的課題。

推行國家法令，要顧及不同的持份者的參與。也就是說，要達成國家的目的，要考慮推行新政時所有持份者的責任和義務。在〈墾令〉篇之中，國家要開墾荒地，按持份者的不同背景，定立法令。例如針對貴族的服役法令，貴族子弟都不可豁免服役。國家大臣、眾大夫不可以利用廣博多能、辯才無礙來影響農民的思想，影響他們下田工作。那些輕浮懶惰的人不能在軍市遊蕩，不能迷惑農民。要求官員要正當善良，從屬官員減少徵收稅項，令農民不勞累，下田時間就多。擴大可參與徭役的人的範圍，不把重擔放在農民身上，商人的奴僕也要負擔，多些人可參與公田與私田的開墾。這些法令和措施，考慮所有持份者的責任和位置，聚焦在國家的建設目的上，一下子把全國人民動員起來，對於現代社會來說，所產生的力量不可謂不巨大。

商鞅是古代政治改革家，在戰國時期，助秦國成功推行國家政治改革，訂立法制，建立土地制度、戶籍制度、爵位制度及官僚制度。推行農戰，以法治國，訂立刑法，賞善罰惡，以刑去刑，達致國富兵強的目的，商鞅在短短二十年間建立了強而有力的秦國。秦國由邊緣地進侵中原，最後一統六國，建立秦朝，商鞅變法政道與治道兼備，成就了強秦霸業，對整個古代中國的政治發展影響極為深遠。商鞅在立法、執法及教化三方面入手，簡化法令，使人人皆懂，人人守法，以法治國的理念由秦國一直沿用至今。

《韓非子》導讀

獨裁專制者的祕笈

前香港大學中文系教授，現居澳洲
陳耀南

西人當初只因聽說「遙遠的東方有個『秦』」，於是就稱之為Chine或China，不知道這王朝竟如此短祚——從盡併諸國到亡滅，只不過十五年（前二二一—前二〇七），但又如此幽靈不散——「祖龍魂死業猶在」，「百代多行秦政治」，君主世襲、專制獨裁竟綿延了二千多載！

毛澤東這兩句詩（〈讀封建論〉，一九七三），描繪了中國政治歷史核心，查究下去，就必然迎出了「祖龍」（「始皇」的同義詞）以至歷代專制政治的辯護士和總設計師「韓非子」。

一生可悲的韓非，死於他的知音人秦王嬴政獄中（前二三三）。十二年後中國統一於「地形利害」和「號令賞罰」都遠超六國、因而最後成功的秦。秦王遂有「始皇」尊號。又十三年，始皇死（前二一〇）。再三年，秦亡漢興。八十多年後，司馬遷在《史記》中將韓非與老子、莊子、申不害合傳，這樣地記述：

韓非者，韓之諸公子也。喜刑名法術之學，而其歸本於黃老。非為人口吃，不能道說而善著書，與李斯俱事荀卿，斯自以為不如非。非見韓之削弱，數以書諫韓王，韓王不能用。……故作〈孤憤〉〈五蠹〉〈內外儲〉〈說林〉〈說難〉十餘萬言。……人或傳其書至秦。秦王見〈孤憤〉〈五蠹〉之書，曰：「嗟乎，寡人得見此人與之遊，死不恨矣！」李斯曰：「此韓非之所著書也。」秦因急攻韓。韓王始不用非，及急，乃遣非使秦。秦王悅之，未信用。李斯、姚賈害之，毀之曰：「韓非，韓之諸公子也。今王欲併諸侯，非終為韓不為秦，此人之情也。今王不用，久留而歸之，此自遺患也，不如以過法誅之。」秦王以為然，下吏治非。李斯使人遺非藥，使自殺。韓非欲自陳，不得見。秦王後悔之，使人赦之，非已死矣。

申子、韓子皆著書，傳於後世，學者多有。余獨悲韓子為說難而不能自脫耳。

一個「悲」字，真的貫串了韓非的人生！

非常聰慧、早熟、敏感的他，卻生在高貴、堂皇而又複雜、虛偽的宮廷環境，聽厭了美妙的言談，看慣了醜惡的真相；不想逃遁於情慾，放逸於藝術，他關心政務，熱切改良，卻又生於世局大轉型的前夕，處身君庸臣賊、而又貼近虎狼之秦、國亡在即的弱亂之邦，卻又不忍、不能如他人的暮楚朝秦，捨離祖國。**先天與童年的原因，嚴重的語言障礙，他好學、能文，從業於大儒荀卿，交上了同學李斯，從性惡、隆禮之說一滑而下，變本加厲，對人性、仁政，全失信心，卒之轉到任法、尊君的極端，以至殘酷寡恩，害人害己！**

早已有許多人慨歎：聰明飽學如他，竟想不到（或者不以為意）：李斯本是小吏，富貴權位所在，事秦事楚無別，所以英主可以羈縻；韓非是國之世族，休戚相關，血濃於水（即如屈原之於楚），所以雄猜之君，終不能信他可以為己所用。韓非輕身入秦，不免與李斯（以至姚賈）利害衝突，更以疏間近，難怪宋代黃震《日鈔》譏歎：「送死秦獄，愚莫與比！」韓非死後，李斯權位更固，繼續輔佐秦王推行韓非理論。到秦皇一死，李斯又被所矯旨擁立的二世信更奸惡的趙高而害得全家慘死！

李斯、韓非，以至前此的商鞅、吳起等法家人物下場往往如此！不過，因為書寫得動人，又從未掌握得位，所以多一點獲得同情的，還是韓非。

中國第一個極權皇帝，欣賞他，自然也疑忌他；第一個全國的權相，畏忌他、害死他，但更貫徹、執行他的計策。漢以後歷朝政治莫不陽儒陰法，於是韓非死了，而又還沒有死。

二千年來無數評論者，斥罵他，惋惜他，嘲笑他，但是對他文章的清通、健銳，特別是推理和比喻的靈巧，都一致讚賞。論到歷代散文的論說一類，他與孟軻是先秦諸子的兩座巔峰。所不同的是他們相反的人性與民權信仰，相同的是他們所共歷的時世趨向，「定於一」，和自任以天下之重、以思想救世的學術承擔。

時世不斷在變，也不斷呈現種種病徵，有理想的人總覺得要想法醫治。理想高、抱負大，才能出眾而又富有使命感與同情心的人，更自覺是義不容辭的大國手。先秦諸子之學，就是由此而起。

首開晚周私家講學之風而為諸子之首的，是仲尼孔丘。墨翟、韓非，這兩名儒家死敵，最初都學於他的再傳弟子。據《論語．學而篇》，儒學精要是「志於道」（以探求人生真理為職志）、「據於德」（以天賦人性為根據）、「依於仁」（以道德良知為憑藉）、「游於藝」（在各種學問匯成的文化江洋裏涵泳自得），循此發展，以尊天愛人為旨歸，以本心原性為基礎，以孝親敬長為起始，以勤學尚思為修養，以興仁復禮為功效，以君子賢人為典範，至於內聖外王，就最崇高尊貴了。這就是二千多年來作為中國文化骨幹的儒學大綱。歷代因之尊他為大成至聖先師，而繼承光大孔子之學的，是被稱為「亞聖」的孟軻。孟子以「仁」為人心安宅，「義」為行事正途，有志之士，必當「居仁由義」，以堯舜禹湯文武周公孔子一系列聖人為典範，而弘揚道統。其後荀子，最稱大師，教學既久，成就亦眾。他雖反孟軻「性善」之說，但仍極尊孔子而講「儒效」，勸「學」隆禮以成君子。所以，整個儒家體系就是：以仁心為基源，義理為原則，禮文為細目，交織拓擴，以顯示人之所以為人的「心性」主宰，建立鞏固「尚德」傳統，而發揚「人文」精神，這便是理想社會的共同規範了。

社會要講求荀子所謂「羣居和一」，公德是必需的；東洋西海，心同理同，共識也是可能的。不過，「同」與「異」是矛盾而又並存的；「人心不同，各如其面」，個別差異在自然、在人間，都是有目共睹，不容否認，無可抹殺。一筆抹殺，強異為同，只造成無限而無情的痛苦。世間許多壞事是自以為「好心」而做出來的，許多罪惡是自以為義、強人從己而發生的，許多誤會是一廂情願的所謂「忠恕」而招致的，許多勞累、煩惱、紛爭以至罪過，是因為喜居人上而造成的。（以上理念，許多與後來傳入的佛家所信有相同相通之處，所以被反對的儒者稱為「二氏」。）所以，與儒家孔孟之道相異（不一定相反）而又相輔相補的，有老莊之徒，揭示一個形而上意義的「道」，其大無外，作為萬事萬物的總和；而物各有性，性各自足，都是得於自然的「德」；所以不必、也不可能以此例彼、或以彼代此。一切差異以至矛盾對立，都是無比偉大的「道」的一部分，永遠共存而又不斷互相流轉。（後來那神奇的「太極圖」就是這個道理的最佳象徵。）所以任何人間的共同規範，都沒有意義。作為萬物之一，人不配也不應有為，以免自擾擾人、欺人自欺。只有清靜無為，逍遙觀賞，順應自然，才是道理。他們把「道」講得又多又動聽，特別是春秋戰國動亂了幾百年，繼之以統一者嬴秦苛暴之政，和跟着的楚漢之爭，賢愚上下所有人都痛苦得不得了，到後來文景之世，把應時而興、合乎眾望的無為而治、與民休息的政策，標舉為「黃

（帝）老（子）之道」，於是就被稱為「道家」，居於司馬談所謂有得而無失的「六家」之首了。

另一派思想：從儒家反出來另立門戶的墨家，厭病儒者煩擾奢費的禮樂喪葬種種儀文，他們對道家的玄虛之理也沒興趣，而只崇奉一個籠統的宗教意味的「天」，認為天的意志就是要人兼相愛、交相利，所以反對戰爭，他們相信鬼神，但又反對音樂、命運，主張節用、節葬，信仰的樸素和矛盾，基層大眾並不充分明白，也並不計較，他們只是感動、信服和跟從教主式領袖墨翟與接任的歷代「鉅子」，「摩頂放踵，利天下為之」的行俠仗義，以及民間幫會私人武力的團結互助。風從既眾，就與儒家並稱「顯學」。急公好義的墨者極重集體，與老莊道家同調的楊朱偏於個人，二者各趨一端而並斥於孟子。此外，除了不談政治的陰陽家，又有不像上述儒道墨三家之講究終極關懷，只是遊走列邦，把握其間的利害矛盾，馳騁舌辯以勸導諸侯或和或戰、或合或分，最終成就策士個人功名利祿的所謂「縱橫家」，以蘇秦張儀為冠冕人物。這就是韓非成長和活動時期，法家以外的諸子要略了。

儒道墨縱橫諸派，法家人士都不喜歡，認為他們大害於國——或者，最重要的，是不利於最高統治者。特別是處戰國末世、集法家大成的韓非子，對前述各家思想都了解，但都不滿意，甚至看不起、反對、唾棄。儒家講從自心發出的由親及疏的「推愛」；墨家認為應該是「天志」之下，無有差等的「兼愛」。韓非提醒領導人：「愛」就不利於統治。儒家以「親親」「尊賢」為治國用人兩大基準，韓非指出：這兩者之間一定矛盾，而且，「親親」就偏私，所謂「賢」也可以虛誕；還有利之所在，什麼「親」「賢」都可以反戈攻擊君主！韓非認為，只有自己歸納綜合的那一套「憑勢、用術、行法」，才是明主的唯一妙方！

前期法家之書，《管子》《商君書》《申子》等等，雖或偽託，或不傳，但考核其中言論，與史書所記其人其事，則性格主張仍然可知，大抵都是從政務實，急功近利，不喜歡（也不擅長）抽象理念的探索和價值體系的建立——或者說：唯一價值，就在所效忠的國君當下的實際利益。什麼人性陶冶、道德自覺等等，都嗤為迂闊，絕少關心，即有所謂教育，亦止於信賞必罰，訓練操控，以作生產和戰爭的工具。到集大成的韓非子，更是如此。其思想淵源和學術演變之跡，示如下表：

學派	思想來源	韓非子思想
儒：荀子	性惡	性惡
	隆禮	尚法
	師法	以吏為師
道：老子	無為之靜觀智慧	無為自安
	無不為之超越自由心境	無不為以馭下
墨：墨子	尚同	統一思想
	天志	以君為天
法：前期法家	慎到：勢	憑勢
	申不害：術	用術
	商鞅：法	行法

今本《韓非子》，大體可信為其自撰，間中有問題者，亦多為後學之所綴補或者擬作。作為學術研究，「韓非本人思想」與「《韓非子》書所表現之法家思想」是兩個有同有異的課題；作為導讀，則重點在於後者。個別作品的考據問題，不能多費篇幅了。以下表列《韓非子》全書大要，繼而精選條列最有代表性的言論，以見其主張：

原書篇目次第	作者與釋題	各篇論旨
＊初見秦第一	與《戰國策·秦策一》作「張儀語」者幾全同，而文更清淺暢備，然所說皆儀死後事，韓非志存韓，而此篇勸攻韓，情理不合，故或疑他人之作。	勸秦用法，使謀臣盡忠，以兵強地利破六國合縱而霸天下。
存韓第二	後半為李斯之文。	前半韓非求秦存韓，後為李斯上秦王駁韓非，及李斯上韓王勸依秦王書。
難言第三	或疑早期之文，或疑囚秦之作。	論進言之難。
愛臣第四	或疑早期之作。	明君必防臣，不可愛之太親。
＊主道第五	押韻，多黃老思想，或後期之作。	明主執虛靜、用權術、明賞罰的政治。
＊有度第六	多近《管子·明法》，疑是其他法家所作。	能行法度則國治。
＊二柄第七	多「刑」「德」對舉，以代「賞」「罰」，疑非韓子自作。	明君以「殺戮」「慶賞」為二柄以導制其臣。
＊揚權第八	情況同〈主道〉。	揚舉君權之道。或謂「權」當作「榷」，「揚榷」即「顯揚而扼要論述」之意。
＊八姦第九	盛年之作。	權臣欺國誤國之八術：同床、在旁、父兄、養殃、民萌、流行、威強、八方，明主防之。
＊十過第十	文甚繁蕪，似近雜家者之作。	君臣危國亡身之十種過失，各舉史例。

＊「新視野中華經典文庫」《韓非子》之節選。

（續上表）

原書篇目次第	作者與釋題	各篇論旨
*孤憤第十一	韓非自著。	智術能法之士，與當道營私之人，勢不兩立，因人主昏昧而孤獨、悲憤。
*說難第十二	韓非之作。	進說君主之各種困難，總在如何了解、打動對方心理。
和氏第十三	韓非之作。	玉師和氏，獻真玉而受誣遭刖，法術之士，危禍亦如之。
*奸劫弒臣第十四	早年之作。	奸邪、劫勢、弒主之臣種種欺君之術。
亡徵第十五	後期入秦前之作。	人主之國衰亡禍亂之徵兆。
三守第十六	離儒入法之作。	人主待臣有三原則，守之則國安身榮，失之則三劫至。
*備內第十七	韓非之作。	妻近子親，猶不可信，人主信人則制於人而患禍至。
*南面第十八	韓非之作。	人主以明法、責實、變古而治國。
飾邪第十九	頗有來自《呂氏春秋》文字，或是入秦後之作。	治國在明法，不在卜筮鬼神。

（續上表）

原書篇目次第	作者與釋題	各篇論旨
* 解老第二十	選解《老子》要語。或疑他人之作。	
* 喻老第二十一	以史事傳說喻示《老子》之意。同〈解老〉，而作者又異。	
* 說林上第二十二	廣舉史事名言為例，其多如林，明世道人情真相。早期搜材抒論之作。	
* 說林下第二十三	同上。	
* 觀行第二十四	篇幅特小，尊儒近道，殆是韓非早年尚在荀門之作。	明主以道觀己之過，以法術觀人之限。
安危第二十五		明主求安去危之術。
守道第二十六		明主守法術之道。
用人第二十七		明主以賞罰法術用人。
* 功名第二十八		明主以天時、人心、技能、勢位而立功成名。
大體第二十九		致治立功成名之總原理。

（續上表）

	原書篇目次第	作者與釋題	各篇論旨
*	內儲說上七術第三十	韓非自撰。左上下及右下三篇頗多錯亂，或晚歲入秦事變甚急，未遑整理。簡冊重多，故分為內外左右上下數篇。儲集多量人間故事，以見世道人情，而備人君內外政治之參考。每篇若干主題，皆先作凝練之「經」，以陳述要理，挈領提綱；繼釋之以「說」，搜採歷史故事，或更以「一曰」「或曰」方式，廣納異聞雜記，以補充發揮。「經」「說」既可分別單行，更宜合觀一見其一貫呼應，闡明法家思想。	明主御眾所用之術有七，所觀察臣下微妙之情有六。
*	內儲說下六微第三十一		
*	外儲說左上第三十二		
*	外儲說左下第三十三		
*	外儲說右上第三十四		
*	外儲說右下第三十五		
*	難一第三十六	韓非晚年之作。二十八則短評，各皆先陳歷史故事，繼以質問疑難。其中多評管仲、孔子，可見其早期肯定二人，而後來轉為苛評之態度之變。間中與《呂氏春秋》所採故事相同，而觀點相反，以篇幅總量龐大，故析為四篇。	採輯古人行事言論，質疑其利害之理，以明法治。
*	難二第三十七		
*	難三第三十八		
	難四第三十九		

（續上表）

原書篇目次第	作者與釋題	各篇論旨
* 難勢第四十	有關慎到言「勢」之評論集。韓非作。思想已離荀子。	先述慎到權勢治國之論，繼引質詢疑難者，終抒己見。
問辯第四十一	韓非作。	明主貴法令，賤辭辯。
* 問田第四十二	篇題似後人所加，後段亦與無關，或其徒補編。	以田鳩答問之語論法治。
* 定法第四十三	韓非之作。	申不害言明主御下之「術」，商鞅論政府治民之「法」，比較二者得失與未盡善處而抒己見。
* 説疑第四十四	用典甚密，且多冷僻，或疑非盡韓作。	明主提防奸人言論行動。
* 詭使第四十五	韓非之作。	名實乖違，賞罰失當，是敗政之因。
* 六反第四十六	韓非之作。	奸偽與耕戰之民各六種，而賞罰與譭譽失當，國所以亂。
八説第四十七	韓非之作。	八種世俗匹夫之私譽，實人主之大敗。
* 八經第四十八	韓非之作。稍有竄亂，八節之題亦有異説。	治國八大原則：因情、主道、起亂、立道、周密（?）參言、聽法、類柄、主威（?）。
* 五蠹第四十九	韓非之作。	儒者、縱橫策士、墨家任俠、逃兵役、務商賈者，為國之五蠹，明主棄之。
* 顯學第五十	韓非之作。	力斥儒墨之家崇古，非愚即誣。

（續上表）

原書篇目次第	作者與釋題	各篇論旨
＊忠孝第五十一	作者問題有疑。	教忠孝不能治國，唯有賞罰。
＊人主第五十二	或疑後學集韓之作。	人主必當絕對權威。
飾令第五十三	錄自《商君書．靳令》稍有刪節，無六蝨與仁義一段。	論整飭法令之要。
心度第五十四	作者問題有疑。	以賞罰之法，度臣民之心。
制分第五十五	作者問題有疑。	制賞罰，分功罪，以治國家。

（一）人性惡而不可信靠

父母之於子也，產男則相賀，產女則殺之。……故父母之於子也，猶用計算之心相待也，況無父子之澤者乎？（〈六反〉）

人為嬰兒也，父母養之簡，子長而怨，子盛壯成人，其供養薄，父母怒而誚之。……皆挾相為而不周於為己也。（〈外儲說左上〉）

人主之患在於信人，信人則制於人。……夫以妻之近與子之親，猶不可信，則其餘無可信者矣。（〈備內〉）

（二）物質經濟決定治亂

古者……不事力而養足，人民少而財有餘，故民不爭，是以厚賞不行，重罰不用，而民自治。今……人民眾而貨財寡，事力勞而供養薄，故民爭。雖倍賞累罰而不免於亂。（〈五蠹〉）

（三）務時用不法古

聖人不期修古，不法常可，論世之事，因為之備。（〈五蠹〉）

言先王之仁義，無益於治。（〈顯學〉）

無參驗而必之者，愚也；弗能必而據之者，誣也；故明據先王，必定堯舜者，非愚則誣也。愚誣之學，雜反之行，明主弗受也。（〈顯學〉）

（四）反儒墨

儒以文亂法，俠以武犯禁。（〈五蠹〉）

舉先王言仁義者盈庭，而政不免於亂。（〈五蠹〉）

不能具羹食而勸餓人飯。（〈八說〉）

（五）法重於德

夫嚴家無悍虜，而慈母有敗子，吾以此知威勢之可以禁暴，而德厚之不足以止亂也。夫聖人之治國，不恃人之為善也，而用其不得為非也：為治者用眾而捨寡，故不務德而務法。（〈顯學〉）

法之為道，前苦而長利；仁之為道，樂偷而後窮。（〈六反〉）

賞莫如厚而信，使民利之；罰莫如重而必，使民畏之；法莫如一而固，使民知之。（〈五蠹〉）

（六）愚民

民智之不可用，猶嬰兒之心也。……嬰兒不知犯其所小苦致其所大利也。今上急耕田墾草以厚民產也，而以上為酷；修刑重罰以為禁邪也，而以上為嚴；徵賦錢粟以實倉庫、且以救饑饉備軍旅也，而以上為貪；境內必知介而無私解（民皆知兵而不敢私鬥也），並力疾鬥所以禽虜也，而以上為暴。此四者，所以治安也，而民不知悅也。……夫民智之不足用亦明矣。故舉士而求賢智，為政而期適民，皆亂之端，未可與為治也。（〈顯學〉）

明主之國，無書簡之文，以法為教；無先王之語，以吏為師；無私劍之捍，以斬首為勇。（〈五蠹〉）

（七）明君統治之道

韓非不言「仁君」而說「明主」，其統治之道是：

憑勢——勸位自固

用術——形名參同
行法——信賞必罰

慎到言尚勢，以為賢智未足服眾，而勢位可以屈賢，所以身不肖而威令行，就靠得助於眾。韓非廣其說，認為聖哲之君，百世無一；憑勢任法，則中材之君，亦可致治。所以，勢位是人主的筋力爪牙，不可去之。（見〈難勢〉〈人主〉〈功名〉諸篇。）

韓非以為：「明主之所道制其臣者，二柄而已矣。二柄者，刑德也。何謂刑德？曰：殺戮之謂刑，慶賞之謂德。為人臣者畏誅罰而利慶賞，故人主自用其刑德，則羣臣畏其威而歸其利矣。」所以明主秉要執本，以闇見疵，形名參同，聽言而求其當，任身而責其功，所謂「因任授官，循名責實，操生殺之柄，課羣臣之能」者，就是人主所操的「術」了。

綜核名實，繼之以信賞必罰，重一奸之罪而止境內之邪，報一人之功而勸境內之眾，「憲令著於官府，刑罰必於民心；賞存乎慎法，而罰加乎奸令者」，此所謂法。法莫如顯，而術不欲見，不可一無；皆帝王之具也。（見〈定法〉）

總之，韓非以至他作為集大成代表的先秦法家，所秉持者絕非現代普遍價值的法治精神。人性自私，所以要制衡權力，要民主法治，以達社羣之大公，這是現代共

識；人性自私，所以要壓制、利用所有其他人的自私，以成就專制獨裁者最大的自私，這是先秦法家——例如講得最通透的韓非子！

現代講出「奉法而治」（rule of law），法律的制定是開誠佈公，法律的實施是人人平等，終極關懷在於全民；韓非他們則是「以法為治」（rule by law），人人屈於「為君主而制、而君主獨非所制」的法律之下。一切利益最後歸於君主。君主以法律禁制臣民：「太上禁其心，其次禁其言，其次禁其事」（〈說疑〉），從行動，到言論，到思想，都在所統制！如果君主是人，則一切他人都只是工具，是牛馬！「賞之譽之不勸，罰之毀之不畏，四者加焉不變，則其除之！」（〈外儲說右上〉）連沉默退隱也不容許！所以，焚書之酷、坑儒之慘，都絕非偶然突發！

《漢書．酷吏傳》說：「法令者，治之具，而非制治清濁之源也。」法令，並不是價值根本，漢代揚雄《法言》：「申韓之術，不仁至矣！何牛羊之用人也！」法家待人民，像對畜牲一樣。這是古代的評論，現代章炳麟《國故論衡．原道下》：「今無慈惠廉愛，則民為虎狼也；無文學，則士為牛馬也」；「國雖治，政雖理，其民不人」；「有見於國，無見於人；有見於羣，無見於孑」——「孑」（音「揭」，不是「子」）就是一個個單獨的甚至是孤弱的，然而是有個性、有尊嚴、有人權的老百姓；過分地強調集體，必定也過分地壓縮個人；只知道擁護必然腐敗的絕對君權，更必然不把領袖以外的人當人看待！

韓非既深悉人性之惡，則君主亦人，其惡又何以不必防治，而又縱之任之，以肆統治之權，得大惡大私之利？若說秦之暴虐與速亡是二世、李斯等私心扭曲，不如說是本質趨勢如此。「飄風不終朝，驟雨不終日」，《老子》早有明訓！

百載以來，知悉歐西歷史者漸多，頗有把韓非子與十五、六世紀間意大利政客馬基雅維利（Niccolò Machiavelli，一四六九——一五二七）相提並論者。馬氏生於昔富貴而今破落之家，奮鬥苦學，力爭上游，於是躋身政壇，內政外交，多所參與，一五一二年至一五一三年間，捲入政變，乃被捕囚，旋即獲釋，從此退出官場，專心寫作，成《君主論》（The Prince），力主英明領袖，宜應不擇手段，用盡詭謀，以取個人及政府利益。馬氏既鬱鬱而卒，其書梓行，風動士林，影響日後歐西政治。論者就多說與千餘年前中國韓非頗有近似。其實細究起來，相異之處也不可忽視：

第一，西方自基督教普遍流行，原罪觀念深入人心，君相王侯，同在神前懺悔求赦，朝野上下對權力中毒之防治，早成共識。中國文化主流，以仁心善性為宗，韓非承荀子而變本加厲，強調性惡，懷疑仁愛，但又輕視禮教，只言賞罰，於是歷代多評其偏激，又或陰用其言，而陽棄其說。

第二，自羅馬帝國崩解，民族國家林立，以分裂獨立為常態，元首不過位同諸侯，權威有限。中國自秦漢之後，以大一統為正常，國家機器龐大，君主被擬為聖為神，世襲專制獨裁，法家更易助紂為虐。

第三，自羅馬君士坦丁大帝歸信，基督教會地位崇高，國君登基，教皇加冕，宗教改革之後，政教分離，但朝野共同信仰，成為制衡政府之公民權力。中國自西周以人文精神代替殷商尚鬼多祀，此後亦並無可與政權抗衡之教會，反之，教主亦受君王冊立，封贈尊號，而接受管制，神權反被政權利用。由此觀之，法家韓非之流，逢迎君惡的阻力，比較馬基雅維利為小。

論政者要打動人心，從政者要獲得權位，在今日民主之世，靠的是公開論辯，吸引選民；在專制君主當朝，就要以文辭打動帝心。陸機《文賦》：「說煒曄而譎誑」，就如現代有人所謂「政治是高明的騙術」。《文心雕龍．論說篇》所云：

戰國爭雄，辯士雲踴；縱橫參謀，長短角勢；轉丸騁其巧辭，飛鉗伏其精術；一人之辯，重於九鼎之寶；三寸之舌，強於百萬之師。

佩六國相印的蘇秦，封五個富邑的張儀，就是當世最多人艷羨的、成功的「縱橫」之士。「飛辯以馳術，饜祿而餘榮」（《文心．諸子》），韓非學勤思敏，不屑比於蘇、張，但同樣要寄望「人主」，可惜嚴重「口吃」，補償的是「善於著書」——**他文字上的長處，主要有兩方面：一是清晰周密、脈絡分明，極合推理原則；二是例證豐富、生動，比喻靈巧、貼切，結合造成胡應麟《筆叢》所謂「抉摘隱微，燁如懸鏡」的動人效果。**特別是《文心雕龍．諸子篇》所稱的「韓非著博喻之富」，書中〈儲說〉內（上下）、外（左上、下，右上、下）六篇，即是「寓言」，二百多則，其他〈說林〉上下、〈喻老〉、〈十過〉等篇，亦多以故事為例，後世許多成語、諺談、典故出於此，活躍在民眾口頭和文士筆下。最著者如：「守株待兔」「自相矛盾」「佩弦佩韋」「濫竽充數」「病入膏肓」「鳴必驚人」「三人成虎」「郢書燕說」「買櫝還珠」「諱疾忌醫」……以至「和氏璧」「曾子殺彘」「鄭人買履」「不死之藥」「批其逆鱗」「狗猛酒酸」等等，在文學藝術、語言技巧方面，韓非之書，就可說是少有病毒而營養甚多了！

修辭主要是動人以情，推論所重是服人以理，所以「入道見志、成一家言」的諸子，都有邏輯。「邏輯」這個外來語的普及程度，或者超過了「名學」「論理」「理則」等等較富中文本色的同義詞——因為似乎在西方一向較為發達——不過，概念與判斷的建立，推理的開展，既是普世人心所同，以雄文代利口的韓非，書中富有邏輯範例，也是應有之義了。

韓非痛批儒墨的經典妙喻：「矛盾」（〈難一〉〈難勢〉），正是邏輯基本要律之一。以矛盾律為基礎的犀利武器：「二難論法」，再加上「假言推理」（如〈解老〉論證《老子》所謂「禍福倚伏」），「歸納推理」（多見於內外〈儲說〉六篇），都廣見書中。至於〈二柄〉〈八奸〉〈十過〉〈三守〉〈七術〉〈六微〉〈六反〉〈八說〉〈八經〉〈五蠹〉等等篇章名目，更足見韓非辯（辨）類劃分的興趣，最後都以對於人主有益有用與否，為「二分」的基準。

「以霸王之業教君」既然是他著書立說的終極關懷，在立竿見影的功利現實之外的抽象思維，名理玩索，韓非自然不屑一顧，甚至大加掊擊。荀況承孔子而務「正名」，但已批評惠施等「甚察而不惠」（〈非十二子〉），精細過甚，沒有實益），「蔽於辭而不知實」（〈解蔽〉），沉溺在詞語文字，背離現實常識），到弟子韓非，眼中更只有君王勢位權力，認為「辯生於上之不明」（〈問辯〉），「堅白（公孫龍）無厚」的名家之辨，不容於憲令之法；什麼「白馬非馬」，帶馬過關也非賦稅不可（〈外儲說左上〉）！戰國三晉，正如晚清，時人救亡圖存的危機感特別迫切，可以理解；不過，在希臘以至近代歐西，何嘗不城邦林立，興滅無常？對抽象名理之學何以興趣遠過？真值得更作思考。

老子主張「虛其心」「弱其志」「民之難治，以其智多」，法家尤其是韓非，更討厭人民多說亂動，不依君主指定的路數來用力用心，難怪「祖龍」一讀其書，恨未同遊了！

墨家

《墨子》導讀

敬天愛人的墨子

臺灣大學哲學系教授
李賢中

我們要了解一位哲學家的思想，必須從多方面去考察，首先是這個人的個性，而要了解一個人的個性又必須了解他所生活的環境，因為一個人的個性要從他與環境的互動中才能看得出來；再者，就是他思考的方式，即可以從個性、環境、思維方法三方面來了解一個哲學家的思想。還有就是要對他著作中的思想內涵有系統的把握，如此就可以比較準確地掌握這位哲學家的思想。以下我們就從墨子其人、其書、其思想與方法及其影響這幾方面入手，向讀者介紹墨子，最後再談一談研讀、了解墨子的方法。

一、墨子是個怎樣的人？

（一）他的姓名為何？

從先秦著作《孟子》《莊子》《荀子》《韓非子》等來看，既有稱他「墨翟」的，也有稱他為「墨子」的。漢代司馬遷《史記．孟子荀卿列傳》說：「墨翟，宋之大夫，善守禦，為節用。」點出墨子節用與非攻而善守備的思想。從漢代以後，學者們都主張墨子姓墨，名翟。

再從先秦典籍相關稱謂的比較來看，《莊子．天下》說：「墨翟、禽滑釐聞其風而說之。」唐代成玄英的疏指出，「禽滑釐，姓禽字滑釐，墨翟弟子也。」《墨子》中也有稱「子禽子」的。禽滑釐既然是姓禽，那麼相應的，《莊子．天下》裏將墨翟、禽滑釐二人同列，可推知墨子姓墨，名翟。此外，《呂氏春秋．博志》也說：「孔丘、墨翟，晝日諷誦習業。」孔丘既然是姓孔名丘，那墨翟當然也就是姓墨名翟。還有《荀子．非十二子》說：「上功用，大儉約……是墨翟、宋鈃也。」也可為證。

並且，在《墨子》一書中，墨子也自稱為「翟」，如〈耕柱〉篇有「子墨子曰：『且翟聞之為義非避譭就譽，去之苟道，受狂何傷！』」墨子主張，實踐仁義如果不能避免別人詆譭，就應該堅持下去，千萬不能因為追求所謂的美譽而妥協；離去高官之位只要是符合正道的原則，就算被人譏評為瘋子又有什麼關係。〈貴義〉篇也提到「子墨子曰：『翟上無君上之事，下無耕農之難，吾安敢廢此？』」墨子以周公旦的勤政愛民、日理萬機輔佐天子，仍不忘每日用功讀書為例，說明自己不像周公那麼忙碌，當然更要用功讀書。〈公孟〉篇則有「子墨子曰：『今翟曾無稱於孔子乎？』」墨子說，只要孔子所說的是正確不易的道理，他怎能不引用、稱道呢？〈魯問〉篇有：「子墨子曰：『翟嘗計之矣。』」墨子曾估計衡量天下之利為何。

那麼，「翟」是什麼意思？那是一種羽毛鮮艷的長尾雉雞，也是古代樂舞所用的雉羽。或許「翟」象徵着雄雞司晨，在他們的時代喚出清晨的一道光明。《孟子・滕文公下》云：「聖王不作，諸侯放恣，處士橫議，楊朱、墨翟之言盈天下。天下之言不歸楊，則歸墨。」墨子的思想在戰國時代是非常有影響力的。從以上各點考證可知，墨子姓墨，名翟。

（二）墨子是哪裏人？

為什麼需要知道墨子是哪裏人、他在哪裏出生、在哪裏成長及活動？因為一個人的思想與他成長的環境有關，不同地域的風俗、文化對於一個人的思想有很大的影響。雖然考察古人的出生地，實在有相當的困難度，但是我們還是可以就有限的線索，勾勒出一個大概的輪廓。有關墨翟的里籍，《呂氏春秋・慎大覽》高誘注：「墨子名翟，魯人也。」《荀子・修身》楊倞注：「墨翟，魯人。」從這些記載來看，墨子是魯國人。但是也有些文獻作宋人的，如葛洪《神仙傳》就認為墨子為宋人。《昭明文選・長笛賦》李善注：「墨翟，宋人也。」還有的文獻說墨子是楚國人，如清代的畢沅《墨子注・序》認為，前人以為墨子是魯人，應為楚之魯陽（今河南魯山縣）人。孫詒讓則認為畢沅的看法與古書不合，墨子不是楚人而是魯國人；又因為墨子曾做過宋國大夫，於是被認為是宋國人。嚴靈峰在他的《墨子簡編》裏闢有專章，對「現存墨子諸篇內容之分析及其作者的鑒定」予以分析，他指出：「墨子名翟，姓墨氏，魯人；或曰宋人。」但之後的墨學研究者，如薛保綸、周長耀、李漁叔、馮成榮、蔡仁厚、王冬珍、陳問梅等皆認定墨子是魯國人。

眾說紛紜，到底墨翟是哪裏人呢？楊向奎在《中國古代社會與古代思想研究》一書中指出，墨翟原籍是宋國，但後來長期居住在魯國。張知寒〈墨子里籍新探〉一文則認為墨翟是今山東滕州市人。滕州市東南有目夷亭，為宋公子目夷之封地，也是古國名，目夷又轉音為墨臺。墨翟為墨臺氏之後，也就是目夷氏之後。目夷地最早屬於小邾國，墨翟實為小邾國人。小邾國是宋國的附庸，所以墨翟可以被視為宋人。春秋晚期，小邾國為魯國佔有，因而墨翟成為魯人。這種從歷史的發展來考察墨子里籍問題的角度，可以化解前述眾說紛紜的情況，因為各種說法，各有所本，但卻是在某一特定的情境下所下的結論。

這讓我們看到，有關墨翟的里籍問題，與他的生卒時間有關，如果墨翟出生的時間定在春秋末期或戰國初期，那麼他就是魯國人了。

（三）墨子生卒於何時？

清代學者孫詒讓根據《墨子》現存的五十三篇內容進行推斷，從墨子與公輸盤

（也作般、班）、魯陽文子相問答，而後及見到齊太公和與齊康公興樂、吳起之死等歷史事件的年代推算，認為墨子差不多是與子思同一個時代，而墨子生年還在子思之後，子思生於魯哀公二年、周敬王二十七年。於是，錢穆與蔡仁厚在《墨家哲學》中，將墨翟生卒年定在周敬王四十年至周安王十一年之間，大約是孔孟年代之間。根據孫詒讓的考證，墨翟的生卒年約在周定王之初年到周安王之季，也就是大約在公元前四六八到前三七八年之間。

其實，在司馬遷的時代已經不能明確指出墨子的生卒年代，《史記・孟子荀卿列傳》稱：「或曰並孔子時，或曰在其後。」班固的《漢書・藝文志》認為「在孔子後」。

我們從墨子與孔、孟的關係來看，可以得出一個比較確定的生卒範圍。孔子在世時從未提過墨翟，由此可見墨翟的活動年代是在孔子之後，這是可以確定的。此外，我們看到，在《墨子》一書裏面則從未提過孟子。孟子周遊四方之時，曾非常激烈地攻擊墨翟的學說，可是墨翟卻從不曾提過他，由此推測墨翟的活動年代要比孟子來得早。所以墨翟的生卒年代，很可能是生於孔子（前五五一—前四七九）之後，而卒於孟子（前三七二—前二八九）出生之前，這也正是前述大約從公元前四六八到前三七六之間。

（四）墨子的身份與背景

有不少學者認為墨翟出生於勞工階層。如譚家健所彙整的根據有：《墨子．貴義》記載墨子並不否認自己為「賤人」。又《墨子．魯問》載：「公輸子削竹木為鵲，成而飛之，三日不下。」其中的竹鵲可能是類似風箏的東西。墨子對公輸子說：「子之為鵲也，不如翟之為車轄，須臾刻三寸之木，而任五十石之重。」車轄是輪軸上的一種機關，貫穿車軸的金屬鍵，以防輪子脫落，可以增加載重量。又在《韓非子．外儲說左上》記載：「墨子為木鳶，三年而成，飛一日而敗。弟子曰：先生之巧，至能使木鳶飛。墨子曰：不如為車輗之巧也，用咫尺之木，不費一朝之事，而引三十石之重。」其中車輗是古代大車連接車轅與橫木的插銷。又據《墨子．公輸》，墨子能造守城器械，連著名巧匠公輸盤也比不過他。可見墨子在當時是個能工巧匠。

此外，根據《墨子．魯問》《莊子．天下》等記載，墨子生活十分清貧，以野菜為食、清水為飲，吃了上頓沒有下頓，短褐為衣，草索為帶，居無常所。《淮南子．修務訓》說：「孔子無黔突，墨子無暖蓆。」從這些記載來看，墨子是工匠出身，過的是勞動者或手工業者的生活。

但其他典籍的記載所勾勒的墨子形象，卻與上述大不相同。據《呂氏春秋．當染》記載，墨子曾經向東周史官史角留於魯國的後人求學。根據《淮南子．要略訓》

記載：「墨子學儒者之業，習孔子之術。」可見他與儒者的關係密切，是個讀書人。此外，《墨子．明鬼下》中，墨子自稱曾讀周、燕、宋、齊等國《春秋》，可見他是博覽羣書的人。又據《墨子．貴義》記載，墨子前往衞國時，車中載了許多書，有人問他為什麼要帶那麼多書，他說：「翟上無君上之事，下無耕農之難，吾安敢廢此？」可見他不是體力勞動者，而是一個讀書的「士人」。

依照上述資料綜合觀之，墨翟有可能是出身勞動階級的工匠，經過學習、實踐，自創一家之言，提出「兼愛」「非攻」等思想，吸引弟子跟隨而成為人師，進而超越了他原本的勞工階層。正如他在《墨子．尚賢上》所主張的：「官無常貴，而民無終賤，有能則舉之，無能則下之。」一個人在社會上的階層是會隨着他的努力和際遇而變動的。

（五）墨子有哪些特別的事跡？

墨子最有名的事跡就是「止楚攻宋」，見《墨子．公輸》：墨子聽說公輸盤為楚國造雲梯，要去攻打宋國，就從齊國出發，走了十天十夜才趕到楚國國都會見公輸盤。見到公輸盤後，墨子說：「北方有一個欺侮我的人，希望你幫我殺了他。」公輸盤一聽很不高興。墨子看到他不悅的表情，就說：「我可以給你十鎰黃金做代價，如何？」公輸盤說：「我乃正義之士，決不殺人。」墨子就等着他說這樣的話，於是站起身來，對公輸盤恭敬地拜了又拜，說：「你的正義很奇怪，我在北方聽說你幫楚王建造雲梯，將用它去攻打宋國，戰爭一旦爆發，有多少無辜的百姓會喪命？你奉行正義，不願幫我殺一個人，卻願去殺害眾多的百姓，這怎麼能算明智、正義呢？」公輸盤無言以對，只好帶墨子去見楚王，一場戰爭就此被制止。

關於墨子其他的活動事跡，《墨子》及其他古籍上也有零星的記載，但是並沒有系統的介紹。許多活動的時間不明，無法作先後的排列，只能依其活動地區進行大致的歸納。

馮成榮的《墨子行教事跡考》對墨子生平、重要事跡、國籍、著述、傳授組織、思想淵源等課題做了考證，並引錄前人與時賢在該課題上的見解予以比較、批評。他指出墨子周遊列國的區域大致在宋國、衞國、楚國、齊國和越國。《史記》《漢書》均曾記墨子為宋大夫，但在《墨子》書中卻不見記述。墨子曾經去過幾次宋國，也曾經在宋國碰到麻煩。宋國有一個大臣叫子罕，因家派之爭，用計要抓墨子，想把他關起來。此外，墨子在「止楚攻宋」時，曾說他派了弟子禽滑釐等三百人，持守禦之器在宋城上以待楚寇，使楚王打消了攻打宋國的念頭。墨子成功阻止戰爭之後，經過宋國時，天下大雨，但守門的人卻拒絕他入城。《墨子．魯問》記載，墨子介紹其弟子曹公子出仕於宋，三年之後，由貧而富，處高爵祿，多財而不以之分人，墨子就把他教訓了一頓。這些是墨子到宋國所經歷的一些事。

墨子也曾去過衛國。《墨子．貴義》曾提到，墨子南遊衛國，車中載書甚多，有一名為弦唐子的人覺得奇怪而問之，墨子答以無事不可以不讀書。同篇又記：墨子推薦弟子到衛國做官，結果那弟子去了又回來，墨子問他是什麼原因，弟子回答說，因為原本許諾的俸祿少了一半，墨子把他給教訓了一頓。可見墨子並不在乎俸祿的多少，而看重信義與能否為百姓謀福利。同篇還記，墨子對衛國的公良桓子說：「衛，小國也，處於齊晉之間，猶貧家之處於富家之間也，貧家而學富家之衣食多用，則速亡必矣。」墨子非常強調節用的理念，認為此一經濟問題處理不好，將會有亡國之憂。此外，《墨子．耕柱》記載墨子推薦高石子到衛國做官，衛國國君給他的俸祿很優渥，但是對於高石子進諫的忠言卻不採納，後來高石子辭去厚祿的官位，則受到墨子的肯定與讚揚。這些是墨子到衛國所經歷或與衛國相關的一些事。

在楚國方面，《墨子．貴義》記載：墨子南遊到了楚國，去拜見楚獻惠王，獻惠王藉口自己年老婉拒了，派他的臣子穆賀會見墨子。和墨子交談之後，穆賀非常高興，對墨子說：「你的主張確實好啊，但君王是天下的大王，恐怕會認為這只是一個普通百姓的看法而不會採用的。」墨子答道：「只要它能在施政上推行有效，為何不用呢？就像吃藥，雖然只是一些草根，天子吃了它，具有療效可以調理他的疾病，難道會因為是一些草根就不吃了嗎？」墨子雖然作了一番解釋，但還是沒有說服他們。

另外，墨子也曾到過齊國，齊國是當時的強國，為政者不喜歡墨子的學說。還有，《墨子．貴義》記載墨子從魯國到齊國探望老朋友。老朋友對墨子說：「現在天下沒有人行義，你何必獨自苦行為義，不如就此停止。」墨子說：「現在這裏有一人，他有十個兒子，但只有一個兒子肯耕種，其他九個兒子都閒着，該怎麼辦呢？因為吃飯的人多而耕種的人少，耕種的這一個兒子不能不更加勤奮啊。現在天下沒有人行義，你應該勸我繼續努力行義，為什麼還要制止我呢？」這是墨子在齊國經歷的一些事。

除了齊國之外，墨子也到過越國。墨子曾多次派他的弟子到各國去擔任一些公職，希望能夠把墨家的思想發揚光大，其中他的弟子公尚過就曾到越國宣傳墨子的學說。越王很高興，並且願意把他佔領吳國的五百里土地封給墨子。可是墨子對這封地並不感興趣，墨子所在意的是推行墨家理想，真正去實踐兼愛、非攻的思想。在這一點上，當然越王並沒有同意，所以這件事也就擱置了。這是墨子到越國所發生的事。

整體而言，墨翟周遊各國的目的是服膺實踐「天所欲之義」。所謂的「義」就是《墨子．經說上》提到的：「志以天下為分，而能能利之，不必用。」墨家立志以謀求天下人的福利為每一個人的本分，並且認為每一個人都有能力去做有利於天下人的事，但不一定要出來當官才能對天下有貢獻。因此，墨子周遊列國之目的是為了宣揚兼愛、非攻、興天下之利的思想。

二、《墨子》其書

《墨子》一書的作者為墨翟及其弟子，因為其中有許多內容出現「子墨子曰」，明顯是墨家弟子對於老師所述的記錄，還有《墨辯》中的許多內容與戰國末期辯者、名家的論題相回應，可知是後期墨家弟子的思想。《漢書．藝文志》著錄墨子七十一篇，清人畢沅〈墨子注序〉說：「宋亡九篇，為六十二篇。見《中興館閣書目》，實六十三篇。又亡十篇，為五十三篇，即今本也。」現今只存五十三篇，已亡十八篇，其中〈節用〉〈節葬〉〈明鬼〉〈非樂〉〈非儒〉五種，各有所缺，共計八篇外，尚有十篇不知篇目。

依任繼愈、李廣興主編的《墨子大全》收錄的注本來看，明代有《墨子》（明嘉靖三十二年唐堯臣刻本（十五卷））等十四種，清代有《墨子與墨者》（清馬驌撰，清康熙九年刻本（一卷））等二十種。其中以孫詒讓集諸注家之大成，其《墨子閒詁》至今仍然是較好的原文版本。孫詒讓將明正統《道藏》本《墨子》跟畢沅校本、明吳寬寫本、顧廣圻校本、日刻本等互相校勘，參考綜合畢沅、蘇時學、王念孫、王引之、張惠言、洪頤𤦺、俞樾、戴望等人的成果，以很大功力撰就《墨子閒詁》一書，俞樾〈墨子序〉稱：「自有墨子以來，未有此書。」現存的五十三篇，內容可分為五類：

第一類：〈親士〉〈修身〉〈所染〉〈法儀〉〈七患〉〈辭過〉〈三辯〉，共七篇。畢沅認為〈親士〉〈修身〉篇中，沒有「子墨子曰」，可能是墨翟自作。徐希燕在《墨學研究——墨子學說的現代詮釋》中表示，此「七篇係弟子根據墨子早期思想所做的記載，並略加發揮所成的」。秦彥士的《墨子考論》也認為「七篇基本上還是反映了墨家的思想，不過我們應將它視為墨子的早期思想，屬於他在脫離儒家學說之後不久的時間所述，是他早期講學時弟子的記錄」。這七篇內容涉及尚賢、天志、節用、非樂等主張之發揮。〈法儀〉篇則為墨子學說的綱領、立論的根據與標準。因此，第一類可視為墨子的早期思想。「新視野中華經典文庫」《墨子》較為詳盡的介紹了其中的〈親士〉〈修身〉〈所染〉〈法儀〉四篇。

第二類：〈尚賢〉〈尚同〉〈兼愛〉〈非攻〉〈節用〉〈節葬〉〈天志〉〈明鬼〉〈非樂〉〈非命〉〈非儒〉。每種若皆上、中、下三篇齊全的話，該有三十三篇，但因缺了八篇，加上〈非儒〉原本就無「中」篇，因此現僅有二十四篇。梁啟超認為這些是墨學的大綱目，為墨家學派主要的代表作。除了〈非攻〉〈非儒〉外，其餘各篇皆有「子墨子曰」字樣，乃是墨子門人弟子所記，現今學者多以第二組為《墨子》的精華。徐希燕在《墨學研究——墨子學說的現代詮釋》中表示，「諸篇係墨子思想精華所在，當為墨子本人所著，或弟子在墨子據其書講授時所作的完整記錄……但〈非命〉〈非樂〉篇，弟子略有發揮」。同樣的觀點見於《墨子思想研究》，胡子宗認為「這是墨子思想的真實記錄，是研究墨子思想的最根本性材料」。第二類除〈非儒〉僅上下篇外，其他主題原各皆有上中下三篇，文意大同小異，是墨家的中心思想。「新視野中華經典文庫」《墨子》導讀了其中的〈尚賢上〉〈尚同下〉〈兼愛下〉〈非攻上〉〈節用中〉〈節葬下〉〈天志上〉〈明鬼下〉〈非樂上〉〈非命上〉十篇。

第三類：〈經上〉〈經下〉〈經說上〉〈經說下〉〈大取〉〈小取〉（共六篇）。東晉魯勝曾著《墨辯注》，他在序文中寫道：「墨子著書，作辯經以立名本……《墨辯》有上下經，經各有說，凡四篇，與其書眾篇連第，故獨存。」（《晉書．隱逸傳》）欒調甫的《墨學研究》也肯定《墨辯》由墨子及其後學所作。與魯勝不同的是，欒氏認為僅〈經上〉〈經下〉由墨子自著，餘四篇則出自墨家後學之手。李漁叔在《墨子今注今譯》的墨學導論中說：「〈大取〉和〈小取〉兩篇，都是墨家重要的著作……其與「墨經上下」四篇，如不是墨子自撰，至少也是墨子生前或稍後，及門弟子筆錄而成的。」此六篇合稱《墨經》或《墨辯》，乃後期墨家之作。其中，〈經上〉對人類認知、思維、倫理的眾多概念範疇做出定義、分類，〈經下〉列舉光學、力學等科學原則、定理。〈經說上〉〈經說下〉則是對於〈經上〉〈經下〉進一步的解釋與舉例說明。〈大取〉討論愛利問題，屬於大者；〈小取〉探究辯說理論之目的、作用、方法、規則等問題。「新視野中華經典文庫」《墨子》導讀其中的〈小取〉及〈經上〉〈經說上〉的部分內容。

第四類：〈耕柱〉〈貴義〉〈公孟〉〈魯問〉〈公輸〉，共五篇。梁啟超說此五篇記墨子言論行事，乃門人後學所記。胡適《中國古代哲學史》認為乃「墨家後人把墨子一生的言行輯聚來做的，就同儒家的《論語》一般。其中有許多材料比第二組還為重要」。方授楚《墨學源流》也說這是「墨家後學記墨子一生言論，體裁近《論語》，作『墨子言行錄』讀可也」。基本上學界皆肯定第四組的重要性，認為是研究墨學的重要素材。「新視野中華經典文庫」《墨子》則導讀其中的〈耕柱〉〈公輸〉。

第五類：〈備城門〉〈備高臨〉〈備梯〉〈備水〉〈備突〉〈備穴〉〈備蛾傅〉〈迎敵祠〉〈旗幟〉〈號令〉〈雜守〉（共十一篇）。這十一篇為墨家兵法，墨子反對侵略性的不義之戰，故所傳兵法皆為防禦戰法，述守禦之事。其中，〈備城門〉〈備高臨〉〈備梯〉〈備穴〉〈備蛾傅〉〈雜守〉六篇乃墨子對禽滑釐言守禦之法，有「子墨子曰」字樣，乃是墨子門人或禽滑釐弟子所記述，主要講墨子教導弟子禽滑釐的守城方法。墨子雖提倡兼愛卻未反對以戰爭的方式自衛，孫中原《墨學通論》認為，「墨子的戰爭觀有兩個基本點，一個是非攻，即反對大國、強國對小國、弱國的攻伐掠奪；另一個是救守，即主張積極防禦。」換句話說，墨子所「非」之「攻」乃是「不義之戰」，也就是國君為其私欲、野心罔顧百姓之「利」所發動的戰爭。但對於聖王，像夏禹、商湯、周武王為了「興天下之利，除天下之害」所發動的戰爭，就是墨子在〈非攻下〉篇所稱之「誅」，以及為了對抗大國侵略而採取的防守戰爭，墨子仍然表示贊同。「新視野中華經典文庫」《墨子》則導讀其中的〈備高臨〉和〈備水〉。

《墨子》一書的核心思想，一般而言以第二類思想為代表。《墨子・魯問》記載：「凡入國，必擇務而從事焉。國家昏亂，則語之尚賢、尚同；國家貧，則語之節用、節葬；國家憙音湛湎，則語之非樂、非命；國家淫僻無禮，則語之尊天、事鬼；國家務奪侵凌，即語之兼愛、非攻。」其中的尚賢、尚同、節用、節葬、非樂、非命、尊天、事鬼、兼愛、非攻就是一般所謂的「墨家十論」，這也是「新視野中華經典文庫」《墨子》導讀的核心部分。

《墨子》一書的哲學思想，其理想的根據在於「天」，不論學者們如何詮釋「天」

之內涵，人生在世的最高目標是順從天的意志，而最終的理想是人人彼此相愛、天下太平。在一個理想的社會關係中，個人對社會和他人所做出的貢獻，最終會以各種方式得到「交相利」。人人將一己之所長貢獻給需要幫助的人，使人人衣食無缺、安全無虞，使大家生活在有秩序的社會中，人際關係和睦，國際關係和諧，人人相愛，天下太平，這是墨家兼愛的理想社會。

三、《墨子》其思想

近代學者研究墨家學說時，經常將墨學區分為政治、經濟、倫理、教育、科學、語文、邏輯、軍事等門類，其中政治、經濟、倫理思想涉及十論，即前述第二類思想。教育思想涉及前述第一類與第四類墨子言論行事。科學、語文、邏輯涉及前述第三類墨辯思想。至於軍事思想則是涉及前述第五類〈備城門〉以下的十一篇。

墨家思想的特點，譚家健《墨子研究》認為：一是有實踐性，不是只供空談的虛玄之學、無益之辯，而是要求付諸社會實踐的行動綱領；二是有批判性，在在皆針對時弊而發，有確定的革故鼎新目標；三是通俗性，淺顯明白，易懂好記，而不是艱奧高深，所以被稱為「賤人」之學。以下分為方法論、價值論與道德實踐論三方面加以介紹。

（一）方法論

相較於先秦各家，墨家具有較強的方法意識，對於達成目的所使用的方法有相當的自覺，並且建立了有關方法的理論，這也就是墨家思想的開墾之路，藉着這些方法來展示、提倡、辯護他們的思想。以下分別就效與法、三表法、推類法及故式推論加以介紹。

1 效與法

在古代，「效」與「法」的意義相關而接近，是同一個推論作用的兩個要素，「法」有法則、標準之意，「效」則是仿效之意，所仿效的對象即為「法」，兩者的關係可由〈小取〉篇看出：「效者，為之法也。所效者，所以為之法也。故中效則是也；不中效則非也；此效也。」其中「效者，為之法也」之「效」，是作為某種標準或根據，及驗證思想或言論。凡是符合「效」的為正確，可以成立；凡不合「效」的為不正確，不可成立，就像「無規矩，不成方圓」一般。

〈法儀〉篇說：「百工從事，皆有法可度。」由此可見，在墨家看來，「法」的原意是含有工具性的法度與標準。之後擴大到工藝製作範圍之外，用以檢驗思想言論是否成立及運用於施政的方法與法則，如墨子之有「天志」此一「法」可以如〈天志中〉所謂：「上將以度天下之王公大人為刑政也，下將以量天下之萬民為文學出言談也。」〈法儀〉篇也說：「天下從事者，不可以無法儀，無法儀，而其事能成者，無有也。雖志士之為將相者，皆有法，雖至百工從事者，亦皆有法。」所有辦事的人，不能沒有標準、法則；沒有法則而能把事情做好，是不可能的。即使最優秀的士人做了將相，他也必須遵從法則；即使從事於各種行業的工匠，也都有法度。「法」的應用就是「效」，「效」的標準就是「法」。符合標準就是中效，不符合標準就是不中效，如此「效」與「法」的意義就十分接近了。

在墨家思想中，最高的標準就是「天志」，思想、言談中的標準就是「三表法」。墨子的「天」是兼愛思想的根據，也是尚同的最高權威，更是墨家思想的理論基礎。以下我們再看看三表法。

2 三表法

墨學十論的思想大多以三表法為其論證的骨幹，雖然只是墨家獨特的思想準則，而不具備有效論證的嚴格性，但三表法的提出卻有一定的價值，它令中國哲學的發展進入以方法為研究探討對象的新階段。《墨子．非命》中明白提出了三表法。〈非命上〉說：「言必有三表。」〈非命中〉〈非命下〉說：「使言有三法。」可見三表法是檢證言論以及言論所代表的思想的三個標準。綜合〈非命〉各篇的不同提法，我們可以歸結如下：

第一表，本之者：（1）本之於古者聖王之事。

（2）考之天鬼之志。

第二表，原之者：（1）原察眾人耳目之實。

（2）徵以先王之書。

第三表，用之者：發以為刑政，觀其中國家百姓人民之利。

由於古者聖王的行事也是以天鬼之志為依歸，因此「本之者」的兩種提法並不衝突。「原之者」的眾人耳目之實，是距考證時間比較近的客觀根據，徵以先王之書的記載，則是距考證時間比較遠的客觀根據。此外，三表法彼此之間也有一定的關連性，並非斷然無關的三種標準。三表法在時間上囊括着過去、現在與未來，「本之者」是根據過去聖王的經驗效用；「原之者」是根據過去及現在眾人的共同感官經驗；「用之者」則是以現在和將來的經驗效用為準則。在推論上，符合三表者為正確，不符者為錯誤，三表法雖不符合純粹形式論證的架構，但其中已有歸納法與演繹法的推理形式，如：原之者，是歸納眾人耳目之實的結果，而本之者，則視古者聖王之事的成功案例為演繹推論的大前提。

在墨學十論中，〈尚賢〉篇所用之三表是以聖王之事、先王之書及施政能否符合人民之利為根據。〈尚同〉篇所用之三表則包括：以古者聖王之事及天鬼之志、徵以先王之書及施政能否符合人民之利為根據。〈節用〉〈節葬〉篇所用較明顯的是「本之者」與「用之者」。此外，〈非樂〉〈天志〉〈明鬼〉〈兼愛〉〈非攻〉等篇皆用三表法為墨家推論的方法。

3 推類法

所謂的「類」就是若干事物經比較後所呈現的共同性，這也是「名」的形成因素之一。有些「名」如人、馬、牛等就是一個種類的「類名」，「名」是構成語句之辭的基本元素，〈大取〉篇的「辭以類行者也」與〈小取〉篇的「以類取，以類予」，說明了墨家推類以立辭的依據是「類」。然而推論必然運用不同的辭以及各語句間的關係，以呈現推理的「說」，在〈小取〉篇中，典型的四種推類法即辟、侔、援、推。〈小取〉：「辟也者，舉他物而以明之也。侔也者，比辭而俱行也。援也者，曰子然，我奚獨不可以然也？推也者，以其所不取之，同於其所取者，予之也。」辟是比喻、比方。辟有兩種功能，一是形象描繪，這相當於修辭學上的比喻；一是抽象思維，這相當於邏輯上的類比式論證。就其為類比推理而言，如《墨子．耕柱》所載，墨子的學生問墨子：「什麼是實行正義最重要的事呢？」墨子回答：「就像築牆一樣，能築的人築，能填土的人填土，能測量的人測量，這樣牆就可以築成。實行正義也是這樣，能演說辯論的人演說辯論，能解說典籍的人解說典籍，能做事的人做事，這樣就可以共同完成正義的事。」墨子用分工合作的「築牆」為譬喻，來說明如何分工合作「實行正義」。

〈小取〉：「白馬，馬也。乘白馬，乘馬也。」此顯示兩個辭義相當的語句，加字之後也可以說得通。也就是將白馬與馬的關係，類比乘白馬與乘馬的關係。因此，「侔」是一種「關係類比的推理方式」，其推論根據在於「語句關係間的相似性」。

「援」是援引對方所說的話來作類比推論的方法，亦即援引對方所贊同的觀點，來論證對方所不贊同的事物，以證明自己的論點。例如在〈耕柱〉篇中，巫馬子問墨子：「你兼愛天下，沒有什麼利益；我不愛天下，也沒有什麼害處。因為從興天下之利的效果來看都沒有達到，結果是一樣的。你為什麼認為你的做法正確，而認為我的作法不正確呢？」墨子回答：「現在這裏有個火勢很大的火場，一個經過的人捧着水要澆滅它，另一個經過的人還在一旁煽火，想使火勢燒得更旺，他們對於火勢都無法構成影響。在這兩個人之中，你認為哪一個的做法正確呢？」巫馬子回答說：「我認為那個捧水救火的人做法是正確的，而那個在一旁煽火的人做法是錯誤的。」墨子說：「我也認為我兼愛天下的做法是正確的，而你不愛天下的做法是錯誤的。」其中墨子的推論就包含着「援」的方法，也就是巫馬子你可以認同捧水者行為的價值（子然），那麼，我為什麼不可以肯定我兼愛天下做法的價值呢？（我奚獨不可以然？）

「推」也是雙重關係的「關係類比」，也稱歸謬式的類比推理。它的方法是用對方所不贊同的，來論證對方所贊同的，以推翻對方的論點。如《墨子．公輸》記載墨翟對公輸盤說：「北方有一個欺侮我的人，希望能拜託你幫我殺了他。」公輸盤說：「我奉行正義，決不殺人。」墨翟就指出公輸盤造雲梯幫楚國攻打宋國，必將殺害許多無辜的宋國百姓，這是「義不殺少而殺眾」的自相矛盾，公輸盤終為墨翟所折服。此處就用了「推」的方法，而「推」比「援」更增加了類比的複雜性。

4 故式推論

墨家談辯中的「故」有重要的作用，「故」在墨學材料中，共出現四百多次，如：「是其何故也？」（〈尚賢上〉〈兼愛中〉〈天志下〉）「此其何故也？」（〈尚賢中〉）等等，此外，也有以「姑嘗本原」（〈兼愛下〉）的方式來探究事象產生的原因。例如〈天志下〉：「今有人於此，入人之場園，取人之桃李瓜薑者，上得且罰之，眾聞則非之，是何也？曰不與其勞，獲其實，已非其有所取之故。」其中的「故」就是說明偷盜行為乃眾人所「非」，應予處罰的理由是不勞而獲。

「故」式推論，是墨家由果溯因的推論方法。以〈兼愛下〉為例，墨子把握住一個天下混亂的現象——天下之害：大國攻小國，大家亂小家，強劫弱、眾暴寡、詐謀愚、貴敖賤。（果）再探究何以會有此現象：是由愛人利人而生，或由惡人賊人而生，或由其他原因所生？並加以推理論述。此外，〈小取〉篇說：「其然也，有所以然也，其然也同，其所以然也不必同。」某一個現象的產生，有產生此一現象的原因；雖然現象是相同的，但是造成這種現象的原因卻不一定相同。因此，墨子對於天下亂象所找出的原因並非只是單一的原因，而是從多方面考察導致社會失序的原因。

所謂「故」是指產生結果的原因或理由，不同的「故」對於結果影響的效力也有不同，《墨經》中對此也有分析。〈經上〉：「故，所得後成也。」得到或促成了原因就會導致成果。〈經說上〉：「故，小故有之不必然，無之必不然。體也，若有端。大故有之必然，無之必不然，若見之成見也。」小故的意思是指一件事的「必要條件」，有了這個條件，不見得會產生想要的結果，但是沒有這個條件，就一定不會產生想要的結果。就像由端點而構成的體一樣，有了端點未必能構成體，但是沒有了端點，一定無法構成體。大故，則是指一件事的充分必要條件，有它必定產生某一結果，沒有它必不產生某一結果。例如眼睛能看見東西需要合宜的光線、適當的距離、正常的視覺官能及專注力等等相關因素的整體，這就是完成「見」的充分必要條件。

墨家的故式推論，已經能掌握因果關係的多方位觀察與應用。

（二）價值論

梁啟超《墨子學案》說：「墨學所標綱領，雖說十條，其實只從一個根本觀念出來，就是兼愛。」雖然許多研究者皆同意兼愛為墨子思想基點，不過對此並非沒有爭議。崔青田在《顯學重光——近現代的先秦墨家研究》中表示，除了「兼愛中心說」，另有「『天』『鬼』中心說」和「『義』中心說」。

主張「天」「鬼」中心說的代表學者為郭沫若和杜國庠，前者主張「墨子有『天志』以為他的法儀……這是他一切學術思想的一根脊椎。他相信上帝，更信仰鬼神……這上帝鬼神的存在是絕對的，不容許懷疑的」（見蔡尚思主編《十家論墨》）；以「義」作為根本觀念的代表為唐君毅、陳問梅和蔡仁厚。唐君毅在《中國哲學原論——原道篇》以「義道」貫穿他的《墨子》研究，他指出：「其〈兼愛〉〈尚同〉〈天志〉〈明鬼〉〈節用〉〈非攻〉〈節葬〉諸篇，無不本於『義』以立論……墨子之學以義道為本甚明。」陳問梅在《墨學之省察》雖同意天志的重要性，但他進一步指出：「以義為根本觀念比以天之意志為根本觀念之所以適當，主要即在理論上的詳盡和細密……義就是天之所以為天的本質，也就是天之意志的全幅內容。」蔡仁厚的《墨家哲學》論點與陳氏相近，他說：「說到最後，那作為法儀或標準的『天』，實在只是一個『義』字。義不但出於天，而且根本就是天的本質。」

兼愛、天、義的關係為何？從《墨子》原文來看，〈天志上〉有「天欲義而惡不義」，以及「順天意者，兼相愛，交相利」，可見「天志」還是墨學的價值根源。「價值」是道德判斷和推理的重要依據，《墨子》指出構成「價值」活動的條件既非純然客觀的，也不是純然主觀的，而是客觀事態存在於主觀思維之中的一種評價活動。在此活動背後的價值根源正是「天志」；評價的標準不僅有「義」，還有生、愛、仁、忠、孝、信、利等許多重要觀念；此外，被評價的對象、評價主體的權衡以及評價的結果等一系列的相關思想，也是其價值論所考量的。

從天與義的關係看，〈天志上〉：「何以知天之欲義而惡不義？曰天下有義則生，無義則死。……然則天欲其生而惡其死。」天志意欲人類得以生生不息，其條件在於經由正義的方式。從天與兼愛的關係看，「天」是兼愛的最後根據，同時，「天」也是使天下人得以生存發展的主宰者，因為「天」是「至仁者」。在《墨子．法儀》中，墨子指出，百工在做事時，都有一些標準，如規、矩、繩、墨、懸等各種度量標準，同樣的，將相治理國家也需要一些標準才治理得好，那麼什麼原則、什麼對象可以成為價值標準呢？墨子認為「仁」是可以作為標準的。〈經說上〉對「仁」的解釋是：「愛己者，非為用己也，不若愛馬。」仁就是體己之愛，以愛自己的方式愛別人，人愛自己時不會把自己當成一種工具來使用，若是為了「用」，那就像養一匹馬是為了利用牠來拉車一樣，只是為自己的益處，而不是真正為所愛的對象着想。由於天愛天下人的愛是真正無私的愛，天愛人不是把愛人當成一種手段，而是一種以人為目的之愛。這就是墨子兼愛倫理學中最高的價值根源，以「天」為法儀。因此，透過天作為法儀的內涵「仁」，我們可以了解墨家之愛的意涵。

然而，「天」又有哪些特性？又該如何法天呢？《墨子．法儀》說：「天之行廣而無私，其施厚而不德，其明久而不衰。」於此，王讚源指出：天的愛猶如陽光和雨水，是普遍的施予供給所有的人，這就是「行廣而無私」的普遍性。另外「施厚而不德」是無私的，具備了一種客觀性。再從「明久而不衰」可以看出，天還有明確性和持久性，因此「天」此一價值根源具有普遍性、客觀性、明確性與持久性。墨子的「天」要求人與人彼此之間要「相愛相利」；〈天志〉上、下篇都提到「天欲義而惡不義」，也就是「天」要人以「義」為價值原則。

〈經上〉對「義」的解釋：「義者，利也」，〈天志下〉：「義者，正也」，義指的是一種「正利」，一種公正的利益，包括「以上正下」的善政，在上位者要匡正在下位者，這裏指的「上」需直推到最高的「天」。〈經說上〉：「志以天下為分，而能能利之，不必用。」以天下作為自己的職分，自己的才能能夠發揮出來而有利於天下人，不必出仕為官，這就是義。

高晉生《墨經校詮》指出：「儒家以義利為相反之物，墨家以義利為相成之物者，蓋儒家所謂利，乃一人之私利，墨家所謂利，乃天下之公利也。墨家所云『義，利也』者，謂其心以利天下為自己之職分，其才能又能利天下，故曰：『志以天下為分，而能能利之。』至於利天下之功，係乎見用於世。見用於世，屬於人不屬於己。而義之界說，則在乎己不在乎人。所以見用於世而成利天下之功，在義字界說之外。故曰：『不必用。』見用而有利天下之功，仍不失為義也。要之，〈墨辯〉對於義之觀點有五：其一，義即是利；其二，利之對象是天下；其三，義者之存心以利天下為自己之職分；其四，義者才能能做到利天下之事；其五，不必見用於世，有利天下之功，而後為義。」

如此，以動機和效果的觀點來看，在心志方面，義者必須有利天下的存心，行為者不必見用於世，但在效果方面，則必須有利天下之功。其中，動機與效果之間，墨家十分重視實踐。不可只有存心，而沒有行動，即只停留在理論而沒有實踐。如此才能深刻把握「義」作為倫理原則的內涵。

基於「天志」的價值根源，興天下之利，墨家主張「兼愛」。什麼是「兼愛」？從字源意義上來看，在金文中，「兼」字像手持二禾，是一個會意字。許慎《說文解字》釋「兼」為「並也，又從持秝，兼持二禾」。引申為同時涉及幾種事物，而不專於其中之一；或由各部分匯成一整體，此整體即「兼」，而各部分是平等的。因此，「兼愛」的意義也就是整體的愛、平等的愛。

墨家的「兼愛」是一種實際的利益，也是公眾的利益，因此，墨子肯定了人際間「投我以桃，報之以李」的互動性。嚴靈峰說：「要兼愛，就必須雙方同時履行『相愛』，這樣才能達到『兼相愛，交相利』這個理想的實現。」這提示我們了解到「兼愛」的互動性原則，人與人之間會相互感應，投桃報李。但深入思考，我們會發現這種互動性開始之前，必有一方意識到「兼愛」的意義，肯定這種努力的價值，因此願意主動「先愛」，如此才有可能達致互利的結果。

因此，墨家的「兼愛」是超越時空的整體人類之愛、平等之愛，追求實際的利益、公利，其方法乃愛人若己，藉着人際間的互動性與個人的主動性來完成的互利之愛。

簡言之，墨家的價值論，以「天」為價值根源，以仁、義為價值原則，以兼相愛、交相利為價值目標。

（三）道德實踐論

墨家了解因果關係的複雜性，在每一次道德實踐時，總有一些無法準確估計的因素摻雜其中，因此一個行為者在面臨倫理情境的抉擇時，他必須對情境中的事態進行多方認知，並且在動態的發展過程中，不斷尋求適宜的動態調整，這也是〈大取〉篇中所謂的「權」。

〈大取〉：「於所體之中，而權輕重之謂權。權非為是也，亦非為非也。權，正也。斷指以存腕，利之中取大，害之中取小也。害之中取小也，非取害也，取利也。其所取者，人之所當執也。遇盜人，而斷指以免身，利也；其遇盜人，害也。斷指與斷腕，利於天下相若，無擇也。死生利若一，無擇也。」體會進行中的事，衡量它的輕重叫「權」。權，並不是一定對的，也不是一定錯的，權，是適當的。不得已的情況下被砍斷手指以保存手腕，那是在利之中選取比較大的，在害之中選取比較小的。在害中選取小的，並不是取害，這是取利。他所選取的，正是應當把握的。遇上強盜，被砍斷手指以避免殺身之禍，從整件事來看這是利；但就遭遇強盜來看，這是害。砍斷手指和砍斷手腕，對天下的利益是相似的，那就沒有選擇。不論生死，只要有利於天下，也就沒有選擇了。

兼愛天下人是全面考量的基礎，但因為現實外力的限制，有時不得不衡量事態的輕重、做出取捨，這就是所謂的「權」，就像「指」與「腕」，在不能兼存的情況下，由於腕重於指，指輕於腕，故斷指以存腕，較為有利。斷指之事單獨來看，是一件有害之事，但是與斷腕合觀比較，則斷指可以存腕就變成一件有利的事。因此〈大取〉說：「害之中取小，非取害也，取利也。」

再者，「權」不是知識中的是非判斷，而是人在現實情境中的適宜性抉擇，是對於情境中的不同事態衡量其輕重利害。〈經上〉指出：「正，欲正，權利；惡正，權害。」〈經說上〉：「權者，兩而勿偏。」正就是衡量，欲正，就是從你想要得到的方向衡量，衡量利的大小；惡正，從你所厭惡的方向衡量，衡量害的大小。權衡要從利、害兩方面評估，不能只偏向其中一方。因此，墨家的「權」有以下的特性：

對於未來事態發展的可能性加以認知把握。

對於未來事態發展的可能性予以評估。

比較評估之後的利害關係。

依「利之中取大，害之中取小」的原則做出取捨。

墨家的「義」即「公利」，因此在需要抉擇的情境中，墨家強調抉擇在於權衡輕重，權衡在於趨利避害，而利害的承受者乃天下人。如何抉擇？〈大取〉：「利之中取大，害之中取小也。害之中取小也，非取害也，取利也。」因此，一個行為的當行不當行，以是否有利於多數人為判準。

除此之外，〈大取〉篇還指出，情境中的事態可以歸類，再與更重要的事態相比較，例如：斷指可以利天下，斷腕也可以利天下，斷指與斷腕就可歸為一類，相對於「利天下」而言，墨家的立場是以「犧牲之愛」為價值規範，不會計較自身之利害，亦即不會僅取斷指以利天下，而不取斷腕來利天下。也就是說，如果利在天下，而害在己身，則不論害的輕重都該去做，即所謂「斷指與斷腕，利於天下相若，無擇也。死生若一，無擇也」。

「權」是在一種周全的思慮之下所做的抉擇，是在行事作為過程中的思慮，是在客觀情勢中有不得不取捨之處。雖然在道德實踐中，有許多變化的因素影響「權」的活動，但墨家仍提供明確的思想，作為抉擇時可以依循的原則。

四、墨學之影響

墨學曾是先秦時期的「顯學」之一，當時即「言盈天下」。如《韓非子．顯學》所謂：「世之顯學，儒、墨也。儒之所至，孔丘也。墨之所至，墨翟也。」墨家學說在當時產生了廣泛而深刻的影響，之後卻日漸式微，原因首先是其思想與統治階級的利益衝突愈來愈明顯，如《韓非子．五蠹》所謂：「儒以文亂法，俠以武犯禁，而人主兼禮之，此所以亂也。」其中的任俠指的就是墨者，韓非批評當時許多國君禮遇儒者和墨者的做法是破壞法治，所以秦漢統一天下以後，對墨家影響下的俠義團體和個人的打壓不遺餘力。其次，墨家不像儒家這麼幸運，孔子以後有孟子、荀子等重要的大思想家，而墨子以後沒有出色的繼承者出現。至漢武帝又採董仲舒「罷黜百家，獨尊儒術」之議，導致墨學沉寂千百年。不過，在民間社會，墨家的精神並沒有中斷，而且在歷史上還一直活躍着。

韋政通在《墨學與現代文化．俠義精神》中指出：墨家後來形成了一種俠義的傳統，正因此一俠義傳統而使中華文化不致僵化，墨家在浩瀚歷史上有種種的變形但仍然延續下來，甚至對我們今天的社會還有影響力。這在中國歷史上活躍兩千多年且不斷發揮影響力的俠義精神是什麼？

第一是急難相救的精神，也就是所謂「摩頂放踵，利天下為之」的精神。這種精神影響下產生的，就是後來中國歷史上許多公而忘私、國而忘家的那些團體和人物。

第二點影響就是超越親情。司馬遷在《史記．游俠列傳》裏寫的那些大俠，不顧父母之恩、不惜妻子之愛，似乎跳出家族親情才能當大俠。在俠義的傳統中產生這種精神、人物，這在儒家的禮教上是不允許的。

第三點則是重信諾。在俠義的傳統裏面就是言必信、行必果。傳統所謂的「任俠」，「任」就是信任的「任」，如〈墨經上〉：「任，士損己而益所為也。」〈經說上〉謂：「任，為身之所惡，以成人之所急。」任俠就是一種一諾千金的人物。

第四點是與權勢為敵，與有權有勢的人為敵就會產生社會發展上的基本矛盾，它是社會上偏差發展的制衡力量。墨家就代表着這種力量，這一點，跟儒家也有非常明顯的區隔。其他各家在不同程度上都認同專制的統治，只有這個俠義的傳統在秉持更具超越性的天志、社會公義，敢與現實權勢相抗衡。

第五點是劫富濟貧的精神。劫富濟貧是中國傳統社會中特許的道德觀，這在現代法治社會是不允許的，但是在傳統文化中，沒有法治的社會裏往往就有賴墨家這種俠義的團體針對那些為富不仁者主持正義。

如今，許多西方漢學家如葛瑞漢（A. C. Graham）、何莫邪（Christoph Harbsmeier）、陳漢生（Chad Hansen）等也都關心墨學的研究；其他像郝大維（David L. Hall）、安樂哲（Roger T. Ames）也曾討論過墨家復興的問題，他們在《漢哲學思維的文化探源》中指出：「十六世紀時，對後期墨家的再發現，並不能為這種形式的理性主義取得重要的立足點提供機會。實際上，到了十九世紀和二十世紀，那時只是為了對西方的挑戰作出回應，墨家才再一次被加以比較認真的研究。」

鴉片戰爭之後，西學東漸，俞樾為孫詒讓《墨子閒詁》作序，驚歎找到了安內攘外的法寶。梁啟超在《子墨子學說》中也曾宣稱：今日欲救中國「厥惟墨學」。舒大剛指出，由於尚公重實用的墨家學說與杜威「實用主義」深相契合，因此，胡適與梁啟超俱倡復興墨學。**墨翟所創墨家的「興天下之利」，「兼相愛，交相利」等思想，對於今日地球村的世界公民而言，落實於節約能源、環境保護、和平共存等方面，仍有積極的意義。**

五、如何系統把握《墨子》思想？

怎樣才能有系統地把握墨子的思想？當然，第一步是要了解《墨子》各篇的思想；接着，是要了解這些思想彼此的關係、這些思想所要解決的是哪些問題；然後，要將這些問題間的關係予以釐清，分辨出哪些是主要問題、哪些是次要問題；進一步設法找出墨子思想中最根本的問題，透過這些問題的整理、關係的釐清，就可以對墨子的思想有全面而系統的了解。

這種問答型的基本結構，可以呈現墨子思路的發展方向，使讀者系統把握墨子思想。「新視野中華經典文庫」《墨子》所導讀的每一篇，都有自身的內在結構與理路，並與其他各篇有一定的理論關係。這種由點而線、而面，由面而體、由局部而整體的方式，可以幫助讀者全面把握墨家思想，若想進一步深入理解、研究，也可以藉此作為基礎，來一一檢視每一篇、每一段的內容。至於希望將墨學思想應用於現代社會的人，則可以從中提煉出超越時空的抽象原則與處世精神，來思考解決現代社會亂象的方法。

「新視野中華經典文庫」《墨子》選錄墨子原典有四個原則：普遍性、代表性、相關性與系統性。所謂普遍性，是指在清代孫詒讓《定本墨子閒詁》十五卷中除第十二卷、十五卷未選注之外，其他十三卷皆有選注；並且，第十二卷中的〈貴義〉篇，在導論的「墨子事跡」部分也有不少的引述說明；第十五卷的墨家軍事思想各篇，在最後〈備水〉篇的賞析與點評中，也有概要性的說明。所謂代表性，是指在前述墨子其書的五組分類中，每一類都選擇具有代表性的篇章注釋、語譯、賞析與點評。其中第一類有四篇、第二類有十篇、第三類有三篇、第四類有兩篇、第五類有兩篇，都是墨子各類思想的代表之作，其中第二類的十篇，正是墨子十論的核心思想。所謂相關性與系統性，是指此書所選注導讀的各篇，其思想內容彼此相關，並可構成一個具有理論結構的系統，此一系統的四大主題為：

天下之亂象為何？
天下何以會亂？
如何治天下之亂？
如何實際改善社會大眾的生活？

統合這四大主題的基源問題是如何成為明君以治天下之亂，進而實際改善人民生活。也就是《墨子》十論各篇多次提出的：「仁人、聖王之事者，必務求興天下之利，除天下之害。」在此基源問題與四大主題的理論系統中，收攝了「新視野中華經典文庫」《墨子》所導讀的各篇思想內涵，並呈現各篇內涵的相關性。所導讀的各篇有一半以上會將該篇的思路以問答的形式展示出來，這也是「新視野中華經典文庫」《墨子》與一般導讀書籍不同的地方，讀者們可多加利用。

讀者朋友如果有讀古文原典的經驗或學術背景，可以直接按照各篇的原文順序研讀，先讀一遍原文，再依譯文、賞析與點評的順序看下去，如果沒有讀古文原典的經驗背景，則可先看各段譯文，對每一篇有一整體概括的認識之後，再依譯文、賞析與點評的順序閱讀。因為理解的過程是由部分到整體，再由模糊的整體到清楚的部分，以構建比較清楚的整體；理解是一個整體與部分交互往來的動態過程。掌握各篇的思路之後，你就可以逐步建構出墨子思想的整體系統。「新視野中華經典文庫」《墨子》的「賞析與點評」會提供《墨子》思路的初步系統模型與發展線索，讀者可以參照建構更細緻的理論脈絡。

縱橫家

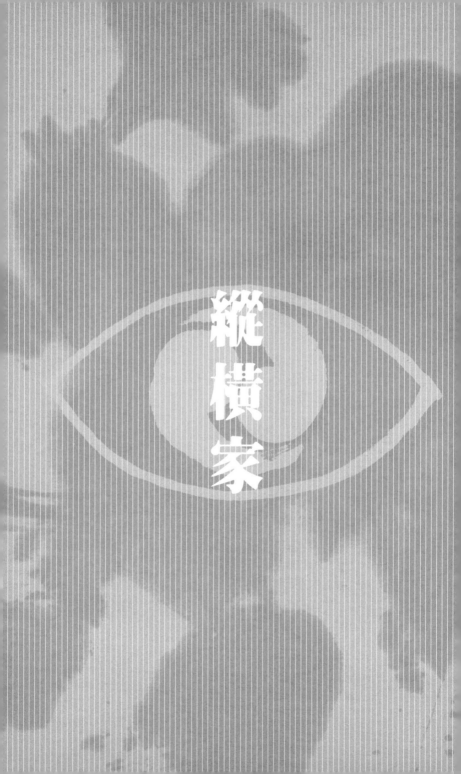

《鬼谷子》導讀

縱橫捭闔，神鬼莫測

香港警務處前總警司、香港警察歷史學會名譽副會長
曾財安

一、鬼谷子生平

鬼谷子，是中國歷史上極富神祕色彩的傳奇人物，據考為春秋戰國時人，大約生於公元前三九〇年左右，卒於公元前三二〇年前後。他是一位活動在戰國中期的著名思想家、謀略家、兵家，更是縱橫家的鼻祖，精於心理揣摩之謀，深明剛柔相濟之勢，通曉縱橫捭闔之術。《隋書．經籍志》記載：「鬼谷子，楚人也，周世隱於鬼谷。」他常入雲夢山（今河南省淇縣境內）採藥修道，後更隱居雲夢山之鬼谷，並在總結政治權謀經驗後，潛心治學，開門授徒，教人以縱橫捭闔之術。時人皆稱之為鬼谷先生，久而久之，他的真實姓名反而被人遺忘。西漢司馬遷所著《史記》也只稱他為鬼谷先生，其他的歷史文獻也只以鬼谷子稱之，沒有留下他的名字，而歷史上有關鬼谷子本人的事跡記載亦不多。

據《史記．蘇秦列傳》和《史記．張儀列傳》記載，鬼谷子是蘇秦和張儀政治縱橫術的老師。蘇秦在戰國時期成功遊說六國（齊、楚、燕、韓、趙、魏）行合縱之策，聯手抗秦，被六國封為相國；張儀則孤身西入秦國，以連橫之計，打動秦惠文君，粉碎六國合縱，後被封為秦相國。蘇秦和張儀在大爭之世，以過人的遊說手段和政治技巧，成功令六國和秦國先後採用在當時來說是前無古人的合縱連橫奇策，悠然地在複雜多變的戰國形勢中馳騁，成就曠世功業。蘇秦和張儀二人的縱橫事跡於當時譽滿天下，在歷史上則傳頌千古，然而二人的縱橫術皆師承鬼谷子，鬼谷子學說的實用性，可見一斑。

二、《鬼谷子》基本內容

鬼谷子的著作《鬼谷子》，始見於《隋書．經籍志》，其主體部分大約成書於戰國時期，是當時的縱橫家唯一流傳至今的著作。據文獻記載，《鬼谷子》一書曾有四家注本，今僅存陶弘景注本，而現今的《鬼谷子》多源自明代的正統道藏版本。

《鬼谷子》書內記載的道理觀點建基於簡樸的唯物辯證法，其內容涵蓋政治、外交、軍事、統治等範疇，是一部有很高實用價值的書，一直為歷代帝王和經世濟民的大臣及學者們所喜愛及研讀。南宋時官至通議大夫的方志學家和目錄學家高似孫便稱讚鬼谷子：「其智謀、其數術、其變譎、其辭談，蓋出戰國諸人之表。」不過，因為此書只強調結果至上，鼓吹唯利是圖，為達目的不擇手段，絕不標榜忠君愛國，不利於封建王朝的統治，故此從來不為帝王所推崇。而此書的縱橫捭闔、權變揣摩之術，因為與儒家所標榜的仁義道德大相徑庭，也被長期把持封建王朝政治的儒家學者視為旁門左道、洪水猛獸，極力撻伐。明代官至翰林學士的文學家和史學家宋濂便對《鬼谷子》大加貶斥：「鬼谷所言之捭闔、飛箝、揣摩之術，皆小夫蛇鼠之智。用之於家則家亡，用之於國則僨國，用之於天下則失天下。」因為《鬼谷子》一書在長達兩千多年的時間裏得不到帝王的提倡，而歷代學者對《鬼谷子》這部書評價又如此參差，譭多譽少，所以《鬼谷子》一書遠不如同時期的《孫子兵法》那麼廣為人知，名氣亦沒有那麼大。不過，在歷史長河中出現過的有關策略謀劃的書本汗牛充棟，而絕大部分都在無情的歲月中被淘汰湮沒，《鬼谷子》一書卻不但被保留下來，更是代代相傳，必有其中的道理，此所謂「實踐是檢驗真理的唯一標準」。

《鬼谷子》書中所包含的道理技巧完全順應世上萬事萬物運行的自然規律，謀略的邏輯性非常強，手段非常科學化，用來處理所面對的問題和事物，解決問題能收到直接卓著、立竿見影的效果，故一直是中國歷代眾多追求實效的軍事家、政治家和外交家學習鑽研的奇書。西漢的開國元勳，後來拜相封侯、並能得善終的陳平，三國時蜀漢出將入相，以一篇「隆中對策」名動天下的諸葛亮等人的安邦定國之策，便表現出非常濃厚的《鬼谷子》風格。至於漢以後的各朝重臣名士，也常常能於他們的言談處事中看到《鬼谷子》的影響，這樣的例子就多不勝舉了。

《鬼谷子》一書開創了中國遊説修辭手段的先河，提出了不同於儒、道、法等學派的政治思想。「新視野中華經典文庫」《鬼谷子》所採用的是「光緒紀元夏月湖北崇文書局開雕版本」，全書分上、中、下三卷，其中上卷包括〈捭闔第一〉〈反應第二〉〈內揵第三〉〈抵巇第四〉四篇；中卷包括〈飛箝第五〉〈忤合第六〉〈揣第七〉〈摩第八〉〈權第九〉〈謀第十〉〈決第十一〉〈符言第十二〉八篇，此外中卷還有〈轉丸第十三〉〈胠亂第十四〉兩篇，可惜的是已經亡佚；下卷包括〈本經陰符七篇第十五〉〈持樞第十六〉〈中經第十七〉三篇，不過，它們與其他十二篇的風格截然不同，內容迥異，經考究後，學者多認為是後人的附會之作。無論如何，這三篇都有一些很有特點的論述，歷代學者亦對它們有所注意，所以也把原文收入（稍加點評，未作注譯），以作參考之用。

上卷四篇主要是闡述如何向君主進行遊說，以獲得重用，並在得到重用後，怎樣與君主相處，鞏固雙方的關係，以協助君主治理國家。中卷八篇主要解釋在受到君主的信任，得到其重用後，如何使用縱橫之術，在國與國之間的交涉鬥爭中為君主或自己爭取最大的政治利益。下卷的〈本經陰符七篇〉〈持樞〉〈中經〉三篇全部都是講述內修之術，內容敘說如何才可以提高自己的智慧修為，從而可以在精神及思維上去征服對手。全書的內容雖然是針對春秋戰國時期的政治軍事形勢而孕育出來的，不過，其中的道理手段完全能夠在現代日常生活中應用。

三、《鬼谷子》與《孫子兵法》

《鬼谷子》成書比《孫子兵法》晚一百多年，但從書中的內容、思維、邏輯、風格、手段等方面來看，《鬼谷子》堪稱《孫子兵法》的姐妹篇。在國與國的政治較量中，外交是屬於理性的、溫和的手段，而戰爭則是達成政治目的的激烈手段，是在其他所有辦法都失敗後所採用的途徑。《鬼谷子》中所闡釋的縱橫捭闔之術主要是外交行為，而《孫子兵法》裏所描繪的鬥爭技巧則基本是戰爭手段。一個國家有沒有條件進行外交活動，能不能以此來達到政治目的，在很大程度上決定於國家強弱所折射出來的軍事實力。弱國無外交，一個國家如果沒有令對手顧忌的戰爭能力，它的外交活動必定很難展開，就算勉強展開，也一定是失敗的、屈辱的。在這方面，《孫子兵法》便是施展戰爭手段的瑰寶。但是，一個國家雖然擁有強大的國力，如何去把力量展示出來，爭取到與其實力相符的利益，還需要高超的技巧手段，而《鬼谷子》便是外交智慧的源泉。所以，《孫子兵法》裏的戰爭手段的成功實施，為《鬼谷子》的外交智慧的展開製造了條件，反過來說，《鬼谷子》智慧亦為《孫子兵法》手段的實施成就了最大的政治效果和利益，兩者互相配合，相得益彰。

在個人的層面上，道理也是一致的。學習《孫子兵法》，使我們擁有與別人激烈鬥爭的手段，能夠在現代大都市生活與工作當中有效地保護自己。不過，這些手段只能是作為備用的手段，否則，我們每天都會疲於奔命，不得安寧。《孫子兵法》一開始便開門見山地指出：「兵者，國之大事。」它更強調：「百戰百勝，非善之善者也。」《鬼谷子》於是便為我們提供了另一種選擇。它提倡從人的性格、嗜好、職位等着手，以言語藝術來施展心理學上的技巧，把對象藏在心底裏的真意套出來，這樣做對內可以鞏固自己與上司和同事們的關係，從而獲得內部的支持，實施自己的謀劃；對外則可以洞悉對手的思維，爭取到最大的利益。我們如能使用這個技巧去處理事情，那就會使我們做人圓融，辦事和順，處處廣受歡迎，但又不失辦事成功的效果。

另一方面，《鬼谷子》與《孫子兵法》這兩本書當中的價值觀和道理有着驚人的相似之處。利益是它們考慮的唯一因素：《鬼谷子．抵巇第四》說：「世可以治則抵而塞之，不可以治則抵而得之。」《鬼谷子．忤合第六》又說：「世無常貴，事無常師。」《孫子兵法．九地第十一》則說：「合於利而動，不合於利而止。」 兩書同樣提倡要不擇手段地去取得成功：《鬼谷子．謀第十》說：「聖人之制道，在隱與匿。非獨忠、信、仁、義也，中正而已矣。」《孫子兵法．始計第一》則說：「兵者，詭道也。」同時，兩書對事物的認知是完全建基於科學化的觀察和分析之上，並不依靠唯心辯證，更不託於鬼神：《鬼谷子・反應第二》說：「反以觀往，復以驗今；反以知古，復以知今；反以知彼，復以知己。」《鬼谷子・飛箝第五》又說：「將欲用之於天下，必度權量能，見天時之盛衰，制地形之廣狹，岨嶮之難易，人民貨財之多少，諸侯之交孰親孰疏、孰愛孰憎，心意之慮懷，審其意知其所好惡。」《孫子兵法・始計第一》則說：「故校之以計，而索其情，曰：主孰有道？將孰有能？天地孰得？法令孰行？兵眾孰強？士卒孰練？賞罰孰明？吾以此知勝負矣。」

總的來說，《鬼谷子》應當與《孫子兵法》一起來研讀，把兩本書裏面的智慧技巧吸收後加以融會貫通，再在日常生活當中因人制宜、因事制宜、因地制宜地去靈活使用，那我們就掌握了一件威力強大的工具，可以在現代的大爭之世中縱橫馳騁，無往而不利。

四、國內外研究成果

近一二十年以來，國內外學界掀起一股研究鬼谷子的熱潮。在大陸，軍事理論界、史學界、經濟學者、外交界對鬼谷子的研究方興未艾，鬼谷子的學術思想更被廣泛運用於社會生活的諸多領域。為了更有組織更有系統地研究及交流《鬼谷子》理論，近十幾年中，各地紛紛成立鬼谷子文化學術研究會，定期舉行研討會，發表於各種報刊的鬼谷子研究文章達數千篇，其中包括大學裏的研究論文，研究的範圍越來越廣，層次越來越深。

在臺灣，鬼谷子的影響也非常之大，在上世紀五十年代，學者陳英略就出版了《鬼谷子的心理作戰方法與理論》一書，引起了臺灣各界的廣泛注意，此書後來被譯成英文，在美國出版，當時的美國駐臺灣軍事顧問團團長蔡斯為此書作序，繼後又有臺灣大學教授蕭登福以及楊極東、黃春枝等學者對鬼谷子加以研究。臺灣的學術界也成立了鬼谷子學術研究會，現在有會員六千多人，主要關注鬼谷子智慧在企業管理經營等方面的應用，經常在臺北、臺中、高雄等地舉辦各種活動，並定期與大陸的鬼谷子文化學術研究會交流心得，影響所及達數十萬人。

二〇一一年，世界鬼谷子學術研究會在香港注冊成立，這是一個有志於傳承和弘揚中國鬼谷子文化的組織，會員不受地域限制，來自世界各地，主要包括鬼谷子學術研究專家和社會各界鬼谷子文化研究愛好者。研究會內部定期舉行鬼谷子學術資料交流活動，並派出會員參加有關的國際交流會議。

德國著名歷史哲學家奧斯瓦爾德．斯賓格勒的理論被他本國的軍政決策人所重視，對德國的政治軍事影響很大，他在自己的著作《西方的沒落》中高度評價鬼谷子智謀：「鬼谷子的察人之明，對歷史可能性的洞察以及對當時外交技巧（合縱連橫的藝術）的掌握，必然使他成為當時最有影響力的人物之一。」出生於德國的美國著名外交家基辛格，是斯賓格勒的學生，深受其影響，推崇中國縱橫家的智慧，因此有人說斯賓格勒是現代的鬼谷子，基辛格則是現代的蘇秦、張儀。

在日本東京，成立了一所「縱橫研究院」，介紹縱橫家思想，研究鬼谷子智謀，並曾請中國學者前去講授鬼谷子學說。日本學者、東洋精工鐘錶公司的重建人大橋武夫不但研究鬼谷子，並著作了《鬼谷子與經營謀略》一書，又主辦「兵法與經營學校」，闡述鬼谷子智謀在現代企業管理與商業競爭中的應用。

五、現代應用價值

鬼谷子的誕生年代是距離現在兩千多年的東周戰國時代。東周自平王東遷雒邑，享受了不到五十年的短暫政治安定後，周天子的天下共主地位，便隨着其迅速沒落的政治和軍事實力而式微。在春秋時期，見於史書的諸侯國有一百二十八個，當中先後崛起的有五位諸侯（齊桓公、秦穆公、晉文公、楚莊王、宋襄公），他們因在封國內推行政治經濟變革成功，力量驟然增強，為了加大自己的政治影響力和地位，遂打出

「尊王攘夷」的旗號，對內代替周天子排難解紛，維持國與國之間的秩序，對外則領導其他的諸侯，驅除夷狄，史稱春秋五霸。這些霸主的成就不是因為繼承了其先祖的政治地位，而是純粹倚仗自己國家的經濟與軍事實力。這些成功的例子使孔孟之學說不再受到重視，代之而興起的是可以快速見效的強國經世手段，有關的學說注重摒棄仁義道德，以功利主義為信條，講究的是實用成效，其中對當時的時局影響最大的莫如兵家、法家和縱橫家。

及至戰國時代，諸侯國的數目已因彼此之間互相攻伐兼併而迅速減少，其中有七個國家國土較大，實力較強，並存於當時，史稱戰國七雄。七雄之間沒了眾多小國作為緩衝，每個國家都與鄰國緊密接壤，而且因為馳道的興建，國與國之間的交通實際距離大為縮短，使相互之間的人流與物流比起從前大為改善，消息往來更加暢通無阻。而隨着教育的普及和平民化，學問不再是少數貴族的特權，大量的優秀學者在民間湧現，成百家爭鳴之態。這時，七雄相互之間的殘酷廝殺，弱肉強食的行為卻是無國無之，無日無之。七雄的君主們在面對如此沉重的存亡壓力時，心中的考慮只有一個，就是如何在最短的時間內強邦興國。他們深刻地體會到，如果國家不能變得強大，很快就會被別國所吞併。這就使他們對擁有富國強兵學問的人士求之若渴，許以高官厚祿。在這樣的背景下，天下有識之士紛紛提出不同的學說，不斷向眾多諸侯遊說推銷。每一種被成功推銷的學說都會立即被投入嚴酷的現實考驗和測試，若能夠有效地在政治上、軍事上、外交上幫助君主振興國力，戰勝敵人的話，有關的學者立即會被重用，封侯拜相，其學說當然亦受到天下人的重視和追捧；否則的話，它們很快便被淘汰，湮沒在歷史的滾滾洪流中。鬼谷子的縱橫學說就是在這樣的背景下產生及受到考驗。鬼谷子本人雖然沒有建立什麼赫赫功業，但門下弟子蘇秦、張儀兩人，雄辯滔滔，謀略過人，馳騁於險惡的戰國政治環境中，不但如入無人之境，更能把諸國的君主玩弄於股掌之間，建立前無古人的功業，贏得令人目眩的政治地位和富貴榮華。換句話說，《鬼谷子》一書所包含的理論、謀略與手段，其威力直接而強大的效果，在歷史上已經通過了最嚴厲的驗證。

一七八三年，英國科學家瓦特發明了雙向聯動式蒸汽機，標誌着人類的工業革命在英國正式開始。時至二十世紀的中後期，全球的主要國家基本上已完成了工業革命，人類的各樣科學知識和技術突飛猛進，一日千里，現代交通和通訊設備的發明及出現，把國與國、人與人之間的距離進一步大幅度地縮短；世界各地大部分地區之間可以朝發夕至，而在地球上任何一個角落發生的事情，分秒之間便可被電子儀器傳遍全球。在這些新環境中，世界各國不但在政治上、軍事上、外交上短兵相接，毫無緩衝的空間，而在經濟上、貿易上、文化上、民生上也是直接交鋒，慘烈競爭，這種局面可說是與鬼谷子在兩千多年前所處的戰國時代如出一轍，勝者為王，敗者則只能淪為被操控、被淘汰的一方。在如此複雜多變的當代，《鬼谷子》一書所提倡的〈捭闔〉〈反應〉〈抵巇〉〈飛箝〉〈揣〉〈摩〉等篇的技巧手段在國與國之間的政治交往、外交斡旋、軍事對峙、國際會議、商貿糾紛談判等等場合不但有用武之地，簡直是大派用場。而在國家的內政上，〈內揵〉〈忤合〉〈權〉〈謀〉〈決〉〈符言〉等篇則是當權者在統治及管理方面必須融會貫通的綱目。

隨着人口高度密集的現代化大城市的出現，自耕自足的農業社會生活方式已不復存在，現代化的經濟體系和社會生活模式意味着人與人的關係是非常的密切，相互之間空間是前所未有的緊逼，每一個人時刻都要努力去投入競爭來爭取生活資源，贏取更好的生存優勢。競爭能力欠佳的人，就會被壓在社會的底層，每天辛勞地工作，卻只能獲得僅堪糊口的回報，困難地掙扎求存。從這個角度看來，《鬼谷子》一書中所包含的權變謀略，在今天也可以應用在提升個人的生存能力上，只要能夠吸收並靈活地應用書中的道理技巧，不僅可以大幅度提高個人的應變能力，更能改善個人的工作效能，拓展個人的生存空間。《鬼谷子》序裏面的兩句，「知性則寡累，知命則不憂」，很能貼切地概括這層意思。

筆者曾於香港警務處服務三十年，在一九九七年香港回歸祖國前後時期擔任首席邊境聯絡工作，負責粵港兩地政府海陸邊境聯絡和陸路邊境警務指揮，為了眾多的過渡安排和雙方在邊境的運作配合事宜，每天需要和內地有關官員聯繫交涉，任務獨一無二，亦無先例可援，困難可謂不少。不過，筆者在工作上靈活變通地運用《鬼谷子》一書中的權變謀略、溝通手段、言語技巧、反應揣摩、抵巇飛箝等技巧，所達成的效果非常之理想，既能在各為其主的情況下把任務完成，也可以在香港回歸前後的敏感時期適當地保持粵港邊境雙方的融洽合作關係。有見及此，筆者特別在此處與諸位分享《鬼谷子》的智慧和應用。

概括地說，鬼谷子學說在全世界的範圍內愈來愈受到重視，人們除了把它應用在政治、外交、經濟等國際領域之外，更將之引申至商業營運、企業管理、金融操控、司法訴訟等各種活動之中，其謀略技巧也逐漸被廣泛應用於現實生活，實在是一部不可不讀的智謀之書。

雜家

《呂氏春秋》導讀

《呂氏春秋》成書經過及其思想概述

香港中文大學中文系主任
何志華

一、呂不韋其人其書

《史記．呂不韋列傳》記：「呂不韋者，陽翟大賈人也。[1]往來販賤賣貴[2]，家累千金。」呂不韋是戰國末年衛國（今河南省濮陽一帶）的著名商人，以買賣致富。

秦昭王四十年，太子死。四十二年，昭王以其次子安國君為太子。安國君有兒子二十餘人，他立寵愛之姬為正夫人，號曰華陽夫人，可是華陽夫人無子。安國君有一個兒子名叫子楚[3]，子楚的生母名叫夏姬，得不到安國君寵愛。子楚以秦國人質的身份留在趙國。然而，由於秦國多次攻打趙國，所以趙國對子楚並不禮貌。

子楚既質於趙，平素財用不足，生活十分困苦，並不得意。呂不韋於邯鄲經商，見子楚而憐之，以為「奇貨可居」。呂不韋於是往見子楚，遊說他曰：「吾能大子之

1 《史記索隱》指「翟」：「音狄，俗又音宅。地理志縣名，屬潁川。」按《戰國策》記呂不韋乃濮陽人，濮陽於戰國屬衛，陽翟屬韓，兩地相距甚遠。《呂氏春秋．高誘注》亦謂不韋濮陽人。「商」和「賈」古訓有別，行貨曰「商」，居貨曰「賈」。

2 即賤價買入，貴價賣出之意。

3 子楚即莊襄王。《戰國策》記述子楚本名異人，後從趙返回秦國，呂不韋便吩咐他穿楚服見王后，王后喜歡他，說：「吾楚人也。」然後把他當成兒子，於是「變其名曰子楚」。

門。」子楚不以為然，笑說：「且自大君之門，而乃大吾門！」呂不韋曰：「子不知也，吾門待子門而大。」子楚心明不韋意欲，於是與不韋合謀大計。呂不韋對子楚說：「秦王老矣，安國君得為太子。竊聞安國君愛幸華陽夫人，華陽夫人無子，能立適嗣者獨華陽夫人耳。今子兄弟二十餘人，子又居中，不甚見幸，久質諸侯。即大王薨，安國君立為王，則子毋幾得與長子及諸子旦暮在前者爭為太子矣。」呂不韋於是以千金為子楚西遊入秦，說服安國君及華陽夫人，立子楚為適嗣，子楚亦向不韋許諾，他日如登上皇位，將會「分秦國與君共之」。

當時，呂不韋新娶了年輕貌美、能歌善舞的邯鄲女子趙姬，而趙姬已懷身孕。在一次酒宴上，子楚見趙姬姿色甚美，便要求呂不韋成全其事。呂不韋雖然生氣，惟念及已為子楚用盡家財，「欲以釣奇」，於是將趙姬獻給子楚。趙姬隱瞞自己已懷身孕，到十二個月大期時生下兒子，取名政，即後來的秦始皇。從此母以子貴，趙姬被子楚立為夫人。

秦昭王在位五十六年去世，安國君繼位，是為孝文王；以華陽夫人為王后，子楚為太子。趙亦奉子楚夫人及子政歸秦。一年後，孝文王死，子楚繼位為莊襄王，一切皆如不韋所料，莊襄王尊母華陽后為華陽太后，生母夏姬尊為夏太后。呂不韋為丞相，封文信侯，食河南雒陽十萬戶。莊襄王即位三年而薨，太子政被立為王（即後來的秦始皇），時年十三，尊呂不韋為相國，號稱「仲父」。呂不韋掌握國家全權，家僮萬人，富可敵國。惟太后因秦王年少而時時私通呂不韋，埋下日後呂不韋失勢的伏線。

當時，魏有信陵君，楚有春申君，趙有平原君，齊有孟嘗君，號稱戰國四公子，均為喜賓客之士，名重士林。呂不韋以秦國之強，在招賢納士方面，竟不如四公子，因此亦招攬士人，並加厚待，至食客三千人。這時的諸侯多用辯士，如荀卿之徒，著書佈於天下。**呂不韋於是吩咐食客人人各著所聞，集各論著為八覽、六論、十二紀，合共二十餘萬言，認為已備天地萬物古今之事，號曰《呂氏春秋》**。他更佈書於咸陽市門，懸千金於其上，延請諸侯、遊士、賓客等，稱如有人能增損一字，即予千金。

秦王政日漸長大，太后淫亂不止。呂不韋恐禍將及己，於是私求大陰人嫪毐為舍人，並把嫪毐贈予太后。呂不韋使人以腐刑之罪狀告嫪毐，其實未有施以腐刑，俾嫪毐假扮為宦官入宮與太后私通。秦王政九年，有人告發嫪毐不是宦官，常與太后私亂，更誕下二子。於是秦王政令官吏深入調查，後來查明屬實，此事禍連相國呂不韋。九月，秦王政夷嫪毐三族，殺太后所生兩子，遷太后於雍。秦王政希望進一步誅討相國呂不韋，但念及呂氏有功於秦，不忍致法。秦王政十年十月，秦王政免去呂不韋相國之職，並令其離開咸陽，就國河南。後來因為不韋的賓客多次請求，秦王政恐生事變，於是賜呂不韋書曰：「君何功於秦？秦封君河南，食十萬戶。君何親於秦？號稱仲父。其與家屬徙處蜀！」呂不韋明白形勢不妙，恐大難將至，難免伏誅，飲酖服毒而死。

有關呂不韋著書的動機，前人的論述十分詳細，概略言之，約有數說：

（1）顯名後世：明方孝孺《遜志齋集．讀呂氏春秋》指出：「不韋以大賈乘勢，市奇貨，致富貴，而行不謹，其功業無足道者，特以賓客之書，顯其名於後世。」

（2）欺世盜名：明代陳懿典《讀史漫筆》云：「不韋，盜之雄也。既盜秦國，復以招賓客盜當年名，著書盜後世名，令後世讀呂覽者知不韋而不復知有諸賓客。」[4]及後清代方號頤《方忍齋所著書．讀呂子》又云：「千古大盜，無如陽翟大賈始也，居奇貨以盜人之國，繼也集儒書以盜後世名，其人心術品詣，尚可問乎？」

對於此論說，一些學者未盡認同，例如田鳳臺《呂氏春秋探微》云：「不韋著書，沽譽求名誠有，盜名之說難採。誠以呂氏之書，未嘗以集眾為諱。《史記》明言『呂不韋使賓客人人著所聞。』《漢書．藝文志．雜家．呂氏春秋》下亦明題呂不韋輯智略士作，是未曾掩他人之長以為己有也。古無聯名著書之例，書成歸之不韋，亦若魏公子兵法，屬之信陵，淮南屬之劉安，是未盜名之證。」

4 〔明〕陳懿典：《讀史漫筆》，載張舜徽主編：《二十五史三編（第一分冊）》（長沙：岳麓書社，一九九四年），頁五二。

（3）東學西移：錢穆先生《秦漢史》云：「秦人本無文化可言，東方游士西入秦者，又大多為功名之士，對其故土文化，本已抱不滿之感，欲求別闢新局以就功業……其大規模的為東方文化西漸之鼓動者，厥為呂不韋。呂不韋亦籍隸三晉，然其在秦所努力者，實欲將東方學術移植西土。不僅如商鞅范雎諸人，只求在政治上有所建白而已。」又云：「不韋乃欲將東方學術文化大傳統，移植西土，其願力固宏，其成績亦殊可觀，即今傳《呂氏春秋》一書，便是其成績品也。」

至於《呂氏春秋》一書的思想屬性，班固《漢書・藝文志》將之歸入雜家，並云：「雜家者流，蓋出於議官。兼儒、墨，合名、法，知國體之有此，見王治之無不貫，此其所長也。及盪者為之，則漫羨而無所歸心。」由此可見，〈藝文志〉對雜家的析述包括其源流及特色，認為雜家源出古代議官，亦即諫官；雜家學術思想以儒、墨、名、法為主，乃結合四家思想而成的。其實，呂書所言，兼及多家思想，豈只儒、墨、名、法四家而已。清汪中《述學補遺・呂氏春秋序》云：「周官失職，而諸子之學以興，各擇其術以明其學，莫不持之有故，言之成理，及比而同之，則仁之與義，敬之與和，猶水火之相反也，最後《呂氏春秋》出，則諸子之說兼有之。」又梁啟超《中國學術思想變遷之大勢》云：「當時諸派之大師，往往兼營他派之言，以光大本宗，如儒家者流之有荀卿也，兼治名家法家言者也；道家者流之有莊周也，兼治儒家言者也；法家者流之有韓非也，兼治道家言者也。北南東西四文明，愈接愈厲，至是幾將合一爐而治之，雜家之起於是時，亦運會使然也。」可見**呂書作為首部雜家文獻，其成書於秦，實為時代所需，應運而生。**

二、成書於「維秦八年，歲在涒灘」解

有關《呂氏春秋》的成書時間，《呂氏春秋．序意》啟篇謂「維秦八年，歲在涒灘」，按《爾雅．釋天》曰：「太歲在申曰涒灘」，意即該年太歲在申。至於「維秦八年」，即指秦王政在位第八年（前二三九），依據《史記．六國年表》，「始皇帝元年」（實為秦王政元年，前二四六年。秦王政在位第二十六年統一天下，稱「始皇帝」，《史記．六國年表》概以「始皇X年」紀之）句下《史記集解》引徐廣云：「乙卯」[5]，如果秦王政在位第一年乃「乙卯」，則第八年該是「壬戌」，可是在戌年時，太歲應在「閹茂」，而非「涒灘」。「涒灘」乃「維秦六年」，而非八年。學者因此提出種種質疑，今試加解釋如下。

5 見司馬遷：《史記》（北京：中華書局，一九五九年），頁七五一。

（一）干支紀日法

古代以干支紀日，即運用「十天干」、「十二地支」的組合來記錄日子。「十天干」依次為甲、乙、丙、丁、戊、己、庚、辛、壬、癸；「十二地支」依次為子、丑、寅、卯、辰、巳、午、未、申、酉、戌、亥。古人以甲子、乙丑順序組合，

1	甲子	13	丙子	25	戊子	37	庚子	49	壬子
2	乙丑	14	丁丑	26	己丑	38	辛丑	50	癸丑
3	丙寅	15	戊寅	27	庚寅	39	壬寅	51	甲寅
4	丁卯	16	己卯	28	辛卯	40	癸卯	52	乙卯
5	戊辰	17	庚辰	29	壬辰	41	甲辰	53	丙辰
6	己巳	18	辛巳	30	癸巳	42	乙巳	54	丁巳
7	庚午	19	壬午	31	甲午	43	丙午	55	戊午
8	辛未	20	癸未	32	乙未	44	丁未	56	己未
9	壬申	21	甲申	33	丙申	45	戊申	57	庚申
10	癸酉	22	乙酉	34	丁酉	46	己酉	58	辛酉
11	甲戌	23	丙戌	35	戊戌	47	庚戌	59	壬戌
12	乙亥	24	丁亥	36	己亥	48	辛亥	60	癸亥

由十天干及十二地支組成的六十干支

至癸亥合共六十干支，依序推演。中國早於殷商時期便使用六十干支紀日，一日一干支名號，從不間斷。至於古人夜觀天象，為求記錄星體移動的過程，又將「十二支」應用於天空區域之劃分，稱為「十二辰」。方法是以正南方為「午」，正北方為「子」，正東方為「卯」，正西方為「酉」。因而，由正北至正南，經過天空之直線稱為「子午線」。

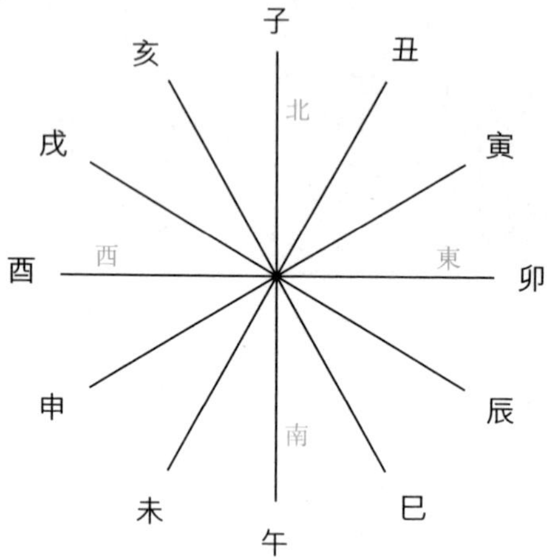

十二辰（十二支應用於天空區域之劃分）

（二）歲星紀年概說

在觀測星體運行的過程中，古人得知木星每約十二年運行一周天，於是將周天分為十二分，稱為「十二次」。古人以木星為歲星，木星是以逆時針方向運行的，每年約移動「一次」。由於逆時針運行不便記錄，於是古人假設了一顆歲星，該歲星與木星運行方向相反而速度相同，稱為「太歲」，以每年太歲星所在稱呼該年，稱為太歲紀年，其稱謂如下：

歲星紀年圖

這就像今天以十二生肖紀年，均以十二支順序排列，從子到亥，方法相同，兩者的分別只在於歲星紀年需與天象配合，以木星運行週期推算太歲所在，而太歲所在年則以「涒灘」「單閼」等詞稱之；至於十二生肖年則無須與天象配合，僅須順排而記，生肖年即以動物「牛」「虎」等為名，便於記憶。

十二支生肖紀年

（三）「超辰」之說

古人認為木星每十二年運行一周，然而，木星實際上每 11.86 年運行一周，因此，當古人將天空分為十二辰時，木星每運行一周天，便會與古人推算的位置有所偏差；每過 84.7 年，就出現一辰之偏差，即木星的實際位置將超過原來假設的位置一次（或稱一辰）。其計算公式如下：X ＝（12X ÷ 11.86）－ 1。X 表示出現超過假設位置一格（即「超辰」）之年數。由此方程式推算，X ＝ 84.71，那即表示，歲星每八十四年到八十五年會超辰一次。

由此可見，古人使用歲星紀年法的日子久了，就不能與實際天象互相符合。因此，必須改革曆法。漢武帝太初以後，歲星紀年法與後世的干支紀年法相互銜接，從太初上溯至秦統一中國時，歲星紀年比干支紀年落後一辰，上溯至戰國時期則落後二辰。西漢末劉歆提出歲星每一百四十四年超辰一次的算法，然而超辰計算方法實際上並未曾應用於紀年法中。後來，東漢改用《四分曆》時，已放棄了歲星紀年法，只沿用干支紀年法。劉歆認為歲星每一百四十四年超辰一次，這計算方法稱為「超辰法」，其實劉歆的計算亦有偏差，依據木星週期，每十二年出現 0.15 辰之偏差，即約 84.7 年便出現一辰之偏差，超辰一次。

（四）〈序意〉「歲在涒灘」一語所衍生的問題

《呂氏春秋．序意》啟篇說：「維秦八年，歲在涒灘」，按《爾雅．釋天》：「太歲在申曰涒灘」，意即該年太歲在申。至於「維秦八年」，即秦王政在位第八年，正如上文所言，漢太初以後，歲星紀年法跟漢代干支紀年互相連接，可以純用干支表示年份。依據《史記．六國年表》，「始皇帝元年」句下《史記集解》引徐廣之言，指始皇元年（實為秦王政元年）為「乙卯」，如果秦王政在位第一年真的是「乙卯」，則第八年應該是「壬戌」，戌年太歲在「閹茂」，而非「涒灘」。「涒灘」乃「維秦六年」，而非八年。

有見及此，錢塘提出超辰之說以求解決問題，然而卻難以成立。原因在於紀年不論用年號數目紀年（例如始皇元年、二年、三年……），抑或用干支紀年（甲寅、乙卯、丙辰、丁巳……），都必須順序計算。超辰現象可以解釋紀年的干支與天上歲星所在脫節的現象，然而卻不能改變順序而計算的數目紀年，又或干支紀年；不然歷史按紀年編寫，中間因超辰而缺少了一年的記錄（諸如順記甲寅、乙卯，然後跳到丁巳），這在中國古代歷史上從沒出現過，亦即超辰計算方法實際上從未應用於歷史紀年中。

王引之《經義述聞．太歲考》認為「維秦八年」，「八」乃「六」之訛。又反駁錢塘超辰之說，認為太歲超辰之計算，始於劉歆《三統術》，在此之前是未有的。然而王引之之說並不足信，因超辰乃天文現象，這與劉歆論說的出現先後無關，如果維秦八年，太歲在申，該年史官夜觀天象，即可得知，不當因劉歆未提論說，而誤記歲星位置。王引之認為「維秦八年」乃「維秦六年」之誤，乃從後世傳鈔《呂氏春秋》字形訛誤推論，旨在配合「歲在涒灘」的天文現象，其實未可盡信。

（五）秦、漢兩朝曆法之別

秦統一中國以後，在全國頒行「顓頊曆」。但此曆據考證上自秦獻公十九年已在秦使用。顓頊曆以冬十月為歲首（一年之始），輪至九月為年末。歲首十月同樣稱為十月，不改稱一月或正月。「端月」（即一月或夏曆正月）是立春之月，二十四節氣的起點。「正月」為避秦王政的名諱而改為端月，閏月置於年末九月之後為後九月，即歲末置閏法。太歲在某，乃據顓頊曆計算的。漢承秦制，沿用顓頊曆，直至漢武帝元封七年，即公元前一〇四年才頒行新曆，改此年為太初元年，稱為太初曆，以正月為歲首，定太初元年之干支紀年為「丁丑」。徐廣謂始皇元年（秦王政元年）之干支紀年為「乙卯」，即據太初元年為「丁丑」，往上推算而得。

（六）《漢書．律曆志》兩記干支紀年與太歲在某不合例證

假設太初元年（即元封七年）不是丁丑，則始皇元年（秦王政元年）也不會是乙卯，始皇八年（秦王政八年）也不會是壬戌。如果太初元年確為丁丑，則太初元年時太歲該在丑，然而考證《漢書．律曆志》云：

> 至於元封七年，復得閼逢攝提格之歲，中冬十一月甲子朔旦冬至，日月在建星，太歲在子，已得太初本星度新正。姓等奏不能為算，願募治曆者，更造密度，各自增減，以造漢《太初曆》。[6]

我們一直以為太初元年為丁丑年，太歲在丑，其實太初元年為丙子年，所以該年「太歲在子」。太初元年為丙子年，太初二年方為丁丑年。據此可知，干支紀年以太初元年為丁丑，往上推算過去歷史上每年的干支，從一開始就有一年的誤差。同理，以太初元年為丁丑往上推，則高祖元年為乙未，如果高祖元年為乙未，則太歲該在未。然而考證《漢書．律曆志》云：

6 《漢書》（北京：中華書局，一九六二年），頁九七五。

漢高祖皇帝，著《紀》，伐秦繼周。木生火，故為火德。天下號曰漢。距上元年十四萬三千二十五歲，歲在大棣之東井二十二度，鶉首之六度也。故《漢志》曰歲在大棣，名曰敦牂，太歲在午。[7]

我們一直以為高祖元年為乙未年，太歲在未；其實高祖元年時太歲在午，實為甲午年，高祖二年方為乙未年。

（七）「維秦八年，歲在涒灘」解

根據《漢書．律曆志》，漢高祖元年，太歲在午；元封七年（即太初元年），太歲在子。這與現在據太初元年為「丁丑」上推各年干支，認為高祖元年為「乙未」，元封七年為「丁丑」，得知太歲紀年與干支紀年之間，其實有一年的誤差。由此推算，所謂「維秦八年，歲在涒灘」，太歲在涒灘乃申年，此語並無錯誤，惟申年作為干支紀年應同樣有一年誤差。

我們一直據太初元年為「丁丑」上推維秦八年乃壬戌年，其實這亦有一年之誤

7 《漢書》，頁一〇二三。

差。維秦八年其實為辛酉年，維秦九年方為壬戌年。由此推算，維秦七年乃庚申年；申年，歲在涒灘，太歲在涒灘之年，即為〈序意〉篇所言呂書成書之年。然則為何《呂氏春秋．序意》說：「維秦八年，歲在涒灘」？為何太歲不在維秦八年時，移至辛酉年，即歲在作噩？道理其實很簡單：秦用顓頊曆，以十月為歲首，每歲計算方法，皆以十月起首計算，至翌年十月為一歲；至於始皇歲次（始皇元年、二年、三年……七年、八年）則以正月開始，至十二月終結。假設呂書書成之日，在維秦八年卻未到十月，則其太歲仍在申次的一年期間之內，因此維秦八年十月以前，太歲仍在申位，故曰「維秦八年，歲在涒灘」。由此推知，**呂書〈序意篇〉說「維秦八年，歲在灘」，其實並無錯誤，因為那一年是秦王政登位第八年，但未到十月，擡頭看木星所在，因而推知太歲所在，太歲在申位，所以說歲在涒灘。**

如以現代事例為喻，二〇一二年，梁振英先生接任特首，那年是龍年，古書可記作「梁振英元年，歲在巨龍」；到了二〇一三年一月初，梁振英先生進入第二年執政，但如當時未到農曆正月（二月十日為蛇年年初一），我們仍會說其時是：「梁振英二年，歲在巨龍。」因為尚未到蛇年正月，太歲仍留在龍的位置。所以「歲在巨龍」，就同時出現在梁振英一年和梁振英二年了。

三、全書編排結構

《呂氏春秋》全書由三部分組成，即為「十二紀」「八覽」及「六論」，合計二十六總篇。「十二紀」中，每「紀」之下又再區分為五篇；「八覽」中，除了第一「覽」〈有始覽〉現存僅得七篇外[8]，其他各「覽」都一致地再分為八篇；至於「六論」，每「論」之下，則一律再分為六篇。「十二紀」末，又附有〈序意〉一篇。每篇篇名，皆以兩字為題，諸如「重生」「貴生」「盡數」等。可見《呂氏春秋》一書編排異常整齊，極有規律。由此推敲，《呂氏春秋》之編撰，似當依據嚴密的撰寫計劃，而非隨意編寫的。傅武光《呂氏春秋與先秦諸子之關係》云：

> 蓋呂書之形式極整齊，內容則紀、覽、論彼此相呼應，其出於完整之計劃、精密之調配無疑，故其編著也，必全部同時完成，而非部分先出，餘留異日之修補也。

8 〈有始覽〉原來應有八篇，今本《呂氏春秋》脫去一篇。

田鳳臺《呂氏春秋探微》云：

> 十二紀六十篇，各按月令配合……八覽六論，八覽篇目皆八，六論篇目皆六……故余之見解，事先約定者僅十二紀、八覽、六論之綱要，而其下屬諸篇，則由撰寫人按綱旨發揮，至其篇目，皆以兩字標題，全書一致。其中重複誤引之處，或由篇成非一時，審閱未盡遍，或由後人竄亂。然此書篇幅大致長短整齊，即文字結構，多先標題旨，次申論斷，後舉例證，篇末呼應全文作為總結。

《呂氏春秋》一書內容豐富，以下會分別從「貴生」說、「養生」說、「時機論」、「治身治國一理」、「因而不為」的具體治國政策、治國之道、賞罰論等方面闡析《呂氏春秋》的主要內容與思想。

四、「貴生」說

（一）「貴生」思想溯源

《呂氏春秋》開首為「十二紀」，「十二紀」開首即為與「月令」相關的篇章，即〈孟春紀〉〈仲春紀〉以下至〈季冬紀〉共十二篇。如果刪去此十二篇，〈孟春〉之後第一篇為〈本生〉，其次的〈仲春〉之後就是〈貴生〉。由此可見，《呂氏春秋》的編者認為「生」的意義十分重大。其實「重生」與「貴生」的思想，乃源於楊朱學說。孟子謂「楊子取為我」，又謂「楊氏為我」[9]，顯見「為我」正是楊子學說的精髓。《呂氏春秋》亦言及楊朱學說，然而《呂紀》不稱之為「為我」，而稱之為「貴己」。《呂氏春秋・不二》曰：

> 老耽貴柔，孔子貴仁，墨翟貴廉[10]，關尹貴清，子列子貴虛，陳駢貴齊，

9 「楊子取為我」語出《孟子・盡心上》，「楊氏為我」語出《孟子・滕文公下》。

10 孫詒讓云：「廉」即「兼」之借字。

陽生貴己，孫臏貴勢。

可見「貴己」猶言「為我」。至於《韓非子．顯學》總論楊朱，認為：

今有人於此，義不入危城，不處軍旅，不以天下大利易其脛一毛，世主必從而禮之，貴其智而高其行，以為輕物重生之士也。

可見韓非總論楊朱學說為「輕物重生」。韓非以為「重生」，《呂氏春秋》以為「貴己」。細意考之，除卻「十二紀」紀首諸篇外，《呂氏春秋》啟首曰「本生」，其次即為「重己」，顯而易見，《呂氏春秋》「貴生之論」，其源即發自楊朱學說。

然而，楊朱活躍於孟子之前，而《呂氏春秋》成書於《荀子》之後，楊朱與《呂》書，兩者相距年代久遠。期間，《荀子》一書對於戰國以至西漢的哲學思想皆有極其深遠的影響，故此《呂氏春秋》在襲用楊朱「貴己」的學說時，可曾受《荀子》學說的影響而加以修訂，亦可深思。下文論及《呂氏春秋》「貴生說」與《荀子》之關係，可見在「人性天授」一說上，《呂紀》採用了《荀子》的學說。由此推論，《呂紀》「貴生」之說，其源出自楊朱，而以《荀子》學說完善之。

（二）「貴生」思想內容概說

「生」原義為「使之生」，引申為「生命」，其同源字為「性」，「性」指一切對象與生俱來的本質，簡言之，就是物的本質。《呂氏春秋》既言「養生」，亦言「養性」；既言「全生」，亦言「全性」。可見「生」「性」兩字於《呂紀》一書中，意義相近。

《呂紀》開宗明義，便極言「生」之可貴：「聖人深慮天下莫貴於生。」（《呂氏春秋．貴生》）這裏稱「生」，或稱「大貴之生」，以表示「生」不只是「貴」，更是「貴之最者」，因此說「大貴之生」。《呂氏春秋．情欲》：

> 古人得道者，生以壽長，聲色滋味，能久樂之，奚故？論早定也。論早定則知早嗇，知早嗇則精不竭。秋早寒則冬必煖矣，春多雨則夏必旱矣，天地不能兩，而況於人類乎？人之與天地也同，萬物之形雖異，其情一體也。故古之治身與天下者，必法天地也。尊、酌者眾則速盡。萬物之酌大貴之生者眾矣，故大貴之生常速盡。非徒萬物酌之也，又損其生以資天下之人，而終不自知。功雖成乎外，而生虧乎內。

《呂氏春秋》除了明言「大貴之生」外，亦從「貴賤」「輕重」「安危」三方面，以比較角度強調「生」之可貴。《呂氏春秋・重己》云：

今吾生之為我有，而利我亦大矣。論其貴賤，爵為天子，不足以比焉；論其輕重，富有天下，不可以易之；論其安危，一曙失之，終身不復得。此三者，有道者之所慎也。

可見就其「輕重」而言，「生」比諸「天下」更重要。《呂氏春秋・貴生》又以堯讓天下於子州支父為例，再加說明。《呂氏春秋・貴生》云：

堯以天下讓於子州支父。子州支父對曰：「以我為天子猶（之）可也。雖然，我適有幽憂之病，方將治之，未暇在天下也。」天下，重物也，而不以害其生，又況於他物乎？惟不以天下害其生者也，可以託天下。

同樣就其「輕重」立論，《呂紀》又以「隨侯之珠」為喻，《呂氏春秋・貴生》：

凡聖人之動作也，必察其所以之與其所以為。今有人於此，以隨侯之珠彈千仞之雀，世必笑之，是何也？所用重（而）所要輕也。夫生豈特隨侯珠之重也哉？

《呂氏春秋》倡言「貴生」，「貴生」即為權衡「輕重」所得的結論。古人所謂的「輕重」，就像今人所說的「價值觀」。由此言之，以價值而論，「爵為天子」「富有天下」「隨侯之珠」，三者都是天下的瑰寶，皆不足與「生命」相比，其餘的事物更不足論矣。

（三）「貴生」之因

《呂紀》認為「生」之可貴，是因為「生」可以使人得「六欲之宜」，《呂氏春秋・貴生》：

子華子曰：「全生為上，虧生次之，死次之，迫生為下。」故所謂尊生者，全生之謂。所謂全生者，六欲皆得其宜也。所謂虧生者，六欲分得其宜也。虧生則於其尊之者薄矣。其虧彌甚者也，其尊彌薄。所謂死者，無有所以知，復其未生也。所謂迫生者，六欲莫得其宜也，皆獲其所甚惡者，服是也，辱是也。

可見《呂紀》雖然認為「生命」可貴，然而最痛苦的，卻並非失去「生命」，因為世上有比失去「生命」更痛苦的，就是所謂「迫生」。因此，與其「迫生」，不如死。所謂「迫生」者，意指「六欲莫得其宜」。《呂氏春秋．貴生》：

辱莫大於不義，故不義，迫生也，而迫生非獨不義也，故曰迫生不若死。奚以知其然也？耳聞所惡，不若無聞；目見所惡，不若無見。故雷則掩耳，電則掩目，此其比也。凡六欲者，皆知其所甚惡，而必不得免，不若無有所以知，無有所以知者，死之謂也，故迫生不若死。嗜肉者，非腐鼠之謂也；嗜酒者，非敗酒之謂也；尊生者，非迫生之謂也。

可見「生命」的價值，在乎「六欲」是否得宜。然而，當「六欲」與「生」相互排斥，《呂氏春秋》倡言重「生」而輕「欲」，貴在「養生」。如《呂氏春秋．貴生》說：「耳雖欲聲，目雖欲色，鼻雖欲芬香，口雖欲滋味，害於生則止。」表明「六欲」雖然可貴，惟當與「生」相斥時，則重在取「生」。

若論「生」之與「欲」，孰貴孰輕？請先論「外物」與「心性」的關係。依孟子所言，人類對「外物」的欲念，可以「思考」分析，從而知所去取，而「欲」與「思」，皆人性的本質，是與生俱來的。

然而，荀子卻主張「欲」乃「性」的部分，本受於天，眾人皆同。他又認為「心」非受於天，乃後世生活積習使然，每人積習有別，所以每人的心思亦有所不同。荀子在《荀子．正名》中以「天之一欲」對應「心之多求」，提出「欲」乃天賜，是人性的一部分，此本與生俱來，即所謂「所受乎天」，世人無從干預。至於「求」，乃在乎「從所可」。其「可」抑或「不可」，則全在「心」之權衡輕重，所以「求」乃「所受乎心」。「欲」受乎天，凡人皆有欲，這是一致的，故曰「天之一欲」；凡人的內心世界皆不相同，故曰「心之多求」。每人的內心世界皆有不同，這是後天生活積習使然，荀子因此以為「固難類所受乎天也」。

孟、荀對「物」「心」的關係，觀念有別，然而兩家皆認為「心」能思考，並能作出選擇，且認為「心」乃內在思維，與「外物」對立。就「心」而言，一切宇宙萬物皆為「外物」。至於《呂氏春秋．貴生》也說：

> 天下，重物也，而不以害其生，又況於他物乎？惟不以天下害其生者

也[11]，可以託天下。

可見《呂氏春秋》認為「生」遠較「外物」可貴，即使面對重物如「天下」，也不能與「生」相比。《呂氏春秋・本生》：「物也者，所以養性也，非所以性養也。」指出「物」僅為「養生」之手段，本身並無價值可言。易言之，「物」之價值乃為「派生價值」，「生」之價值乃「自身價值」。倘若「生」之價值被否定，「物」亦無價值可言。

《呂氏春秋》因而提出「生」「物」二者的從屬關係。《呂氏春秋・必己》引述《莊子》之言：

莊子笑曰：「周將處於材、不材之間。材、不材之間，似之而非也，故未免乎累。若夫〔乘〕道德則不然：無訝無訾[12]，一龍一蛇，與時俱化，而無肯專

11 《莊子・讓王》無「也」字。

12 「訝」一字於《莊子・山木》作「譽」，疑「訝」乃「譽」之聲誤。

為；一下一上，以禾為量[13]，而浮游乎萬物之祖，物物而不物於物，則胡可得而累？

《呂氏春秋》倡言「物物而不物於物」，其說既本莊子，其實亦見於《荀子・修身》：

志意脩則驕富貴，道義重則輕王公，內省而外物輕矣。《傳》曰：「君子役物，小人役於物。」此之謂也。身勞而心安，為之；利少而義多，為之。

細意觀之，《莊子》《荀子》以「自身」與「外物」對舉，提出不當以「自身」從役於「外物」。《呂氏春秋》進一步提出不當以「生命」從役於「感官」，而該以「感官」為「生命」勞役。「生命」之與「感官」本來皆為「自身」所有，《呂氏春秋》細加區別，旨在標明「生命」之可貴，證成「貴生」之論。《呂氏春秋・貴生》云：

13 「禾」讀為「和」，《莊子・山木》正作「和」。

> 聖人深慮天下莫貴於生。夫耳目鼻口，生之役也。耳雖欲聲，目雖欲色，鼻雖欲芬香，口雖欲滋味，害於生則止。

可見《呂氏春秋》認為「耳」「目」「鼻」「口」都應當為「生命」服役。既然本屬「自身」範疇的「感官」，仍得為「生命」服役，則不屬「自身」範疇的「外物」，更當從役於「生命」了。

（四）「性」「欲」之別

《呂氏春秋》認為不應以「欲」害「生」，然而常人未明白此理。究其原因，亦足深思。中國古代哲學思想大抵以「人」為本，而探究「人」之本性，則在於探求「人性」中「欲念」之本質。《呂氏春秋》亦然，其論「欲念」之先，先論「人性」。它認為「性」就是事物的「本質」，「本質」乃天受，而非出於人力。

對於「欲」，《呂氏春秋》論之亦詳。《呂氏春秋・大樂》：

> 天使人有欲，人弗得不求。天使人有惡，人弗得不辟。欲與惡所受於天也，人不得與焉，不可變，不可易。

由此觀之，則「性」之與「欲」，皆受於天，而且非人力所能改易的，此即兩者的共通點。至於「性」「欲」之別，《呂紀》言之較少，而其理論則源自《荀子》，《荀子》則詳言之。《荀子．正名》：

性者、天之就也，情者、性之質也，欲者、情之應也。

《荀子》與《呂氏春秋》所言相近，皆認為「性」乃天所成就，非人力所能改易的。

（五）「欲」「求」之別

「欲」既得之於天，則非人力所能干預的，《呂氏春秋．大樂》：

天使人有欲，人弗得不求。天使人有惡，人弗得不辟。欲與惡，所受於天也，人不得與焉，不可變，不可易。

又《呂氏春秋．情欲》：

> 故耳之欲五聲，目之欲五色，口之欲五味，情也。此三者，貴賤、愚智、賢不肖欲之若一，雖神農、黃帝，其與桀、紂同。

上述兩段言及「求」與「欲」，然而《呂紀》未有清楚區分兩者之別。相反，《孟子》《荀子》兩書言之極詳。《孟子．盡心上》指出：「求」之與否，與成敗其實並無直接關係，成敗關鍵全然在乎命數，意在說明凡事不可強求。《荀子》同樣反對多欲多求，其在《荀子．正名》提出「欲」雖過大、過多，而行動未嘗隨之而發，是因為內心的修為制止了「欲」；相反，如行動超越了「欲念」，是內心的慫恿使然。故此，《荀子》進一步提出如何以「心」止「欲」。

由此可見，《孟子》認為「求」之成敗，全在天意；《荀子》則重在「心」之制「求」。而《呂氏春秋》則認為制欲殊非易事，只有聖人可以為之。《呂氏春秋．情欲》：

> 天生人而使有貪有欲。欲有情，情有節。聖人修節以止欲，故不過行其情也。聖人之所以異者，得其情也。由貴生動則得其情矣，不由貴生動則失其情矣。

「節」意指「合理之限度」，而聖人就是從「合理之限度」考量，控制欲念。聖人能夠成功控制欲念，異於常人，乃因聖人能得「欲念」之實質內容（即「情」），再從此等實質內容中得其合理之限度（即「節」）。易言之，聖人得見欲念之「合理限度」（即「欲之節」）。聖人之所以得見「欲之節」，乃因他們從「貴生」出發，以「貴生」作為最終原則決定「欲念」內容實質之合理限度。

（六）「貴生」作為「合理限度」的原則

聖人以「貴生」為「節」的準則，其具體學說其實很容易明白，試舉兩例說明：

《呂氏春秋．貴生》：

> 聖人深慮天下莫貴於生。夫耳目鼻口，生之役也。耳雖欲聲，目雖欲色，鼻雖欲芬香，口雖欲滋味，害於生則止。在四官者不欲，〔不〕利於生者則〔弗〕為。由此觀之，耳目鼻口，不得擅行，必有所制。譬之若官職，不得擅為，必有所制。此貴生之術也。

又如《呂氏春秋．本生》：

今有聲於此，耳聽之必慊，已聽之則使人聾，必弗聽。有色於此，目視之必慊，已視之則使人盲，必弗視。有味於此，口食之必慊，已食之則使人瘖，必弗食。是故聖人之於聲色滋味也，利於性則取之，害於性則舍之，此全性之道也。

可見《呂氏春秋》「貴生」之論，崇尚自然，無須道德規條之限制，此與《孟子》《荀子》所論不同。

如欲了解更多有關《呂氏春秋》貴生思想的篇章，可閱讀《孟春紀．本生》《孟春紀．重己》《仲春紀．貴生》《仲春紀．情欲》《離俗覽．用民》《離俗覽．為欲》《季冬紀．不侵》及《季冬紀．士節》。

五、「養生說」概述

《呂氏春秋》的「養生說」，究其原始，實出自齊國的稷下學派。齊國國都城門名為「稷門」，稷門附近有一地域稱為「稷下」，是戰國時期知識分子的聚集之地。據裴駰《史記集解》引劉向《別錄》云：「齊有稷門，城門也。談說之士期會於稷下也。」此即所謂「稷下學派」。稷下學派倡言黃老養生之學，其說俱見於《管子》，《管子》提出黃老之「道」，其實為「氣」，萬物皆由「氣」所生，而「氣」的形態千變萬化。「氣」之在「天」者，則幻化為「日」;「氣」之在「人」者，則幻化而為「心」。此「道」之化身，或稱為「氣」，或稱為「精」。就「生物」而言，其所能襲取宇宙間的精氣越多，其「生命力」就越大。此外，《管子・內業》又指出「精氣」內藏不竭，不僅能令「生命力」旺盛，智力過人，甚或有助於道德修為，推而言之，更能預知未來，遠離災害，成為聖人。《管子》又進一步推論，認為人襲取天下的「精氣」，能洞見天地萬物的變化。

此外，稷下學派強調精氣充盈於身，可使身健力強，可以洞悉天地。然而，世人吸收「精氣」後，仍得妥善保存，否則，精將遠去，不再保存於身體內。至於保存精氣的方法，則在寡欲。世人如能靜心去欲，不僅可以守住「精氣」，避免外泄；推而言之，更能吸收在身外運行和宇宙之間的「精氣」，集於己心，俾使體魄強健，延年益壽，生命力更為旺盛。

《呂氏春秋》繼承稷下學派的「精氣說」，認為善於保存形體內的精氣，便能長命不衰。因此，《呂氏春秋》提出了具體的養生方法，藉以保留形體內存的精氣。概略言之，有以下四個重點：

（一）流動不鬱

《呂氏春秋》主張「精氣說」，因此提出養生具體方法時，亦緊扣「精氣說」而立論。《呂氏春秋．盡數》云：

> 流水不腐，户樞不螻，動也。形氣亦然，形不動則精不流，精不流則氣鬱。鬱處頭則為腫為風，處耳則為挶為聾，處目則為䁾為盲，處鼻則為鼽為窒，處腹則為張為府，處足則為痿為蹷。

可見《呂氏春秋》認為百病之源全在於精氣鬱結，為求精氣流動不鬱，應當保持運動，所謂「形不動則精不流」。《呂氏春秋．達鬱》曰：

> 凡人三百六十節，九竅五藏六府。肌膚欲其比也，血脈欲其通也，筋骨欲其固也，心志欲其和也，精氣欲其行也，若此則病無所居而惡無由生矣。病之留，惡之生也，精氣鬱也。故水鬱則為污，樹鬱則為蠹，草鬱則為蔷。

《呂氏春秋》認為「精氣欲其行」，具體言之，則為保持運動。保持運動，能使血脈暢通，筋骨堅固，而精氣流行不鬱，便「病無所居」，自能身強體健。

（二）少私寡欲

《呂氏春秋》認為「精氣」安居於形體之內，不受外物干擾，則年壽得長，可以盡其天年。為免受外物干擾，則當少私寡欲，修養情性，追求平淡祥和，避免大喜大怒。《呂氏春秋．盡數》云：

> 天生陰陽寒暑燥濕，四時之化，萬物之變，莫不為利，莫不為害。聖人察陰陽之宜，辨萬物之利以便生，故精神安乎形，而年壽得長焉。長也者，非短而續之也，畢其數也。畢數之務，在乎去害。何謂去害？大甘、大酸、大苦、大辛、大鹹，五者充形則生害矣。大喜、大怒、大憂、大恐、大哀，五者接神則生害矣。大寒、大熱、大燥、大濕、大風、大霖、大霧，七者動精則生害矣。故凡養生，莫若知本，知本則疾無由至矣。

《呂氏春秋》倡言少私寡欲，溯其源流，乃出自「貴生說」。「貴生說」認為君主養生之道，在乎少私寡欲，戒除奢華的生活，自可全生保命。《呂氏春秋．本生》：

貴富而不知道，適足以為患，不如貧賤。貧賤之致物也難，雖欲過之奚由？出則以車，入則以輦，務以自佚，命之曰佁蹷之機。肥肉厚酒，務以自彊，命之曰爛腸之食。靡曼皓齒，鄭、衛之音，務以自樂，命之曰伐性之斧。三患者，貴富之所致也。故古之人有不肯貴富者矣，由重生故也，非夸以名也，為其實也。則此論之不可不察也。

（三）飲食得道

所謂飲食之道，其實亦與精氣說相關涉，《呂氏春秋．重己》云：「味眾珍則胃充，胃充則中大鞔；中大鞔而氣不達，以此長生可得乎？」可見飲食得飽，則使「胃充」，而「胃充」會使胸腹脹滿鬱結，不利於精氣於體內運行，以致長生無望。因此飲食之道，在乎少私寡欲，進食力求清淡、合時。〈盡數〉云：

凡食無彊厚，味無以烈味重酒，是以謂之疾首。食能以時，身必無災。

至於飲食養生的基本方法，〈盡數〉指出應適度節制，「無飢無飽」。而飲食舉止，則在乎「和精端容」，旨在不凝體內精氣運行。統而言之，所謂飲食之道，其實亦與精氣說相關連。

（四）善於養體

綜上所論，可見《呂氏春秋》的「養生說」，其實溯源自稷下「精氣說」，因此《呂紀》討論養生之道，乃緊扣「精氣說」立論，所謂「養生」之說，其實重在「養氣」，而非「養形」。所謂「養形」之道，其旨亦在輔助「精氣」，使「精氣流通無阻」而已。《呂氏春秋．先己》：

> 凡事之本，必先治身，嗇其大寶。用其新，棄其陳，腠理遂通。精氣日新，邪氣盡去，終其天年。此之謂真人。

馮友蘭《中國哲學史新編》認為「治身」即為「養形」，〈先己〉指出通過「養形」，可以驅除體內陳腐之氣，並且吸納新鮮精氣，從而得享天年。可見「養形」之道，推本溯源，亦在「養氣」。

至於「養形」的具體方法，相對於「養氣」而言，乃專指養護身體、五官，而兼及心志的具體方法，其重點見於《呂氏春秋・孝行》：

養有五道：修宮室，安床笫，節飲食，養體之道也。樹五色，施五采，列文章，養目之道也。正六律，龢五聲，雜八音，養耳之道也。熟五穀，烹六畜，龢煎調，養口之道也。龢顏色，説言語，敬進退，養志之道也。此五者，代進而序用之，可謂善養矣。

如欲了解更多《呂氏春秋》有關養生方法的篇章，可閱讀《季春紀・盡數》《恃君覽・達鬱》及《孝行覽・孝行》。

六、時機論

《呂氏春秋》為人君説法，崇尚「立功名」。所謂「立功名」，即指「成功之道」。《呂氏春秋》門客反覆思考，稽查古今成敗的故事，成就其「時機」論説。此等論説，未見於其他先秦諸子，可見「時機」之論，亦呂書獨到之見。《呂紀》所謂「時機論」，大略言之，其旨意分別為「首時」「遇合」及「必己」：

（一）首時（以時機為首要）

《呂氏春秋》認為舉事求望成功，首要「待時」，「時」即指時機。《呂氏春秋》極言「時機」之可貴，「時機」一至，而功名可成，〈首時〉云：

> 時至，有從布衣而為天子者，有從千乘而得天下者，有從卑賤而佐三王者，有從匹夫而報萬乘者，故聖人之所貴，唯時也。

可見《呂氏春秋》認為「時機」的可貴。「時機」之所以如斯珍貴，乃因「時機」有兩大特性，其一為：時機一過，天不再與；其二為：時不久留，稍縱即逝。這就是〈首時〉所說的：「天不再與，時不久留，能不兩工，事在當時。」

另一方面，倘若時機未至，不論「聖人」抑或「有道之士」，都要待時，不能操之過急。《呂氏春秋》乃雜家之言，呂氏門客兼包各家宗派，然而各派皆認為時機未至，則當待時，並無二致。如〈首時〉云：

> 聖人之於事，似緩而急、似遲而速以待時……故有道之士未遇時，隱匿分竄，勤以待時。

這裏説「勤以待時」，指出有道之士未遇時，應當勤勉不怠，這近於儒家之言。不過《呂氏春秋．任數》則謂：「無言無思，靜以待時，時至而應，心暇者勝。」這裏則倡言無為，安靜心暇以待時機，又似道家之言。無論如何，呂書記述兩家主張「待時」的觀念皆同，可見「待時」是呂書的重要思想。

（二）遇合（兩重機遇的互相配合）

《呂氏春秋．遇合》啟篇即云：「凡遇，合也，時不合，必待合而後行。」呂書所謂的「遇合」，亦有層次。考「遇合」首要之義，在於得遇明君，「遇合」猶言「遇人」。由此推論，從這一層次理解，「遇合」是指得遇明君的「時機」。《呂紀》仔細考量前人的故事，認為士人求遇明君，其成敗關鍵在於天意，不是人事所能勉強的。此所以聖賢如孔子，修身立志以干世主，亦有不遇時之歎。《呂氏春秋．遇合》云：

> 孔子周流海內，再干世主，如齊至衛，所見八十餘君，委質為弟子者三千人，達徒七十人，七十人者，萬乘之主得一人用可為師，不為無人，以此遊僅至於魯司寇，此天子之所以時絕也。

孔子周流海內，其宦途僅至於魯司寇而止。這並不是孔子的問題，只是因為時機未至。時機不至，殆為天意，非人力所能干預。《呂氏春秋．長攻》云：

譬之若良農，辯土地之宜，謹耕耨之事，未必收也；然而收者，必此人也。始在於遇時雨，遇時雨，天〔地〕也，非良農所能為也。

這裏說良農能「辯土地之宜，謹耕耨之事」，可見良農努力不懈，然而仍未能保證收穫可觀，原因是農耕收成，全取決於良農是否得遇時雨，而時雨之來，乃天意使然，不在人事。士人求遇明君亦是同樣道理，時機不至，遭際未遇，即使努力，終亦徒然，所以《呂氏春秋．遇合》說「遇合也無常」。

相反，時機一至，則舉事而功成，功名大立。《呂氏春秋．慎人》云：

百里奚之未遇時也，亡虢而虜晉，飯牛於秦，傳鬻以五羊之皮。公孫枝得而說之，獻諸繆公，三日，請屬事焉。繆公曰：「買之五羊之皮而屬事焉，無乃〔為〕天下笑乎？」公孫枝對曰：「信賢而任之，君之明也；讓賢而下之，臣之忠也；君為明君，臣為忠臣。彼信賢，境內將服，敵國且畏，夫誰暇笑哉？」

> 繆公遂用之。謀無不當，舉必有功，非加賢也。使百里奚雖賢，無得繆公，必無此名矣。

可見所謂百里奚「遇時」，就是指得遇明君的時機。百里奚得遇繆公，乃「謀無不當，舉必有功。」倘若不得其遇，即使他再賢能，亦無所用。

以上乃就「遇合」第一重意義立論，指士人得遇明君。至於第二重意義，則在「士人得遇明君」的意義之上，再推而廣之。意指舉事求望成功，必須等待兩重機遇相遇配合，方始有望。《呂氏春秋・長攻》：

> 凡治亂存亡，安危彊弱，必有其遇，然後可成，各一則不設。故桀、紂雖不肖，其亡、遇湯、武也，遇湯、武、天也，非桀、紂之不肖也；湯、武雖賢，其王遇桀、紂也，遇桀、紂，天也，非湯、武之賢也。若桀、紂不遇湯、武，未必亡也；桀、紂不亡，雖不肖，辱未至於此。若使湯、武不遇桀、紂，未必王也；湯、武不王，雖賢，顯未至於此。

此處謂「必有其遇，然後可成，各一則不設」，強調兩重機遇相互配合，然後可成，單一機遇則無從成功。[14]因此，湯、武賢德，是一重機遇；桀、紂無道，乃另一重機遇；兩重機遇相互配合，湯、武舉事乃成，桀、紂敗亡受辱。至於兩重機遇能否相互配合，亦是天意使然，不是人事所能干預的，此與一重機遇的特性相同。

（三）必己（必在己，無不遇矣）

《呂氏春秋》既認為成敗興亡全在天意，則人事努力，似皆徒勞無功。然而，《呂紀》不以為然，其深明成敗關鍵縱然在天，然而人事努力決不可廢。《呂氏春秋・慎人》云：

> 夫舜遇堯，天也；舜耕於歷山，陶於河濱，釣於雷澤，天下說之，秀士從之，人也。夫禹遇舜，天也；禹周於天下，以求賢者，事利黔首，水潦川澤之湛滯壅塞可通者，禹盡為之，人也。夫湯遇桀，武遇紂，天也；湯武修身積善

14 按張雙棣《呂氏春秋譯注》訓解「各一則不設」句意，謂：「意思是，如果彼此相同，就不實現這些了。一，一律，相同。」恐亦曲說。陳奇猷《呂氏春秋校釋》謂「『各一』，謂不相遇。『各一則不設』，猶言不相遇則不成也。」與文意相合，亦《呂紀》時機論的正確理解。

為義，以憂苦於民，人也。

可見《呂紀》亦深明人事之重要，湯、武是否得遇桀、紂，固屬天意，然而湯、武修身積善為義，從不苟且，亦是成功的要素。如果時機不至則已，但時機一至，其得民心而立功名者，則必定是湯、武。由此可見，人事努力亦是成功的要素。

另一方面，《呂紀》認為成功與否，固屬天意使然，凡此皆為外力，非個人可以控制的。《呂氏春秋．必己》謂：

外物不可必，故龍逄誅，比干戮，箕子狂，惡來死，桀、紂亡。人主莫不欲其臣之忠，而忠未必信，故伍員流乎江。

所謂「外物不可必」，即指外力干預，其中變數難以掌握。然而，君子不當退縮，仍須修身立志，以求在自身處努力，不受外來因素干預。君子在自身處努力，充分準備，應付一切不可預計的變數。屆時「遇」與「不遇」，亦無關重要，而成功已然在握。

如欲了解更多有關《呂氏春秋》「時機論」的篇章，可閱讀《孝行覽．首時》《孝行覽・遇合》《孝行覽・長攻》《孝行覽・必己》《孝行覽・慎人》及《慎大覽・不廣》。

七、治國的總體原則：「治身治國一理」說

《呂氏春秋》之撰寫，旨在為人君說法，因此《呂氏春秋》全書論及「功名」的地方不勝枚舉。[15] 人君欲立功名，必須治國有道。然而，《呂氏春秋》所言為君治國之道，論其要旨，則全在乎「治國之本在於治身」。

（一）「治國在於治身」論說溯源

《呂氏春秋》深信治國之本在乎治身，治身而天下治，《呂氏春秋・先己》云：

> 湯問於伊尹曰：「欲取天下若何？」伊尹對曰：「欲取天下，天下不可取。

15 舉例而言，《呂氏春秋・功名》：「由其道，功名之不可得逃，猶表之與影，若呼之與響。」又〈用眾〉云：「夫取於眾，此三皇、五帝之所以大立功名也。」又〈先己〉：「故心得而聽得，聽得而事得，事得而功名得。五帝先道而後德，故德莫盛焉；三王先教而後殺，故事莫功焉。」又〈順民〉：「先王先順民心，故功名成。」皆論先王所以能「立功名」之因由，以為當世人君說法。

可取，身將先取。」凡事之本，必先治身，嗇其大寶。用其新，棄其陳，腠理遂通。精氣日新，邪氣盡去，（及）〔終〕其天年。此之謂真人。昔者先聖王，成其身而天下成，治其身而天下治。故善響者不於響於聲，善影者不於影於形，為天下者不於天下於身。

文中勸勉為君者欲求治國之道，須反本溯源，先治己身。又如《呂氏春秋．審分》曰：「夫治身與治國，一理之術也。」指出治身與治國其實一理相通，如能治身，則能治國。這種治國之本在於治身的思想，推本溯源，乃據儒、道兩家論說歸納所得，再加發揮而成其說。

（二）儒家「以身作則」相關論説

今先論儒家所倡「治身治國一理」之説，《論語．子路》：「子曰：『其身正，不令而行；其身不正，雖令不從。』」孔子認為其身正則不令而行，顯然專為國君治國而言。為君者先務正身，身既正，則不令而行。又如《論語．子路》：「子曰：『苟正其身矣，於從政乎何有？不能正其身，如正人何？』」孔子認為世人如能端正己身，則從政治國便再無困難；但是如不能正身，則不能正人，更遑論正天下了。至於《孟子・離婁上》又云：

> 孟子曰：「人有恆言，皆曰：『天下國家。』天下之本在國，國之本在家，家之本在身。」

可見孟子亦認為治身然後可以治家，治家然後可以治國，治國然後可以治天下。孔、孟學說，如出一轍。由此歸納，儒家學說認為從「道德教化」而言，在上位者對於平民百姓的影響力，並非依靠法令的頒佈與執行，而是「以身作則」。在上位者以身作則，百姓自當依從。另《荀子》亦有相關論說，闡明君主治國「以身作則」之理，當中荀子設喻為說，而更為具體。《荀子・君道》：

> 請問為國？曰：聞脩身，未嘗聞為國也。君者、儀也，〔民者、景也〕，儀正而景正；君者、槃也，民者、水也，槃圓而水圓；君者、盂也，盂方而水方。君射則臣決。楚莊王好細要，故朝有餓人，故曰：聞脩身，未嘗聞為國也。

總而言之，孔、孟、荀皆言「以身作則」，可見儒家學說贊成「治身治國一理之術」，恰正《呂氏春秋》為君治國論說的依據。

（三）道家「治天下始於治身」相關論說

儒家以外，道家亦有相關論說。道家認為治國之本亦在治身，早見《老子》第五十四章：

修之於身，其德乃真；修之於家，其德乃餘[16]；修之於鄉，其德乃長；修之於國[17]，其德乃豐；修之於天下，其德乃普。故以身觀身。以家觀家，以鄉觀鄉，以國觀國[18]，以天下觀天下。吾何以知天下（之）然哉？以此。

16 見《馬王堆漢墓帛書乙本老子》（北京：文物出版社，一九七六年），頁四〇；《韓非子．解老》（《四部叢刊》影上海涵芬樓藏影宋鈔校本），卷六，頁10b，並作「有餘」。

17 「國」當作「邦」。《韓非子．解老》卷六頁10b作「邦」，今本作「國」者，蓋避漢高祖諱改。

18 當作「以邦觀邦」，《馬王堆漢墓帛書甲本老子》頁五作「以邦觀邦」，今本兩「邦」字並作「國」者，蓋避漢高祖諱改。

可見老子亦認為治「天下」，亦從治「身」開始。又《莊子・讓王》：

道之真以治身，其緒餘以為國家，其土苴以治天下。

按《莊子・讓王》與《呂氏春秋》關係密切，當中因襲關係有待深究[19]。〈讓王〉認為「道之真」當用於治身，至其「緒餘」「土苴」方用於治國，乃至治天下，顯見「貴生」之義。然而，《莊子・讓王》既以為「治身」「治國」「治天下」所用之「道」其實相同，則亦贊同「治身治國一理之術」。

（四）《呂氏春秋》直接稱述儒、道兩家學者論說

《呂氏春秋》對於儒、道兩家論説皆有採錄，兼收並蓄。《呂氏春秋》所論「治身治國一理之術」，部分乃託為孔子之言而加以申述，如《呂氏春秋・先己》：

19 《莊子・讓王》此文又見《呂氏春秋・貴生》。

故欲勝人者必先自勝，欲論人者必先自論，欲知人者必先自知。《詩》曰：「執轡如組。」孔子曰：「審此言也可以為天下。」子貢曰：「何其躁也？」孔子曰：「非謂其躁也，謂其為之於此，而成文於彼也，聖人組脩其身，而成文於天下矣。」

《呂氏春秋》引孔子言指出，「聖人組脩其身，而成文於天下」，闡明「治身」與「治天下」一理相通。

《呂氏春秋．先己》再次引用孔子之言，提出「得之於身者得之人，失之於身者失之人。」因此，凡事反求諸己，從自身處努力，不必他求。苟能治身，就能「不出門戶而天下治」。以上兩段皆託為夫子之言，可見《呂氏春秋》編者推尊儒家，進一步發揮儒家「以身作則」之理。

至於道家學者之言，則有稱述詹何的話，詹何可見於《淮南子》。《淮南子．道應》曾言「治身治國一理之術」：

楚莊王問詹何曰：「治國奈何？」〔詹何〕對曰：「何明於治身，而不明於治國？」楚王曰：「寡人得奉宗廟社稷，願學所以守之。」詹何對曰：「臣未嘗聞身治而國亂者也，未嘗聞身亂而國治者也。故本在於身，不敢對以末。」楚王曰：「善。」故老子曰：「修之身，其德乃真也。」

《淮南子》稱述詹何論說，乃引《老子》之言相互印證，以見詹子之言與老子之道相應，亦可見詹何乃道家者流。

至於《呂氏春秋》亦有稱述詹何之言，以說明「治身治國一理之術」，見《呂氏春秋・執一》：

楚王問為國於詹子。詹子對曰：「何聞為身，不聞為國。」詹子豈以國可無為哉？以為為國之本在於為身，身為而家為，家為而國為，國為而天下為。故曰以身為家，以家為國，以國為天下。此四者，異位同本。

詹何謂「以身為家，以家為國，以國為天下。」然後說明「身」「家」「國」「天下」四者異位同本，恰好闡明「治身治國一理之術」。

如欲了解更多有關《呂氏春秋》「治身治國一理」說的篇章，可閱讀《季春紀・先己》及《審分覽・執一》。

八、「因而不為」的具體治國政策

《呂氏春秋》倡議治國的基本思想是「因而不為」。然而，人君「因而不為」，又如何落實國家政令？如何執行眾多事務呢？《呂氏春秋》深思熟慮，在「因而不為」的思想綱領下，為人君提出具體的治國政策，俾使人君得以成功管治，政令得以貫徹執行。這些治國政策，概略言之，就是「用眾」「刑名」與「用民」。

（一）用眾

人君治國，單憑一己的智慧，即使天資聰明，個人能力畢竟有限，而且人君深居宮中，耳目所及，不過朝廷宮室之內，見聞未廣，錯誤難免。《呂氏春秋》深明此理，於是在〈任數〉云：

> 耳目心智，其所以知識甚闕，其所以聞見甚淺。以淺闕博居天下、安殊俗、治萬民，其說固不行。十里之間而耳不能聞，帷牆之外而目不能見，三畝之宮而心不能知。

這裏指出人君耳目心智所及者有限，而天下知識無窮，以有限之力，追求無窮的知識，自然心勞日拙。因此，若要成功，就不能單靠君主個人力量，而得借助羣眾的智慧，又《呂氏春秋．用眾》云：

故以眾勇無畏乎孟賁矣，以眾力無畏乎烏獲矣，以眾視無畏乎離婁矣，以眾知無畏乎堯、舜矣。夫以眾者，此君人之大寶也。

可見治國當借助眾力。《呂氏春秋》倡言治國「用眾」，並非憑空構想，而是從實際情況考慮的。《呂氏春秋．知度》從反面論證，假設人君不用眾力，單憑一己聰明才智，事事逞強，羣臣自然不敢提出己見，唯有事事請示君主，君主所知有限，遇有疑難，未能及時應對，便會有損君威，其敗必然。因此，人君不知用眾，猶如捨本逐末，其敗必然。《呂氏春秋》不僅從反面立論，以見人君不用眾力之弊，亦從正面申論，具體說明人君任用眾智的方法及其效益。《呂氏春秋．分職》先論用眾的具體方法：

夫君也者，處虛（素服）〔服素〕而無智，故能使眾智也；智反無能，故能使眾能也；能執無為，故能使眾為也。無智、無能、無為，此君之所執也。

可見君主如若用眾，必先無智、無能，然後無為。君主無為，百官自然畢盡其能以求表現，這樣，君主便得以任用眾力，使國家大治。《呂氏春秋》又從正面列舉古聖賢王「用眾」而成其功業者，以見「用眾」的效益。《呂氏春秋．勿躬》：

史皇作圖，巫彭作醫，巫咸作筮，此二十官者，聖人之所以治天下也。聖王不能二十官之事，然而使二十官盡其巧、畢其能，聖王在上故也。聖王之所不能也，所以能之也；所不知也，所以知之也。

又如《呂氏春秋．用眾》：

天下無粹白之狐，而有粹白之裘，取之眾白也。夫取於眾，此三皇、五帝之所以大立功名也。

可見人君善於用眾，其效益可以大立功名。《呂氏春秋》認為「治身治國一理之術」，於「治國」而言，「用眾」可以使羣臣畢盡其力，國家興盛；於「治身」而言，不僅可以大立功名，而且可以養生保健，符合《呂氏春秋》的「養生」論說。

（二）刑名

《呂氏春秋》倡言人君「因而不為」，於是用眾。既然用眾，則羣臣在朝，而人君應如何駕馭羣臣呢？《呂氏春秋》提出了具體的方法，即「審名責實」之道，《呂氏春秋．審分》：

> 王良之所以使馬者，約審之以控其轡，而四馬莫敢不盡力。有道之主，其所以使羣臣者亦有轡。其轡何如？正名審分，是治之轡已。故按其實而審其名，以求其情；聽其言而察其類，無使放悖。

可見人君駕馭羣臣，必須「正名審分」，意指任用官員，必須辨正名稱，明察職分。然後「按實審名」，以得其實情，即按照官員的實質職位，審核於該職位而言，其政績表現是否合乎理想。最後「聽言察類」，使其不亂，即對於無具體職位者尤好進言，人君當依據他的話，考察其行為，以考查他的言行是否一致。〈知度〉又云：「故有道之主，因而不為，責而不詔，去想去意，靜虛以待，不代之言，不奪之事，督名審實，官使自司」。可見「督名責實」，乃「因而不為」思想綱領下的具體政策。《呂氏春秋》所謂「督名責實」，其實即為「刑名」之學，屢見於《韓非子》，當中尤以《韓非子・二柄》之言最為詳細：

人主將欲禁姦，則審合刑名；〔刑名〕者，言（異）〔與〕事也。為人臣者陳而言，君以其言授之事，專以其事責其功。功當其事，事當其言則賞；功不當其事，事不當其言則罰。故羣臣其言大而功小者則罰，非罰小功也，罰功不當名也。羣臣其言小而功大者亦罰，非不說於大功也，以為不當名（也）〔之〕害甚於有大功，故罰。

此文清楚闡明「刑名」之論。所謂「刑名」（作「形名」亦可），「名」者，乃指臣下自稱能完成某事的言辭，而「刑」者（或作「形」），則指事實上所能達到的具體成績。倘若成績恰與臣下事先所言相符，此謂「同合刑名」[20]，最為難得。韓非在這個理論基礎之上，再申論其說，認為臣下表現超過又或是不及他事先所說的，皆當受罰。韓非認為這與臣子表現成績好壞無關，而全在乎臣子之「言」與「事」，即「刑」與「名」不相符，便當受罰。這是韓非獨得之見，其他法家學者則鮮有論及。

20 《韓非子・主道》：「同合刑名，審驗法式，擅為者誅，國乃無賊。」可與〈二柄〉此文互證。

《呂氏春秋》對於韓非「刑名」之論，顯然有所承襲，故此倡言「有道之主」，亦當「因而不為」，而「督名審實」。

（三）用民

《呂氏春秋》認為人君治國，當「因而不為」。所謂「因」者，最早見《慎子》。《慎子・因循》云：「天道因則大，化則細。因也者，因人之情也。」此文以「因」「化」對舉，再考《呂氏春秋・君守》：「作者擾，因者平。」則以「作」「因」對舉。而〈任數〉則謂：「因者，君術也；為者，臣道也。為則擾矣，因則靜矣。」以「因」「為」對舉。由此可見，「化」「作」「為」三字意義相近，而《呂氏春秋》所論的「因而不為」，本出《慎子》。《慎子・因循》認為人本自私，人君若要使民不為己而「為我」，難以成功。《慎子》又曰：

> 是故先王〔見〕不受祿者不臣，祿不厚者不與入〔難〕。人不得其所以自為也，則上不取用焉。故用人之自為，不用人之為我，則莫不可得而用矣。

此文指出人臣必先能從人君身上獲得利益，人君才加以任用；人臣所得的利益越多，其為用越大。相反，人臣無法從人君身上獲得利益，人君絕不能加以任用。綜合而言，《慎子》相信人臣絕不犧牲一己利益而為人君謀事，人君如希望任用羣臣，先讓人臣從君主身上得益，此之謂「因」。所因者，其實就是世人的自私心理。

《呂氏春秋》對《慎子》此說，亦有繼承，《呂氏春秋．用民》云：

> 民之用也有故，得其故，民無所不用。用民有紀有綱，壹引其紀，萬目皆起，壹引其綱，萬目皆張。為民紀綱者何也？欲也惡也。何欲何惡？欲榮利，惡辱害。辱害所以為罰充也，榮利所以為賞實也。賞罰皆有充實，則民無不用矣。

又《呂氏春秋．為欲》云：

> 使民無欲，上雖賢猶不能用……人之欲多者，其可得用亦多；人之欲少者，其〔可〕得用亦少；無欲者，不可得用也……善為上者，能令人得欲無窮，故人之可得用亦無窮也。

以上兩篇立論皆與《慎子．因循》相合。然而，《慎子》明言「因人之情」，《呂紀》以上兩篇未有提及「因」的理念，其因襲《慎子》之跡未算顯明。最顯明的，則見《呂氏春秋．順説》：

管子得於魯，魯束縛而檻之，使役人載而送之齊，其謳歌而引[21]。管子恐魯之止而殺己也，欲速至齊，因謂役人曰：「我為汝唱，汝為我和。」其所唱適宜走，役人不倦，而取道甚速，管子可謂能因矣。役人得其所欲，己亦得其所欲。以此術也，是用萬乘之國，其霸猶少，桓公則難與往也。

〈順説〉謂「管子可謂能因」，與《慎子》言「因人之情」，取義全同。可見《呂紀》「用民」之道，其本亦出自《慎子》。《呂氏春秋》認為人君善於利用人民「為己」的心態，使之有欲，那麼萬民皆可為用。民之為己，都希望得欲去害，而民所欲的是「榮利」，所惡的是「辱害」。所謂「榮利」，其實就是「賞實」；所謂「辱害」，其實就是「刑罰」。人君善於運用賞罰，則民無不用了。

21 唐朝馬總《意林》（《四部叢刊初編縮本》，臺北：臺灣商務印書館，一九六七年），卷二，總頁三十四，引《呂氏春秋》此文作「皆謳歌而引車」。

總而言之，人君治國雖然「因而不為」，仍然要善於「用眾」，使羣臣畢盡其力；善用「刑名」之學，而用臣有道，可避免悖亂；善用「用民」，使民有欲，運用賞罰使羣臣為我。人君善用以上三項具體治國策略，不僅可以使國家大治而廣立功名，亦可以養性保健，精神安形，延年益壽，這就是所謂的「治身治國一理之術」。

如欲了解更多有關《呂氏春秋》「因而不為」的治國策略的篇章，可閱讀《慎大覽・貴因》《審分覽・審分》《孟夏紀・用眾》《審分覽・君守》及《審分覽・知道》。

九、治國之道的基本理念

《呂氏春秋・審分》提出「治身與治國，一理之術也。」所謂「一理之術」，即是「治國」之道，猶如「治身」之道。討論《呂氏春秋》的治國之道，就得探求《呂氏春秋》「治身治國一理之術」的具體內涵，以下會逐一討論：

（一）取法天地，節欲早嗇

《呂氏春秋》認為「治身治國一理之術」，那麼治身、治國有何相通之處？《呂氏春秋・情欲》云：「古之治身與天下者，必法天地也。」意思是治身、治國的共通點在於「法天地」，所謂「法天地」，其意在於「早嗇」。有關「早嗇」，《呂氏春秋・情欲》云：

古人得道者[22]，生以壽長，聲色滋味，能久樂之，奚故？論早定也。論早定則知早嗇，知早嗇則精不竭。秋早寒則冬必暖矣，春多雨則夏必旱矣，天地不能兩，而況於人類乎？人之與天地也同，萬物之形雖異，其情一體也。

所謂「早嗇」，就是指「節欲」。《呂氏春秋・重己》云：「凡生〔之〕長也，順之也；使生不順者，欲也；故聖人必先適欲。」可見「欲念」對「治身」無益，對「治國」也無益。因此《呂氏春秋・為欲》云：

欲不正，以治身則夭，以治國則亡。故古之聖王，審順其天而以行欲，則民無不令矣，功無不立矣。

22　孫蜀丞云：「人」疑「之」字。草書「之」「人」兩字形近。

「治身」和「治國」皆當節欲。於「治身」而言，節欲可以順生；於「治國」而言，節欲可以令民立功。〈重己〉認為「節欲」可以「順」生，而「順」乃天德，取法乎天，自當無誤。《呂氏春秋．序意》：「上揆之天，下驗之地，中審之人，若此則是非可不可無所遁矣。天曰順，順維生。」據此可知，「節欲」可以順生，而順生即法天。因此《呂氏春秋．情欲》云：「故古之治身與天下者，必法天地也。」

（二）無為而行

「治國」與「治身」另一相同之處，就是「無為」，「無為」也是取法天地的結果。《呂氏春秋．序意》認為綜合「上揆之天，下驗之地，中審之人」三者，可得「無為而行」，而「無為而行」就是治國、治身的共通之處。所謂「無為而治」，先秦諸子理解不一，當中道家的《老子》第二十九章云：

> 將欲取天下而為之，吾見其不得已。天下，神器（也）[23]，不可為也。為者

23 《馬王堆漢墓帛書甲本老子》（頁二七）句末有「也」字，今據補。

敗之，執者失之。

《老子》認為「天下不可為」，又謂「為者敗之」。《老子》第六十章又認為「治大國」恰似烹小魚，意謂烹小魚務必小心，否則小魚動輒糜爛。治大國亦然，君主不宜動輒干預。否則，大國亦將陷於混亂。所以，治國理當「無為」。

《呂氏春秋》雖然繼承先秦道家思想，然而關於治國的主張，卻非直接採納《老子》的學說，而是通過戰國中期思想家之詮釋以繼承《老子》。因此，《呂氏春秋》對「無為」的理解，顯然有別於《老子》。《呂氏春秋‧知度》云：「故有道之主，因而不為。」這裏所說的「不為」，即指「無為」。有道之君，治國用「因」，而求「無為」。「因而不為」，正是《呂氏春秋》吸納戰國中期思想學說，而對《老子》「無為」理念提出的嶄新詮釋，當中反映了《呂氏春秋》有關治國之道的重要理念。

（三）貴因思想

《呂氏春秋》的治國之道，在乎貴「因」。它繼承了先秦諸子如慎到、孟子、韓非的論「因」學說，文中多次稱述「因」之可貴。《呂氏春秋‧貴因》：「三代所寶莫如因，因則無敵。」又云：

禹之裸國，裸入衣出，因也。墨子見荊王，（錦衣）〔衣錦〕吹笙，因也。孔子道彌子瑕見釐夫人，因也。湯、武遭亂世，臨苦民，揚其義，成其功，因也。故因則功[24]，專則拙。因者無敵。

《呂氏春秋》認為「因」者無敵，並進而討論「貴因」思想的應用。《呂氏春秋》全書論及「因」者甚多，綜而理之，可見其「貴因」思想的應用，層面甚廣。例如《呂氏春秋．貴因》提出「因」可應用於觀察天文現象，再推而廣之，更可以利用時勢而舉事，即《呂氏春秋．不廣》所說的「智者之舉事必因時。」「因時」是指借助時勢而使舉事成功。「因時」，或稱「因勢」，《呂氏春秋．慎勢》：

水用舟，陸用車，塗用輴，沙用（鳩）〔肆〕[25]，山用樏，因其勢也。

「因時」「因勢」，可指日常生活利用「時勢」。再推而論之，則可以用於軍事上。

24 王念孫云：功讀為工。

25 指行走沙漠所用之工具，此段又見《淮南子．修務》《文子．自然》。

《呂氏春秋．決勝》：

凡兵〔也者〕，貴其因也。因也者，因敵之險以為己固，因敵之謀以為己事。能審因而加，勝則不可窮矣。[26]勝不可窮之謂神，神則能不可勝也。

「因敵之險」「因敵之謀」，皆有助於爭勝。再推而廣之，則可以用於治國，《呂氏春秋．君守》：「故曰作者（憂）〔擾〕，因者平。惟彼君道，得命之情。」可見為君治國之道，亦在「貴因」，為君而「因」者則「平」。「平」，意指平靜安泰。追求平靜安泰，反對干預時政，此正是上文所引《呂氏春秋．知度》所說的「有道之主，因而不為。」《呂氏春秋．知度》謂君主「因而不為」，所論簡略，〈任數〉則有較詳盡的論述：

26 俞樾云：此本作「能審因而加，則勝不可窮矣。」按俞說當作「則勝不可窮矣」，則是；但「能審因而加」不辭，疑本作「審因而加能，則勝不可窮矣。」下句「神則能不可勝也」，「能」正承上句「能」字而言。

古之王者，其所為少，其所因多。因者，君術也；為者，臣道也。為則擾矣，因則靜矣。因冬為寒，因夏為暑，君奚事哉？

由此可見，《呂氏春秋》認為君主治國應當「因而不為」，其「貴因」思想，異常明晰。司馬談〈論六家要旨〉說：

道家無為，又曰無不為，其實易行，其辭難知。其術以虛無為本，以因循為用……有法無法，因時為業；有度無度，因物與合。故曰「聖人不朽，時變是守。虛者道之常也，因者君之綱」也。

可見道家重「無為」而貴「因」，恰正是《呂氏春秋》「因而不為」理論的依據。先秦哲學，以儒、道為綱，法家源出道家[27]，故此慎到、韓非皆有「貴因」之論，《呂氏春秋》兼收並蓄，成就其治國用人之術。

27 司馬遷《史記・老子韓非列傳》：「申子之學本於黃老而主刑名……韓非者，韓之諸公子也。喜刑名法術之學，而其歸本於黃老。」可見法家思想，其源本出道家。

十、「賞罰論」與法家學說的淵源關係

《韓非子》認為法家思想的重要概念有三，此即為：商鞅所論之「法」；申不害所論之「術」；慎到所論之「勢」。至於《呂氏春秋》對於上述三種法家思想概念可有善加因襲？以下會詳加論述。

（一）《呂氏春秋》論「法」與《韓非子》論「法」之異同

法家思想的重要概念為「法」「術」「勢」，現在先論其「法」。《韓非子・定法》：「法者，憲令著於官府，刑罰必於民心，賞存乎慎法，而罰加乎姦令者也，此臣之所師也。」由此可見，法家認為「法」與「賞罰」關係至為密切。

雖然《呂氏春秋》全書論「法」的地方不多，然而〈貴信〉篇亦嘗論「賞罰」的重要性，其中說：「賞罰不信，則民易犯法，不可使令。」又〈分職〉篇亦論「賞罰」與「法」的關係：

> 君者固無任，而以職受任。工拙、下也，賞罰、法也；君奚事哉？若是則受賞者無德，而抵誅者無怨矣，人自反而已，此治之至也。

又〈處方〉篇論「法」當一視同仁：

法也者，眾之所同也，賢不肖之所以其力也。

細考以上三節《呂紀》引文，可見《呂紀》常常並舉「法」與「賞罰」，亦認為「法」與「賞罰」的關係密切，而執「法」必須一視同仁。由此可見，《呂紀》認為「賞罰」至為重要，「賞罰」是人君治國的重要工具，是「賞罰之柄」（《呂氏春秋·義賞》）。所謂「賞罰之柄」，其說直取《韓非子·二柄》所提出的人君治國的兩種重要工具，即為「賞」與「罰」。

然而，《呂氏春秋》並非全盤因襲《韓非子》的學說而不加修訂，其〈用民〉篇云：「凡用民，太上以義，其次以賞罰。」這裏就用民方法整體層次而言，論斷「義」較「賞罰」重要。至於〈知分〉則就君主使民立論，指出「使賢」與「使不肖」有別：

凡使賢、不肖異；使不肖以賞罰，使賢以義。故賢主之使其下也必〔以〕義，〔必〕審賞罰，然後賢、不肖盡為用矣。

這裏認為「使賢以義」，「使不肖以賞罰」，可見「賞罰二柄」僅適用於「不肖」之民；至於「賢德」之民，則當用「義」。由此推論，「賢德」之民，對社會而言，其用為大；「不肖」之民，其用有限。因此，「義」較「賞罰」重要。《呂紀》此論，是以儒家治國論說來修訂法家思想的，其說乃根據《論語》及《荀子》。如《論語．公冶長》言：

> 有君子之道四焉：其行己也恭，其事上也敬，其養民也惠，其使民也義。

又《荀子．致士》云：

> 臨事接民而以義……政之始也。

儒家認為君主「使民」「接民」，都應當以「義」為先。《呂氏春秋》採納了二者之說，故謂「凡用民，太上以義，其次以賞罰。」又謂「使賢以義」，「使不肖以賞罰」，重新修訂法家的學說。

（二）《呂氏春秋》論「術」與《韓非子》論「術」之異同

法家論「術」，以申不害為代表。《韓非子．定法》云：「今申不害言術，而公孫鞅為法。術者，因任而授官，循名而責實，操殺生之柄，課羣臣之能者也，此人主之所執也。」所謂「循名而責實」，即「刑名」之論。然而使用「術」，又不僅限於「刑名」，舉凡人君「課羣臣之能」，都應該用「術」。《韓非子．內儲說上．七術》所論諸「術」，或即申不害所倡言的權術。此等權術，人君可用以督責臣下，使臣下恐懼不知所措。《韓非子．內儲說上．七術》又記述一則君主以權術督責臣下的故事：

> 商太宰使少庶子之市，顧反而問之曰：「何見於市？」對曰：「無見也。」太宰曰：「雖然，何見也？」對曰：「市南門之外甚眾牛車，僅可以行耳。」太宰因誡使者：「無敢告人吾所問於女。」因召市吏而誚之曰：「市門之外何多牛屎？」市吏甚怪太宰知之疾也，乃悚懼其所也。

這個君主運用「權術」對付臣下的故事，是用術的顯例。《呂氏春秋．任數》亦有相近的故事：

> 韓昭釐侯視所以祠廟之牲，其豕小，昭釐侯令官更之。官以是豕來也，昭釐侯曰：「是非嚮者之豕邪？」官無以對。命吏罪之。從者曰：「君王何以知之？」君曰：「吾以其耳也。」

〈任數〉亦言君主運用「權術」對付臣下，可見《呂紀》有取諸法家「用術」論說。

然而，〈任數〉記述上述故事後，即記申不害論評云：

> 申不害聞之，曰：「何以知其聾？以其耳之聰也。何以知其盲？以其目之明也。何以知其狂？以其言之當也。」

可見申不害認為人君耳目心智多有局限，不足依恃。因此，申不害並不同意君主徒用「權術」對付臣下。《呂氏春秋》細錄申不害所言，尤其可見《呂紀》對法家所論之「術」，並非全然接納，亦有所保留。

(三)《呂氏春秋》論「勢」與《韓非子》論「勢」之異同

法家論「勢」，以慎到為代表。《韓非子・難勢》引慎子云：「慎子曰：……賢人而詘於不肖者，則權輕位卑也；不肖而能服於賢者，則權重位尊也。」可見《韓非子》以「權位」解釋「勢」的意思，〈難勢〉又云：「堯為匹夫，不能治三人；而桀為天子，能亂天下：吾以此知勢位之足恃，而賢智之不足慕也。」清楚説明了「勢位」於人君治國而言，實為不可或缺的。

至於《呂氏春秋》在〈慎勢〉篇云：「權鈞則不能相使，勢等則不能相并。」又云：

〔因其勢〕者〔其〕令行，位尊者其教受，威立者其姦止，此畜人之道也。故以萬乘令乎千乘易，以千乘令乎一家易，以一家令乎一人易。嘗識及此，雖堯、舜不能。

這指出了「勢」對於治國，也是不可或缺的。「勢」之為用，亦較賢智重要。即使是堯、舜，亦不能缺乏勢位。相互比較，可見《呂氏春秋》亦有採襲《韓非子》論「勢」的相關學説。

總而言之，《呂氏春秋》討論人君治國之道，亦有採納法家「法」「術」「勢」的治國思想並加以修訂而完善之。

如欲了解更多有關《呂氏春秋》法家治國思想的篇章，可閱讀《離俗覽・貴信》《孝行覽・義賞》及《審分覽・任數》。

十一、結語：我和《呂氏春秋》的一點緣分

要談談我和《呂氏春秋》的淵源，故事該從一九八六年説起。當年香港中文大學中國語言及文學系講座教授劉殿爵教授於本科課程講授《呂氏春秋》，我只是中文系四年級學生。劉教授是國際知名的權威學者，英譯《論語》《孟子》《老子》三書，被譽為三種典籍之英譯典範，迄今銷售超過一百萬冊，讀者遍佈全球。由於對劉教授博大精深的學問懷着由衷的敬意，即使我對《呂》書一竅不通，我還是固執地選修了。

甫進課室，才發現修讀者僅有六人，兩名四年級生、四名三年級生，但旁聽的老師和研究生卻超過二十人，這種場景在系裏並不多見。我心想，這門課恐怕不易理解，同學們都望而生畏，只有旁聽的老師才會明白吧。

劉教授教學用心，兼且精通諸子百家，課堂上旁徵博引，引領學生遊走於春秋秦漢學術文化的殿堂，一窺堂奧。我細心抄下筆記，下課後再到大學圖書館將劉教授提及的書證逐條蒐集，找出原書出處，整理排比，才勉強明白課堂所言。

一九八六年順利本科畢業，一九八八年完成了碩士課程，直至一九八九年從報章廣告得知劉教授已從中文系榮休，全面投入中國文化研究所工作，並有意建立中國古代文獻電子資料庫，正需聘人負責計劃協調。此時，我想到呂書提及的時機論，覺得

可以朝夕追隨劉師問學，談書論道，實在機不可失，於是放棄了中學教席，回到研究所工作。一九九〇年因着工作之便，又報讀了中大博士課程，並以《呂氏春秋》東漢高誘《注》為題，撰寫博士論文。一九九五年完成論文，並於翌年轉任中文系助理教授，開展漫長的古籍教學工作。二〇〇二年，香港經濟不景，因投資失利而輕生者眾，社會上彌漫着傷感的愁緒，不知為何竟也影響了年輕一代。學生自尋短見時有聽聞，一天在電視上看到政府拍攝的宣傳短片，「打波才來下雨」，呼籲孩子樂觀面對逆境，「希望在明天」。我想到劉教授自一九八九年榮休後，系內再無開設《呂氏春秋》，又想到該書主旨即在貴生養生，其實最合現世人心，這正好讓學生理解自身生命的崇高價值，絕非外物所能比擬。《呂氏春秋．重己》說：「今吾生之為我有，而利我亦大矣。論其貴賤，爵為天子，不足以比焉；論其輕重，富有天下，不可以易之；論其安危，一曙失之，終身不復得。此三者，有道者之所慎也。」可謂發人深省。於是，我在二〇〇二年首次在大學講授《呂氏春秋》，意外的是，修讀學生人數超過一百五十人，大家都細聽貴生之義，熟讀書中所引子華子那句名言：「全生為上，虧生次之」；細味那原來應屬於千古奇商呂不韋寫給私生子秦王政的由衷教誨，深曉生命的價值，貴生自愛。此後，我每隔兩年便講授一次《呂氏春秋》，以迄於今，享受着將劉教授生前所言傳授給學生的快慰，也陶醉於書中的嘉言善行。今年初，應中華書局之邀，草撰「新視野中華經典文庫」《呂氏春秋》一書，望能推廣其深邃精妙的哲理，也讓大學以外一眾市民及早感悟貴生之義，節欲早嗇，長生久視，享受生命為我們帶來的樂趣。

兵家

《孫子兵法》導讀

上古戰爭智慧的結晶

河南大學文學院副教授
王宏林

一、孫子生平

孫子名武，字長卿，與老子、孔子、莊子一樣，也是先秦諸子中的一位思想巨人。雖然歷史長河的積沙使這些偉大思想家的面目日漸模糊，但他們著作的巨大光輝卻隨着時光的流逝而愈加耀目。

記載孫子事跡而比較可信的史書有《史記》，提及孫子曾以兵法見吳王闔閭。《吳越春秋》也記載此事，並指出這一年是闔閭三年，即公元前五一二年，這是史書中明確記載孫子生平的惟一直接可靠年代。楊善羣先生在《孫子評傳》中，以此年為依據並結合《左傳．昭公十九年（前五二三）》記載孫武祖父孫書伐莒之事，推斷孫武生年是齊景公十三年（前五三五）。此年老子約三十七歲（前五七一—？），孔子約十七歲（前五五一—前四七九），如果因緣巧合，這三位思想巨人應該可以晤面，不過《史記》只記載孔子曾向老子問禮，並沒有孫子見老子或孔子的記載。

孫子出生在齊國，這是姜太公和管仲的故鄉，也是一片孕育軍事家的沃土。姜太公助武王伐紂成功，被公認為兵家之祖。管仲也是一位精通軍事的政治家，在他的領導下，齊國成為春秋時期的霸主，長期統帥諸侯，可以想像這種濃厚的軍事氛圍對孫子也會產生巨大的影響。不過，孫子能夠成為偉大的軍事家，最重要的原因在於他的家世。畢竟在先秦時代，家學是個人教育的主要來源。

孫子的遠祖為陳國公子完，因避陳亂出奔到齊，之後改姓田。曾祖父田無宇曾參與攻打萊國的戰鬥，經歷了多次的戰爭洗禮。祖父田書頗有謀略，曾指揮並攻佔莒國，因戰功被齊景公賜姓孫。父親孫憑位列卿大夫。在戰爭中成長壯大的家族一定會更加重視戰爭，這可能正是孫憑為兒子起名叫「武」的重要原因。

孫子出生於春秋末年，此時中原各國的軍政大權多數被有實力的卿大夫所把持。晉國出現了韓、魏、趙、智、范、中行這六大宗族控制朝政的六卿專政，魯國出現了由季孫、孟孫、叔孫來掌握政權的局面，齊國情況也好不到哪裏去，高、國、陳、鮑四大宗族相互排擠，明爭暗鬥。孫子雖然屬於陳氏後裔，不過他對這種傾軋鬥爭十分反感。而南方的吳國自壽夢稱王以來，國勢蒸蒸日上。大約在齊景公三十一年（前五一七）左右，十八歲的孫武就離開先祖的封地，來到吳國施展鴻圖。到吳國後，在伍子胥的引薦下，孫子帶着兵法見到吳王闔閭，並以宮女試兵，最終贏得闔閭的好感，被任命為將軍，與伍子胥並肩作戰。

從吳王闔閭四年（前五一一）任命孫子、伍子胥為將攻打楚國開始，直至吳王夫差十三年（前四八三）伍子胥被迫自殺，二十八年間吳國先後向楚國、越國展開了大規模的攻擊，逼迫楚昭王逃入雲夢澤、吳王勾踐屈辱求和。此後，吳軍一度北上與齊、晉等大國爭霸，軍事實力達到頂峰。由於夫差一心想稱霸諸侯，堅持對齊用兵。伍子胥於是稱病拒絕攻打齊國，在太宰嚭的讒譭下，夫差最後賜伍子胥自盡，伍子胥去世之後，孫武也突然從史籍中消失了，《越絕書》《吳越春秋》和《史記》等史書都沒有孫武此後的活動記載。有人認為他一生殺戮太重，最終像伍子胥那樣被吳王所殺。但多數人認為他退隱後不久即去世，卒年約在公元前四八〇年左右，終年五十五歲。以孫武的智能，我們不相信他會重蹈伍子胥的悲劇。《越絕書》記載道：「巫門外大冢，吳王客、齊孫武冢也，去縣十里。善為兵法。」這座墓在清代仍有詩人憑弔，人們大都認為孫武晚年並沒有離開他的第二故鄉——吳國。

二、《孫子兵法》的基本內容

孫子以《孫子兵法》而著稱。按《史記》所載，這部兵法有十三篇。但東漢班固在《漢書・藝文志》「兵權謀家」中著錄道：「《吳孫子兵法》八十二篇。」竟然多出了六十九篇。又著錄道：「《齊孫子兵法》八十九篇。」可見在東漢時期，有兩部「孫子兵法」。結合相關史料可知，吳孫子就是孫武，齊孫子則是孫武的後代孫臏，這兩部兵法和兩位「孫子」的區別相當明顯。三國時期曹操為《孫子兵法》作注，明確說：

「孫子者，齊人也，名武，為吳王闔閭作兵法十三篇。」所以他只給那十三篇作注，完全捨棄了後來多出的六十九篇，這六十九篇與孫臏所作的《齊孫子兵法》八十九篇在唐代以後就亡佚了。由於名稱的相近和《齊孫子兵法》的亡佚，導致後人對孫武和《孫子兵法》也產生了種種猜測。

南宋葉適和清代全祖望等著名學者認為春秋時期沒有孫武此人，理由是《左傳》《國語》這些記載春秋大事的著作沒有一個字涉及「孫武」，可見這是後代杜撰的一個人物。近代梁啟超等學者認為春秋時期有孫武這個人，但兵法卻是戰國人假託孫武之名而著，理由是《孫子兵法》所談到的戰爭規模多達十萬人，這是戰國時期才達到的規模。錢穆則推測孫武和孫臏其實是一人，理由是「臏」是一種刑罰，誰會以「臏」為名呢？所以，「臏」只能是孫子的綽號，孫臏就是孫子。幸運的是，隨着一九七二年山東臨沂銀雀山漢墓竹簡的出土，種種猜測和謎團逐漸得到澄清。這批竹簡將近五千枚，包括《孫子兵法》《孫臏兵法》《管子》《尉繚子》等眾多先秦著作。《孫子兵法》有三百多枚，十三篇文字均有保存，竹簡上的篇名與今天我們看到的傳本大致相同。《孫臏兵法》有四百多枚，都是唐代以後所失傳的內容。這批漢簡證明了兩個事實：一、孫武和孫臏是兩個人，他們分別創作了不同的兵法著作。二、今天流傳的《孫子兵法》十三篇的作者是孫武，《漢書》所載多出的六十九篇是戰國到秦漢的兵家對這部書的解釋補充。

《孫子兵法》約六千一百字，篇幅雖然短小，但內容博大精深，與言簡意賅的《老子》十分類似，均為古老而又早熟的中華文明的代表典籍。**這部著作可分為三部分：一是宏觀戰略認識體系**，大體包括〈計篇〉〈作戰篇〉〈謀攻篇〉〈形篇〉〈勢篇〉和〈虛實篇〉等前六篇。**主要論述戰爭的致勝因素、戰爭的準備、計劃的制定、戰役的組織、後勤的保障，強調以謀略勝敵，最理想的境界是「不戰而屈人之兵」。二是第七篇〈軍爭篇〉，主要論述將領臨場指揮時應遵循的作戰方針，核心思想是營造有利條件，克敵制勝。三是微觀戰術認識體系**，大體包括〈九變篇〉〈行軍篇〉〈地形篇〉〈九地篇〉〈火攻篇〉和〈用間篇〉等後六篇。**主要論述了要靈活處置問題、正確判斷敵情、各種地形和地域的作戰方法、火攻和間諜的特殊戰法等，核心思想是知己知彼，因地制宜。**各篇自成一體，又密切聯繫，構成了一個完整的兵學體系。

《孫子兵法》一直被歷代名將所珍視，哺育出孫臏、韓信、曹操、諸葛亮等眾多軍事家。北宋時被列為《武經七書》之首，成為官方欽定的武學聖典。歷代研究者對這部兵法傾注了極大的熱情，僅傳世的研究著作就有兩百多部。他們根據不同時代的戰爭特點對這部兵法不斷進行充實，並以此書為基礎建構了龐大而又深厚的中國軍事理論體系。

三、《孫子兵法》的現代意義與普世價值

戰爭是一種對抗性極強的競爭行為，就「對抗」這個本質而言，人們所處的各個領域無不充滿戰爭。《孫子兵法》正是一部研究戰爭規律的著作，它對戰爭重大問題的闡發完全排斥了遠古時期的神怪迷信之談，它所揭示的克敵制勝的規律具有永恒的價值和相當普遍的哲學意義。因此，人們對《孫子兵法》的應用早已不限於軍事領域，而是拓展到管理學、決策學、醫學、行為學、運籌學、體育競技等諸多領域，並取得了豐碩成果。

《孫子兵法》中最可貴的是整體思維方式。孫子指出戰爭是關係國家民族生死存亡的大事，勝負取決於政治、經濟、地形、人力等多種因素，領導者對這些因素要做全面、客觀的衡量之後才能決定是否開戰。《孫子兵法》這種客觀全面認識世界的方法非常值得借鑒，它啟發我們在觀察事物時，不可拘泥於事物本身，而是要從整個系統中綜合考察事物，透過表面現象來認清事物的本質特點。

孫子還指出要用發展的觀點看問題。他認為任何事物都不是一成不變的，要根據情況的變化而採取相應的對策。孫子總結出一系列飽含人生智慧的命題，如以迂為直、以患為利、後發制人、奇正相生、以實擊虛、亂生於治、怯生於勇、弱生於強、寬嚴適度等，啟發我們在解決問題時要善於抓住時機，使事物向有利的一面轉化。

孫子非常重視人的主觀能動性。任何成功都離不開一定的客觀物質條件，但這並不意味着我們要坐享其成。孫子指出，用兵者要根據不同情況採取相應的措施，才能獲得最大的戰爭效益。孫子說「致人而不致於人」、「不可勝在己，可勝在敵」、「無恃其不來，恃吾有以待也」，都是強調立足自身的實力和充分的準備使自己處於不敗之地。

由於戰爭來不得半點虛假，需要更加周密的計劃和切實的行動才能戰勝敵人，因此，與《老子》《論語》等著作相比，《孫子兵法》這部書更重視解決實際問題，具有注重實用和兼容博取兩大特點。直至今日，有識之士仍然熱衷於從中汲取人生的智慧。

近年來，《孫子兵法》越來越廣泛地被運用到現代企業管理上來，出現了眾多相關的著作。儘管這些著作中有不少帶有機械套用、牽強附會的缺點，但管理企業確實與指揮戰爭有很多相同之處。管理者與員工很像主帥與士兵，企業之間的競爭很像敵我雙方你死我活的交戰，刺探對方的動向和行情很像軍事上的使用間諜，同樣，那些在戰場上行之有效的用兵原則自然也適用於商場。

成功的企業家其實就是一位高明的將帥。他具有高超的智能，能夠準確判斷市場和對手的情況；他具有可靠的信用，能贏得內部員工和外界消費者的依賴；他具有博大仁愛之心，關心下屬並熱衷於公益事業；他具有勇敢的決斷精神，面臨創新可能導致的風險時沒有絲毫的猶豫；他還很嚴格，對企業各項制度均能堅決貫徹執行。

在面臨市場競爭時，企業的經營策略往往與《孫子兵法》所說的戰備原則相吻合。比如作戰需要營造兵臨城下之勢，「不戰而屈敵之兵」。商場也需要造勢，以強大的競爭力去佔領市場。戰爭的決策者只有「知己知彼」，方可「百戰不殆」。而商戰中，決策者同樣需要全面搜集市場和對手的情況，再進行細緻的整理和分析，才能形成科學的決策。

在處理上下級關係時，《孫子兵法》的諸多論斷也能給我們很多啟示。「上下同欲者勝」是重視上下級的團結；「視卒如愛子」是重視對下屬的關心；「將在外，君命有所不受」則是對領導者決斷能力的尊重。可以看出，《孫子兵法》的諸多觀念與現代管理理念在精神上是完全相通的。許多企業家正是從《孫子兵法》汲取了有效的企業經營技巧，使自己的事業得以興旺發達。

除了企業管理上的廣泛運用，《孫子兵法》對人生的指導意義也越來越受到關注。人類論矯健不如蒼鷹，論迅疾不如獵豹，論勇猛不如雄獅，但為什麼能夠成為地球的主宰，宇宙的精靈？答案就是人善於汲取前人的智慧。人生是短暫的，生命是有限的，一旦我們能夠穿越時空去感知遠古哲人對人生哲理、生命價值和處世之道的思考時，我們有限而短暫的生命就會變得豐富、深刻、厚重。

尤其是先秦時期，是中國歷史上思想最為活躍的黃金時代，許多偉大的思想家無一例外都在對人生進行思考。如果說人生是一場戰鬥，孔子和孟子所代表的儒家關注的是戰鬥的過程，只要盡心盡力去實現理想目標，即使失敗也不必遺憾；老子和莊子所代表的道家則認為戰鬥是沒有意義的，人生本不該設置理想目標；孫子所代表的兵家則最看重戰鬥的結果，積極探索並總結出一系列制勝之道。孫子認為，把握事物要具有統觀全局的視野，能夠綜合分析各種因素的利弊，還要抓住問題的關鍵，認清事物的真相，從而始終處於主動的地位。孫子相信每個人都具有極大的潛力，即使是面臨困難或處於劣勢時，也可以通過合適的措施化解危機。所以，孫子的人生態度是積極向上的，書中那些豐富的制勝韜略均為成功的經驗之談，被歷代有志於謀求致勝之道的人們所尊奉。

總之，人生如戰場，競爭無處不在。面對紛亂而嚴酷的現實環境，《孫子兵法》啟發我們應該擁有怎樣的人生態度和精神狀態，怎樣認識社會現實，最終應該怎樣採取行動。《孫子兵法》的許多論述已經融入到我們的日常生活之中，深深影響着一代代中國人的思想和行動。「知己知彼，百戰不殆」、「兵貴神速」、「置之死地而後生」、「窮寇勿追」、「不戰而屈人之兵」、「避實而擊虛」等經典論述已經超出了戰爭的範圍，被眾多有識之士確立為自己的人生準則。

戰爭也許會遠離人類，但戰火淬煉出來的這部瑰寶卻具有永恆的價值。

跋

為讀者開啟通往傳統經典的大門

二十一世紀是中國踏上「文藝復興」的新時代，中華文明再次展露了興盛的端倪。饒宗頤教授曾這樣說過：「二十一世紀是重新整理古籍和有選擇地重拾傳統道德與文化的時代」，作為一家出版機構，該如何理解中國傳統文化的新發展與新出路？對於中國傳統文化的出版與閱讀，又該為當今讀者提供什麼樣的新體驗呢？

二〇一二年，恰逢中華書局創局一百週年，為紀念百年華誕，同時也為了更好發揮中華書局（香港）有限公司的優勢和特點，我們決定在堅守「弘揚中華文化」的創局宗旨基礎上，從更具時代特點、更廣闊的文化視野出發，邀請兩岸三地知名學者，運用新思維、新形式，選編一套面向當代大眾讀者尤其是青年讀者的中華傳統經典叢書。

這一構想提出來後，得到了饒宗頤教授及其他一些學術大家的充分認可。我們迅速籌建了以饒宗頤先生為名譽主編，由李焯芬、陳萬雄、陳耀南、陳鼓應、單周堯、鄭培凱諸教授組成的叢書編委會，經過認真論證，最終確定叢書名為「新視野中華經典文庫」，全套叢書共計五十分冊，收入五十五種經典，涵蓋中國古代哲學、歷史、文學、佛學、醫學等各個方面。「文庫」精選具有傳世價值的經典作品及最佳底本，廣邀兩岸三地專研精深的學者予以導讀、賞析和點評，力圖為今天的讀者搭建一條溝通古代經典與現代生活的橋樑。

傳承文化，責任綦重。成書過程中，我們一直誠惶誠恐，每一本作品都經歷了往復討論、不斷修訂，幾易其稿的過程是艱辛的。幸而有一羣學養一流、懇切熱忱的作者共襄盛舉。他們都是本研究領域的專家、名家，卻以一種謙慎的姿態來配合出版方、或說是滿足當今讀者的要求。他們在反覆比較中精選最優底本，採擷精華章節，並參酌其他版本釐定字句乃至標點、讀音等細節；特別是為配合普通讀者、年輕讀者的閱讀口味，更力求導讀清新流暢、賞析扼要淺白，很多導讀讀來如一篇優美曉暢的散文，許多點評則令人會心一笑，心有戚戚焉。他們的細緻、負責，滿溢着對傳統文化的熱愛以及對傳承文化的熱切，使人感佩。

悠悠五載，五十冊圖書終於全部呈現給讀者。令我們欣慰的是，叢書陸續推出後，受到了讀者的持久歡迎，尤其是每年在香港書展上，都會有不少讀者特別是中學生前來問詢、購買；同時，這套書也榮幸地被中信出版社看中並引進到內地，出版簡體字版本，惠及廣大內地讀者。

不過，由於編輯學養有限，不免掛一漏萬，一些細心的讀者給我們寫來了郵件，指出錯漏。這令我們既感激，又慚愧，惟有及時修訂、精益求精，用更負責任的態度和更大的熱忱，來回報讀者，回饋社會。

為令讀者更高效、便捷閱讀此套叢書，吸收傳統智慧，本局將這五十五本經典的導讀抽出，結集為一套四冊的《經典之門：新視野中華經典文庫導讀》系列，分為「先秦諸子」「哲學宗教」「歷史地理」「文學」。如果說「新視野中華經典文庫」是我們希望給讀者開啟一扇通往古代經典大門的話，那麼這些導讀所構成的「精華中的精華」，則是開啟這扇經典之門的鑰匙。

中華書局編輯部

二〇一七年四月

責任編輯：胡冠東　熊玉霜
裝幀設計：霍明志
排　　版：沈崇熙
印　　務：林佳年

經典之門

新視野中華經典文庫導讀（先秦諸子篇）

編者
中華書局編輯部

出版
中華書局（香港）有限公司
香港北角英皇道 499 號北角工業大廈一樓 B
電話：(852) 2137 2338　傳真：(852) 2713 8202
電子郵件：info@chunghwabook.com.hk
網址：http://www.chunghwabook.com.hk

發行
香港聯合書刊物流有限公司
香港新界大埔汀麗路 36 號
中華商務印刷大廈 3 字樓
電話：(852) 2150 2100　傳真：(852) 2407 3062
電子郵件：info@suplogistics.com.hk

印刷
深圳中華商務安全印務股份有限公司
深圳市龍崗區平湖鎮萬福工業區

版次
2017 年 5 月初版
2019 年 6 月第 2 次印刷

規格
32 開（205 mm × 143 mm）

ISBN：978-988-8463-66-4